D1698247

Und grüsse euch mit dem Lied des Regenvogels

Elisabeth Bäschlin (Hg.)

Und grüsse euch mit dem Lied des Regenvogels

Vre Karrer
Briefe aus Somalia

eFeF-Verlag

Die Deutsche Bibliothek – CIP-Einheitsaufnahme
Bäschlin Elisabeth (Hg.)
Und grüsse euch mit dem Lied des Regenvogels. Vre Karrer – Briefe aus Somalia / Elisabeth Bäschlin (Hg.) – 1. Auflage Bern/Wettingen : eFeF-Verlag 2003
ISBN 3-905561-50-6

Diese Publikation wurde möglich dank der grosszügigen Unterstützung der Berti Wicke-Stiftung.

1. Auflage 2003

Umschlaggestaltung: Sandra Walti, Aarau
Lektorat: Regina Cotteli, Wettingen
Herstellung: Tatiana Wagenbach-Stephan, Die Buchherstellung, Zürich
Druck und Bindung: fgb · freiburger graphische betriebe
Printed in Germany
ISBN 3-905561-50-6

Inhalt

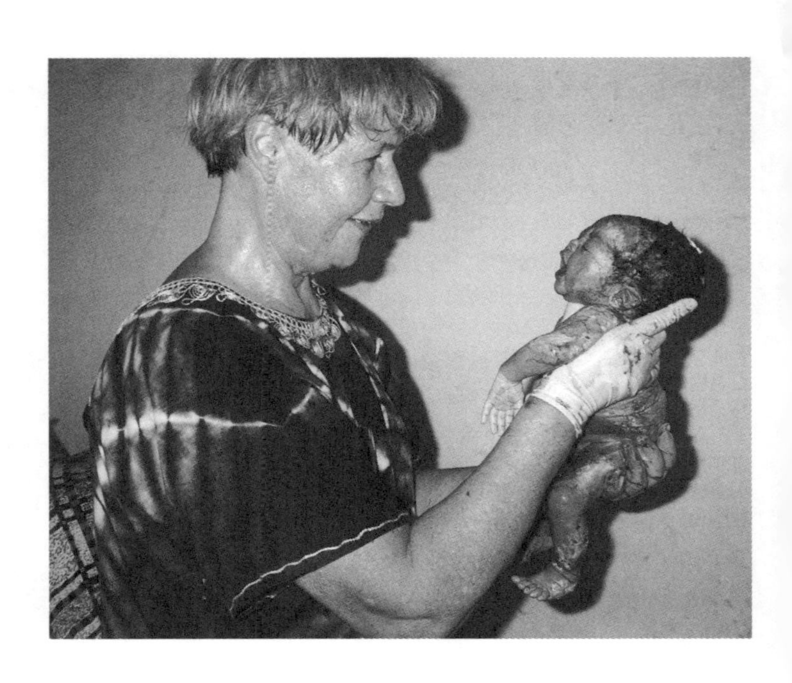

Ich habe immer geglaubt, dass man sein Leben ist.
Hannah Arendt

Vorwort

Vre gehörte zu diesen «verrückten IdealistInnen» – wie wir sie brauchen –, die nicht aufhören können, an einer «besseren Welt» zu arbeiten. Sie war Sozialistin, aus christlicher Tradition heraus, und trat aus tiefster Überzeugung für Basisdemokratie, Selbstverwaltung und Pazifismus ein, und zwar nicht in der Theorie, sondern im täglichen Leben. Bereits ihre Eltern sind mit diesen Grundsätzen immer wieder angeeckt; Vre ging es oft ebenso. So hat sie mit sechzig Jahren ihre Arbeitsstelle als leitende Krankenschwester in einem Altersheim verloren, war arbeitslos – und ging nach Somalia, wo sie von 1992 bis zu ihrer Ermordung im Februar 2002 im Slum von Merka als Krankenschwester und Hebamme gearbeitet hat.

Sie hat in diesen Jahren in Somalia viel erlebt, auch viel Hunger und Elend gesehen; dies alles erzählt sie in den Briefen an ihre Freundinnen und Freunde und ihre Familie. Viele Male grenzte es schlicht an ein Wunder, dass sie in den Auseinandersetzungen, denen sie sich stellte, nicht umgebracht wurde. Ende März 2002 – im Herbst wäre sie siebzig geworden – wollte sie dann endgültig nachhause kommen und sich nur noch ihren Enkelkindern widmen. Es sollte nicht sein. Am 22. Februar 2002 wurde Vre Karrer, die sich als Pazifistin ihr Leben lang gegen Waffengewalt eingesetzt hatte, in Somalia ermordet.

Ich habe Vre Karrer nie persönlich kennen gelernt, aber sie und ihre Arbeit waren mir seit Jahren ein Begriff. Ich habe ihre Briefe in der Zeitschrift «Neue Wege» mit Interesse gelesen, gelegentlich auch etwas Geld gespendet, wofür mir Vre jedes Mal mit einem kurzen persönlichen Brief dankte. Ich habe zwar auch einige Male in meiner Agenda einen der Abende rot angestrichen, an denen Vre im «Gartenhof» über ihre Arbeit in Somalia berichtete, aber immer kam etwas dazwischen. Und dann, Ende Februar 2002 habe ich, mitten in der Sahara, während einer Projektreise, im arabischen Radio gehört, dass eine Schweizerin in Somalia ermordet worden sei: Vre Karrer war tot! Dies hat mich persönlich sehr betroffen gemacht.

Vres Geschichte ist eine verrückte Lebensgeschichte. Vre war nicht ausgewogen und nahm keine Rücksichten auf Machtverhältnisse, sondern stellte sie im Gegenteil oft in Frage.
Sie eröffnete in Merka eine Krankenstation mitten im Slumgebiet, bildete Krankenschwestern und Hebammen aus, gründete eine Schule für Strassenkinder und schliesslich auch eine Mittelschule. Sie initiierte und unterstützte Bauerngenossenschaften, finanzierte Brücken und organisierte, als Hygienemassnahme, einen Reinigungsdienst auf dem Markt von Merka. Dies alles zu einer Zeit, als die meisten Hilfswerke Somalia aus Sicherheitsgründen verlassen hatten und wo alle politischen Institutionen und gesellschaftlichen Strukturen in Somalia zusammengebrochen waren.
Aber sie war auch Realistin. So hat sie in Merka mit dem Ältestenrat und dem *Islamic Court* zusammengearbeitet, den einzigen Ansätzen von zivilen Institutionen, und hat auf diese Weise dazu beigetragen, mitten im kriegerischen Chaos von Somalia wieder etwas wie eine Zivilgesellschaft aufzubauen. Ihr war wohl bewusst, dass nur ein starker demokratischer Staat mit funktionierenden Institutionen den BürgerInnen – und auch Genossenschaften – Freiheit garantieren kann. So half Vre sogar mit, als der *Islamic Court* das Gefängnis von Merka wieder nutzen wollte: Vre stellte somit Gefängnisse nicht grundsätzlich in Frage, aber diese mussten menschenwürdig sein! Daher unterstützte sie die Renovation mit einer Wasserzuleitung und dem Bau sanitärer Einrich-

tungen und setzte durch, dass die Gefangenen wöchentlich medizinisch versorgt wurden.

Das vorliegende Buch besteht zur Hauptsache aus den Briefen von Vre Karrer, von denen ein grosser Teil mit ihrem Einverständnis bereits einmal leicht überarbeitet und dann in der Zeitschrift «Neue Wege» veröffentlicht worden sind. Für die Buchform mussten die Briefe nochmals überarbeitet werden, aber immer so, dass der charakteristische Stil von Vre Karrer gewahrt blieb. Die Anreden wurden weggelassen. Da die Briefe an verschiedene Personen gerichtet waren, an persönliche Freunde, an die Familie und an den Freundeskreis, der die Projektarbeit in Merka unterstützte, ergaben sich manchmal inhaltliche Wiederholungen: Solche wurden hier, so gut es ging, herausgenommen, sind aber gelegentlich noch spürbar. Eine gewisse Wiederholung im Ausdruck der Gefühle und Eindrücke ergibt sich auch dadurch, dass wir in diesen Briefen den Zeitraum von neun Jahren im Leben von Vre Karrer in geraffter Form vor uns haben: Es ist wohl nicht erstaunlich, dass ihr angesichts der Situation in Somalia immer wieder dieselben Gefühle und Gedanken hochgekommen sind!
Zeitliche Lücken im Briefwechsel erklären sich einmal durch die wiederholten Aufenthalte von Vre in der Schweiz. Das Leben in einem «Land ohne Staat» war keine gemütliche Sache. Vre verbrachte nicht zehn Jahre ununterbrochen in Somalia, und sie musste ihren Aufenthalt öfters abbrechen, entweder aus gesundheitlichen Gründen – von den Krankheiten spricht sie selber kaum – oder aus Gründen der Sicherheit. Manchmal geht dies aus den Briefen hervor, manchmal kann man es nur erahnen. Vre pendelte oft zwischen Zürich und Merka hin und her. Ab 2001 kam das Telefon vermehrt als Verbindungsmittel dazu und ersetzte teilweise das Briefeschreiben.
In den letzten Wochen ihres Lebens fühlte sich Vre scheinbar bedroht und suchte daher häufiger den Telefonkontakt mit Freun-

den und der Familie. Trotzdem glaubte sie wohl nicht, dass es notwendig wäre, Somalia vorzeitig zu verlassen: Ende März 2002 wollte sie ja ohnehin nachhause kommen und möglichst bald das Projekt in jüngere Hände legen. Die Gewalttat hat die Umsetzung dieser Pläne verunmöglicht.

Die Briefe werden ergänzt mit einem Lebensbild Vre Karrers verfasst von Verena Büchli und einem kurzen Artikel von Willy Spieler, dem Redaktor von «Neue Wege», über Vre als religiöse Sozialistin. Ausserdem finden sich am Schluss des Buches eine Zusammenstellung der Aktivitäten der Genossenschaft *New Ways* in Merka, ein Überblick zu Geschichte und Gesellschaft Somalias sowie ein Personenverzeichnis und Glossar – Informationen, die mithelfen sollen, das Umfeld, in dem die Briefe entstanden sind, verständlich zu machen.

In den Briefen kommt Vre Karrers ganz persönliche Sicht der Situation und der Ereignisse in Somalia und in Merka zum Ausdruck. Das Buch gibt aber nicht nur Zeugnis vom Lebensabschnitt einer aussergewöhnlichen Frau, sondern führt uns auch ganz plastisch vor Augen, was es heisst, in einem Land zu leben, in dem es am Allernötigsten fehlt, in dem alle staatlichen und gesellschaftlichen Institutionen grösstenteils zusammengebrochen sind: ein Land ohne Infrastruktur. Wir erhalten eine leise Ahnung davon, was es heisst, ständig von Hunger und Elend und Krankheiten umgeben und auf Schritt und Tritt von Personenminen bedroht zu sein. Und in solchem Chaos hat Vre dazu beigetragen, ein ganz klein wenig Normalität zu schaffen.

Nicht nur der Aufenthalt im Land selber war hart – mit grossen Schwierigkeiten verbunden war jeweils auch die Reise dorthin. Seit vielen Jahren gibt es keine offiziellen Fluglinien mehr, die Somalia mit den übrigen Teilen der Welt verbinden. Und auch die

Flüge der Hilfswerke wurden immer wieder während längerer Zeit unterbrochen. Darum war lange Zeit das Flugzeug des Qat-Drogenkuriers die einzige Möglichkeit für Vre, um von Nairobi nach Merka zu gelangen. Keine ungefährliche Unternehmung!
Dazu kommt, dass Vre Karrer auf ihren Reisen nach Somalia stets das ganze Geld aus der Schweiz für die Löhne und die Projekte bei sich trug! Dies belastete sie jeweils sehr – immer wieder kommt auch das in den Briefen zum Ausdruck. Denn was wäre wohl geschehen, wenn die Leute gewusst hätten, was Vre alles auf sich getragen hat?

Als Pazifistin warnte Vre immer wieder und unermüdlich: «Mit Waffen gibt es keinen Frieden. Wir brauchen Friedenstruppen ohne Waffen!»
Seit dem 11. September 2001 gilt Somalia mancherorts als Hort des internationalen Terrorismus. «Doch nicht jeder Somali ist ein Fundamentalist oder Terrorist oder Milizführer, die meisten sind Nomaden, Bauern, Frauen, Kinder. Nicht ganz Somalia ist wie Mogadischu, die in Trümmern liegende Arena der Banden und Milizen. Die meisten Gegenden sind friedlich, allein gelassen kämpfen die Menschen dort nicht gegeneinander, sondern gegen die harte und unnachgiebige Natur und karge Landschaft.» So schreibt der Journalist Michael Birnbaum im Jahr 2002 (Seite 149).
Auch davon geben Vres Briefe Zeugnis: «Die Menschen wünschen sich Frieden.»

Bern, im Juni 2003 *Elisabeth Bäschlin*

Briefe aus Somalia

Erste Ausreise

Nairobi, 8. Februar 1993

Nach einem wunderschönen Flug bin ich gut in Nairobi angekommen. Ihr habt ja keine Ahnung, wie weit weg ich von euch bin! Zwei Stunden und fünfzehn Minuten lang überflogen wir die Wüste. Und dann noch sechseinhalb Stunden bis zum Kilimandscharo, dann noch fünfundvierzig Minuten bis Nairobi.
Unvergesslich die zauberhaft feinen Farbnuancen des Sandes, verbunden mit der unendlichen Weite des Himmels, das Licht- und Schattenspiel der Erhebungen. Die Sanddünen glichen einem weit wallenden Gewand mit breiten Falten aus lauter Seide. Vor Addis Abeba wanderte plötzlich der Vollmond mit: Das mild sich erbarmende Nachtlicht über Afrika.

Auf dem Flugplatz in Nairobi wurde ich sofort umringt und bedrängt. Träger wollten mit mir auf den Kilimandscharo (nicht mehr heute!), andere auf die Safari. Eigentlich hatte ich etwas Bedenken wegen meinem Englisch. Aber das war gar nicht nötig, ich bin wieder mitten drin!

Das Hotel liegt im Arbeiterviertel. Eine Absteige für Somalier. Da gibt es natürlich keine Touristen. Ich bin hier im Hotel absolut allein als weisse Frau. In diesem Viertel gibt es auch sonst kaum Weisse. Die Touristen und Touristinnen wohnen anderswo.
Es ist unglaublich interessant. Das Leben ist ganz anders. Überall sichtbare Not. Viele Gesichter, die Hunger leiden. Unendlich viele Krüppel am Boden. Und Flüchtlinge aus Somalia kommen zuhauf. Rings um das Hotel liegen, hocken oder stehen Flüchtlinge

auf dem dreckigen Gehsteig, mitten im Lärm und Gestank der Strasse. Sie warten auf eine warme Suppe, auf sonstige Hilfe oder auf ein Wunder.
Ich werde mich nie daran gewöhnen, dass so viele Menschen ohne Brot und Freude leben müssen!
In der Post traf ich einen jungen Somalier mit seiner Mutter. Da ich ihn Englisch sprechen hörte, fragte ich ihn, woher sie kämen. Er antwortete: «Aus Somalia. Aber meine Mutter spricht kein Englisch.» Die Frau schaute mich fragend an. Da habe ich ihr das kleine somalische Lied gesungen *«Hola ute ejie – hola ute ejie»*, die einzigen somalischen Worte, die ich kenne. Ihre Augen begannen sofort zu leuchten, und sie wiegte ihre Hüften im Rhythmus – mitten in der Post. Die Leute gafften uns an, und ich fühlte mich ganz warm vor Freude, dass ich der ersten somalischen Frau auf diese Art begegnet bin. Für mich bedeutet dies ein gutes Omen, denn ich will das Vertrauen der Frauen und Kinder für meine Arbeit gewinnen.

Nairobi, 9. Februar 1993

Noch bevor ich in Somalia ankomme, bin ich schon mitten in der Arbeit. Die Kinder hier in Nairobi haben vereiterte Wunden, sind verlaust, und ich musste zuerst in eine Apotheke gehen und Entwurmungsmittel kaufen. Das Unangenehme ist, dass ich für alles und mit jedem feilschen muss. Beim Schreibpapier habe ich heute sage und schreibe 420 Schillinge heruntergehandelt. Stellt euch das vor! Man wird überall übers Ohr gehauen, es ist unglaublich. Die Leute sind so arm. Da kostet schliesslich alles, auch die kleinste Handreichung etwas.
Also, ich muss mich behaupten, und doch tut es weh zu erleben, wie viele Frauen und Kinder auf der Strasse liegen ohne Arme und

Beine, vom Krieg durch Granaten abgerissen – und sonst verelendende arme Leute zu Dutzenden. Was ist das für eine Welt, wo zwei Drittel der Menschen nicht einmal das Existenzminimum haben? Ich kann mir nicht vorstellen, wie das ist, ohne Freude zu leben.

Magda ist noch in der Schweiz. Ich hoffe fest, dass ich nächste Woche mit dem IKRK-Helikopter nach Merka fliegen kann.
In Somalia werde ich schreiben, so viel wie ich kann – aber ihr werdet länger warten müssen auf Briefe von mir. Die Post sei noch immer nicht organisiert. Sichere Verbindungen gibt es keine. Also werde ich mein Geschreibsel jeweils einem IKRK-Mitarbeiter nach Kenia mitgeben müssen. Habt keine Angst um mich. Ich bewege mich schon sicherer auf den Strassen in diesem ernormen Wirrwarr.

Das Klima vertrage ich vorläufig gut. Idiotisch ist nur, dass ich auch hier in der Stadt jede Flasche Wasser kaufen muss. Sogar zum Zähneputzen. Das gurkt mich an. Sonst bin ich wohlauf und voller Tatenlust. Wenn ich mein Klavier noch hätte, wäre es eine Hilfe. Aber ich kann ja dann zuhause wieder über den Tasten träumen.

Jetzt ist es zwanzig vor ein Uhr nachts. Der Lärm auf den Strassen ist noch immer ohrenbetäubend. Aber bald wird es ruhiger und ich werde in den tiefen Schlaf fallen. Am Morgen beim Erwachen höre ich zuerst die durchdringenden Gebete der Muslime, die den Koran singen. Und jedes Mal denke ich, dass ich spinne und bloss träume, ich sei in Afrika. Doch dann bewege ich mich und merke: Ich bin wirklich da!

Nairobi, 13. Februar 1993

Am ersten Tag verband ich ein verletztes Kind. Die Nachricht verbreitete sich in Windeseile, und bald brachten mir zwei Frauen ein Mädchen. Es war auf eine Granate getreten und hat beide Beine verloren, noch war sein Leib voller Splitter: Die Wunden waren schlecht vernäht, stark verschmutzt und vereitert, die Heilung verzögert durch Unterernährung. Ich säuberte, so gut es ging, desinfizierte und legte frische Verbände an. Erschüttert sang ich ihm mein kleines somalisches Liedchen: «*Hola ute ejie, dada dada dada, hola ute ejie.*» Das Lied ist ein Gebet, es heisst: Betet für Mütter und Kinder. Die Tränen des Kindes versiegten für einen Moment.
Ja, liebe Freunde, wir können nur beten mit den Somaliern, wenn wir aufstehen gegen die Rüstungsindustrie, Profitmacht und Kriegsindustrie. Sonst haben wir kein Recht dazu. Ich denke hier bei dieser Not, dass ich in meinem Leben noch viel zu wenig aufgestanden bin gegen Ungerechtigkeit, gegen Ausbeutung und Erniedrigung!

Später kamen zwei Frauen. Eine war schwanger und hatte keine Ahnung, wann und wo ihr erstes Kind geboren wird. Die Frauen sind am meisten von Unterernährung betroffen. Sie leiden an Blutarmut. Die Hämoglobinwerte sind so tief, dass man in der Schweiz sofort eine Spitaleinweisung einleiten würde. Trotz Not, Verzweiflung und wenig Hoffnung haben sich diese Somalierinnen aber einen erstaunlich aufrechten Gang bewahrt.

Gestern kam ein Junge, ungefähr neun Jahre alt. Er hatte das rechte Auge verloren – auch durch eine Granate. Er war bisher noch nicht in ärztlicher Behandlung. Der Augapfel war ausgelaufen, die Wunde stark verschmutzt durch Fliegen und Ungeziefer. Meine Hände zitterten. Ich konnte nicht viel machen: einen Verband und einen kleinen Bericht für die Ärzte. Dann organisierte ich ein Taxi. (Zum Glück sprechen die Kenianer alle Englisch.) Als ich dann einen Boy vom Hotel endlich soweit gebracht hatte, dass er bereit war, das Kind ins Spital zu begleiten, war der kleine Bub verschwunden. Vermutlich war er schwarz über die Grenze gekommen und hatte Angst, registriert zu werden. Das Kind müsste sofort operiert werden!

Ich denke, mein Entschluss, noch zwei Jahre in Somalia zu arbeiten, war doch richtig. Was sind denn zwei Jährchen schon in dieser Not? Aber ich bin zuallererst für die Frauen und Kinder unterwegs, denn es sind ja die Männer, die Kriege führen …

Auf dem Flugplatz hatte mich ein Herr mit eingefügtem blitzendem Diamanten im Vorderzahn vor diesem Hotel gewarnt. Da gebe es dann keine Weissen mehr. Ich solle aufpassen auf mein Geld und so weiter. Ich fragte ihn, ob das seine einzige Sorge sei. Er meinte ausserdem, dass es sehr gut sei, dass die Amerikaner in Somalia zum Rechten sähen. Es werde jeden Tag besser.
Das Volk hier ist darüber aber ganz anderer Meinung. Die Somalier und Kenianer fürchten einen neuen Krieg. Ich selbst bin und war immer schon skeptisch gegenüber dieser so genannten Hilfsaktion. Die Geschichte hat gezeigt, dass die Amis nicht immer nur Gutes im Sinne haben. Ich denke, sie wollen einen weiteren militärischen Stützpunkt aufbauen. Die Machtansprüche der USA sind ja nicht neu. Die Leute demonstrieren hier täglich auf der Moi-Strasse gegen Moi. Sie sind bitter enttäuscht über das letzte Wahlergebnis und sagen, die Wahl sei gefälscht worden: Moi sei so ein Amerika-Fan.

Danke ganz herzlich für eure lieben Zeilen und die guten Gedanken, die mich begleiten. Wer weiss, vielleicht ist es möglich, eine GSoA Somalia zu gründen. Die Mitarbeiter, die mich erwarten und die das Distriktspital wieder eröffnen möchten, kommen aus

verschiedenen Klans, die sich bisher bis aufs Blut bekämpften. Jetzt hätten sie genug. In dieser Not und in diesem Elend haben sie sich zusammengetan und wollen mit diesem Klan-Denken aufhören. Die Hoffnung bleibt!
Ich grüsse euch herzlich mit dem Gebet: *Hola ute ejie!* – Betet für Mütter und Kinder!

Vres Bericht von ihrem kurzen Aufenthalt in Somalia
Auszüge aus dem Interview vom 5. Mai 1993 mit «Neue Wege»

Ich bin über Kenia eingereist und am 22. Februar in Mogadischu angekommen, wo ich zunächst aufgehalten wurde. Kurz vorher hatte eine grosse Demonstration gegen den Schwiegersohn von Siad Barre zu neuer Gewalt geführt. Dieser Schwiegersohn hatte Kismaayo eingenommen, und die alliierten Interventionstruppen der Operation «Neue Hoffnung» liessen ihn gewähren, statt der Bevölkerung zu helfen. Die Stimmung war darüber sehr aufgebracht. Wir durften unser Hotel nicht mehr verlassen.
Das Hotel, das einzige, das überhaupt noch in Betrieb war, wurde ständig angegriffen. Schüsse fielen, und Handgranaten wurden geworfen. Vier Tage und drei Nächte herrschte Kriegszustand. Wir wurden beschützt durch Nigerianer, Pakistani und Norweger, aber hauptsächlich durch eine Truppe von siebenunddreissig US-Soldaten.
Ich war in einem Riesenkonflikt: Drei, vier Journalisten, meine Freundin, ihre beiden Kleinkinder und ich, also lauter Weisse, wurden beschützt von einem Heer von Soldaten, die mit Maschinengewehren bewaffnet waren. Es war mir dabei gar nicht wohl. Schliesslich sind wir mitverantwortlich für die Situation in Somalia. Wir Weisse haben die Mordinstrumente und den Alkohol ins Land gebracht. Die Klans haben zuvor zwar auch gegeneinander

gekämpft, aber diese Kämpfe hatten bisher niemals dieses Ausmass angenommen wie heute.
Ich spürte auch in der Bevölkerung den Hass gegen uns Weisse. Die meisten Afrikaner sind sich gewohnt, dass die Weissen alles besser wissen und alles dirigieren wollen. Und dieser Hass überträgt sich auf die ausländischen Truppen der UNITAF, die gekommen sind, um die einheimische Bevölkerung «vor Bandenwesen und Hungersnot zu schützen», wie sie sagten. In Wirklichkeit haben sie Partei genommen im Konflikt zwischen den *warlords*. Und diese Parteinahme für den Schwiegersohn von Siad Barre während der Demonstration der Bevölkerung war gänzlich unangebracht. Man kann nicht mit Waffen den Frieden herstellen. UNO-Truppen müssten ausgebildet sein, mindestens Übersetzer bei sich haben, um mit der Bevölkerung über die Konflikte zu reden. Aber mit Waffen ist jede Kommunikation ausgeschlossen.
Die verschiedenen UNO-Truppen kommunizieren aber nicht nur nicht mit der Bevölkerung, sondern auch nicht untereinander. Sie kennen die Sprachen der andern Nationalitäten nicht, die Nigerianer nicht diejenige der Norweger, die Norweger nicht die der Pakistani. Lange nicht alle verstehen Englisch. Die verschiedenen Truppenkontingente verhalten sich wie ein Staat in einem Staat. Was all diese Soldaten gemeinsam haben, sind die Waffen. Was sie verstehen, ist darum auch nur die Sprache der Waffen. Sie agieren nur mit Gewalt gegen Gewalt. Wenn überhaupt Helfer, sind sie die hilflosesten Helfer, die man sich vorstellen kann. Sie sind stark, nur wenn sie schiessen können, und auch das nur in der Gruppe. Ich vergesse nie jenen US-Soldaten in unserem Hotel, der auf eine angreifende Gruppe nicht zu schiessen wagte, weil er alleine war. «Warum schiessen Sie jetzt nicht?», fragte ich ihn. Er wusste keine Antwort. Ich sagte zu ihm: «Wenn Sie jetzt zu fünft gewesen wären, hätten Sie bestimmt geschossen.» Er konnte dies nur bestätigen.
Es kam auch vor, dass UNO-Soldaten gezielt auf Menschen geschossen haben.

Ich habe in grösserer Entfernung vom Hotel einen etwa zwölfjährigen Jungen gesehen, barfuss, mit ausgefranstem Hemd und kurzen Hosen, der in die Brust getroffen wurde. Er hatte wohl etwas in den Händen, vermutlich einen Stein, den er gegen das Hotel werfen wollte. Ich sehe ihn jetzt noch die Hände wie um Hilfe bittend in die Höhe werfen und dann vornüber stürzen. Das ist für mich Krieg.

Ich konnte in Mogadischu keinen Schritt ausserhalb des Hotels tun, ohne rechts und links von mir einen amerikanischen Soldaten mit dem Maschinengewehr im Anschlag zu haben. Ich konnte nicht das Haus wechseln oder das IKRK besuchen, ohne von einem dieser Bodyguards begleitet zu werden. Vorn und hinten im Auto sassen je zwei Männer mit Maschinengewehren im Anschlag. Die Gewehre befinden sich auf der Höhe der Menschen, auch der Kinder. Ich habe noch nie in meinem ganzen Leben so aggressive Kinder gesehen. Das Beispiel dieser UNO-Truppen, dass ein Kind immer wieder diese Gewehre gegen sich gerichtet sieht, ist für seine Entwicklung verheerend.
Zudem haben die UNO-Soldaten kugelsichere Westen, gute Unterkünfte und gute Nahrung, während es den Leuten hier am Nötigsten fehlt. Wenn man nicht bereit ist, das Schicksal der Leute zu teilen, kann man doch keine befriedete Situation herstellen. Die UNO-Soldaten müssten auch mit der Bevölkerung essen, und wenn es nur wenigstens eine Mahlzeit pro Tag wäre. Man kann sich doch nicht einfühlen, wenn man nur mit Waffen und Munition an den Leuten vorbeirast.
Es kann sein, dass es auch Schiessereien zwischen den verschiedenen Klans gab. Aber ich habe es nicht gesehen. Was ich gesehen habe, war ein regelrechter Krieg zwischen der Bevölkerung und den UN-Truppen.
Unter diesen Umständen war es schwierig nach Merka zu kommen. Unsere Bewacher liessen uns nie ohne Begleitschutz irgendwohin gehen.

Am vierten Tag unter ständigem Geschützfeuer im Hotel beschlossen wir, eine Art «Aktion für den Frieden» zu unternehmen und einfach wegzugehen, ohne Waffen, ohne Munition, ohne Soldaten. Wir wollten uns kleiden wie die Somalierinnen, ein Auto organisieren und nach Merka fahren. Die Amerikaner hielten mich deswegen für *mente*, also für geistig verwirrt. Die ununterbrochene Schiesserei habe mich wohl so mitgenommen, dass ich nicht mehr zurechnungsfähig sei. Ich entgegnete, dass wir nichts zu verlieren hätten. Wir wollten etwas Neues probieren und vor allem diese verdammten Waffen nicht mehr sehen. Ich war überzeugt, dass uns ohne diesen Begleitschutz nichts passieren würde. Ich hatte ja genügend Gelegenheit gehabt zu beobachten, wie die Leute auf die Soldaten reagierten.
Unser Begleiter, der Mann meiner Freundin Magda, war sofort einverstanden. Ihm durften wir uns umso eher anvertrauen, da er gut Englisch sprach und so für uns den Kontakt zu den Menschen herstellen konnte. Während meinen Auseinandersetzungen mit den Amerikanern verschwand er durch eine Hintertür und trieb bei Bekannten und Verwandten schliesslich ein Auto auf. Es hatte zwar keine Scheiben, aber immerhin fuhr es noch. Wir liessen Verwandte unseres Begleiters mitfahren.

Die Reise verlief ohne Zwischenfälle. Zweimal wurden wir von einer Gruppe aufgehalten. Wir sagten ihnen: «Ihr könnt alles nehmen. Wir haben keine Waffen. Wir wollen nur nach Merka, um dort das Spital zu eröffnen.» Darauf schauten sie uns freundlich an, ja lachten und liessen uns passieren.
Am Bestimmungsort angekommen, haben uns die Menschen freundlich empfangen. Allerdings mussten wir in einem leeren Haus am Boden schlafen. Denn die Wohnung von Magda und ihrer Familie war von Amerikanern beschlagnahmt worden. Am andern Morgen ging ich mit meiner Freundin arbeiten. Viele an Tuberkulose erkrankte Kinder warteten auf uns. Zunächst machte

ich fast dreihundert Streptomyzin-Spritzen. Dann kamen die ersten Frauen, um sich beraten zu lassen.
Das Spital war noch nicht eröffnet: Der «Spitalbetrieb» spielte sich zur Hauptsache unter freiem Himmel ab, zum kleineren Teil in kaputten Häusern oder unter etwas Wellblech. Zuvor hatte der Spitalbetrieb in einer Kirche stattgefunden. Von dort war dann das Pflegepersonal mitsamt den zwei- bis dreihundert Kindern vertrieben worden – von Leuten, die behaupteten: «Die Kirche gehört uns!»

Das Distriktspital, für die Versorgung von ungefähr 60 000 Leuten gedacht, ist zwar gebaut, aber es ist noch geschlossen. Es wäre unsere Aufgabe gewesen, dieses Spital zu eröffnen. Das IKRK wollte uns dabei behilflich sein. Inmitten des Kriegsgeschehens war es dann leider unmöglich, den Betrieb aufzunehmen. Es gab auch keine Ärztinnen und Ärzte. Sie waren alle weggegangen, um sich in Sicherheit zu bringen.

Es ist schwierig zu sagen, wer in Merka gegen wen schiesst. In den drei Tagen und vier Nächten, die ich dort war, habe ich vor allem US-Soldaten gesehen, die Lebensmittelvorräte verteidigten. Da kam zum Beispiel ein Familienvater mit seinen beiden Söhnen, um einen Sack Reis auf seinen Esel zu laden. Ohne Vorwarnung wurde einfach geschossen. Ich bin zu den schiessenden Amerikanern gegangen und habe sie gefragt, warum sie die Leute nicht an die Vorräte liessen, warum die Lebensmittel erst in Hilfsküchen gekocht und dann verteilt werden müssten. Die Leute, die dazu in der Lage sind, könnten das doch selbst besorgen. Es kamen ja trotzdem noch täglich bis zu 200 000 Menschen, um sich verköstigen zu lassen.
Ich erhielt Unterstützung von zwei IKRK-Mitarbeitern, die zufällig vorbeikamen. Früher hätte das IKRK die Leute auch nehmen lassen, was sie brauchten. Aber jetzt, seit die Amerikaner in Merka einen Flottenstützpunkt aufgebaut hätten, würden sie das Nahrungsmittellager mit Waffengewalt verteidigen.

Dabei waren diese Soldaten gar nicht in der Lage, die Nahrungsmittel unter die Leute zu verteilen. Man sah riesige Lager an unverteilten Nahrungsmitteln. Wenn Soldaten sich aber mit den Einheimischen nicht verständigen können, an ihnen auch kein Interesse haben und an den Leuten nur vorbeirasen, dann ist eben auch die Verteilung der Nahrungsmittel nicht gewährleistet.
Die Soldaten taten mir im Grunde recht leid. Sie standen mit ihren Maschinengewehren in dieser Hitze herum und wussten nicht, was tun. Sie haben auch nichts anderes gelernt, als mit einer Waffe umzugehen. Und sie konzentrierten sich immer nur auf Abwehr, auf Verteidigung. Sie verharrten in dieser Stellung, auch wenn sie gar nicht angegriffen wurden.
Die Präsenz der Soldaten wirkt sich auch auf die Hilfswerke aus. Wenn auch IKRK und UNICEF von schwer bewaffneten Militärs «verteidigt» werden, wie sollen dann diese Hilfswerke noch einen sinnvollen Dienst an der Bevölkerung leisten können? Tatsache ist, dass heute auch das IKRK angegriffen wird, was vor der amerikanischen Intervention noch undenkbar gewesen wäre. Das haben mir die Somalier, aber auch Mitarbeiter des IKRK selbst bestätigt.

Der Oberbefehlshaber der UN-Truppen, Robert Johnson, hatte erklärt, «er habe seinen Auftrag erfolgreich erfüllt, der Hunger sei besiegt und die Kinder in Somalia hätten das Lachen wieder gelernt». Darüber bin ich sehr traurig, denn diese Aussage stimmt nicht.
Am ersten Morgen in Merka begegnete ich Müttern, die, um ihre Kinder zu retten, Hunderte von Kilometern zurückgelegt hatten. Zuerst kam eine Frau mit einem Kleinkind, das am Sterben war. Es erhielt noch eine Infusion, aber eigentlich nur, um der Mutter zu zeigen, dass wir uns um ihr Kind kümmern. Nach zehn Minuten ist das Kind dann gestorben. Die Mutter wickelte es in eine Matte und ging mit ihm den Berg hinauf, um es zu beerdigen. Die

Hitze ist dort ja sehr gross, es war um die neunundvierzig Grad. Nachher kam eine andere Mutter mit einem etwa neunjährigen Knaben, der hatte Hungerödeme. Eine Hilfe war nicht mehr möglich. Auch er ist nach dreiviertel Stunden gestorben.
Ich finde es ganz schlimm, dass die Amerikaner jetzt sagen: «Die Kinder lachen wieder.» Ich habe zu viele Kinder gesehen, die Gesichter wie Greise haben. Auch am Fernsehen verfolge ich, wie die Amerikaner Schönfärberei betreiben. Sie zeigen etwas, was ich nicht gesehen habe. In ihren Riesencamps gibt es gewiss Leute, denen es besser geht. Aber wer mit dem Volk lebt, sieht, dass die Not noch immer sehr gross ist.

Immer wieder werden Menschen durch hochgehende Minen verletzt. Ich habe Menschen gesehen, die durch Splitter ein Auge verloren hatten, Frauen, die keine Hände mehr hatten. Ich kann die Kinder ohne Beine, ohne Arme nicht vergessen. Sie haben irgendwo eine Antiperson-Mine aufgelesen und werden durch die Explosion schwer verletzt. Die medizinische Versorgung ist völlig unzureichend, die Wunden werden schlecht vernäht. Die Heilung verzögert sich wegen der Unterernährung. Die Leute haben denn auch Angst. Das liest man in ihren Augen.

In der Zwischenzeit ist das Oberkommando über die UNO-Truppen von den USA formell an die Vereinten Nationen übergegangen. Verschiedene Somalier haben mir erklärt, sie würden die UNO-Soldaten akzeptieren, aber nicht die Amerikaner. Sie sagten mir übereinstimmend: «Die Amerikaner haben uns zwar geholfen, aber sie sind dennoch mit einer ganz anderen als einer humanitären Absicht gekommen. Sie wollen Somalia als Stützpunkt und werden darum das Land bestimmt nicht wieder verlassen.» Diese Somalier wissen, welche strategische Bedeutung das Horn von Afrika für die europäische Erdölversorgung hat. Tatsächlich setzen sich die UN-Soldaten immer nur an strategisch wichtigen

Punkten fest, wie zum Beispiel auf dem Flughafen von Mogadischu, und überhaupt nicht im Landesinnern, wo ihre Präsenz mindestens ebenso erforderlich wäre. Im Hafen von Mogadischu befinden sich die grössten Flugzeugträger. Somalia ist daher ein besetztes Land. Auch im Hafen von Merka liegen grosse Kriegsschiffe vor Anker. Die strategisch wichtigen Häuser sind von Amerikanern besetzt. Somalia ist ein an Bodenschätzen reiches Land. Das wissen nicht nur die Amerikaner, sondern auch die Somalier.

Gewiss ist mein Einsatz in Somalia nur ein Tropfen auf einen heissen Stein. Aber ich bin gerne unterwegs für die Frauen und Kinder in diesem Land. Mich beeindrucken die Somalierinnen, gerade auch in ihrer Trauer. Sie haben sich trotz allem ihren aufrechten Gang bewahrt.

Tatsächlich brachte die Aktion «Neue Hoffnung» der amerikanischen Soldaten keinen Frieden nach Somalia, sondern heizte den Krieg weiter an. Vre war gezwungen, Merka und Somalia bereits nach wenigen Tagen wieder zu verlassen, weil die Situation zu gefährlich gewesen wäre.
Magda blieb in Somalia bei ihrem Mann und dessen Familie.
Vre kam zurück, traurig, schon wieder hier zu sein und unbefriedigt, nicht mehr gearbeitet zu haben.

Vre war nur kurze Zeit in Merka, aber sie war voller neuer Ideen und erzählte überall von Merka. Sie konnte alle, die sie kannte – und das waren viele Personen – für das Projekt begeistern. Sie sammelte Geld, packte ihr ganzes Pensionsgeld in einen Beutel, nahm das Geld, das sie von ihren Freunden bekommen hatte und reiste so rasch als möglich wieder ab.

Zweite Ausreise

Nairobi, 17. Juli 1993

Nach langer Reise bin ich gut in Nairobi angekommen. Der Flug ging über Rom, Neapel direkt nach Uganda. In der Morgensonne sind wir über den Viktoriasee geflogen: Ich habe das üppige Grün des ugandischen Urwaldes mitgenommen. Ich brauche das für meine Seele. Hier in Kenia ist die Savanne trocken, das Grasland dürr, der Boden braunrot wie ausgebrannt. Ich staune über die Weite Afrikas – diese unendliche Weite.

Hier in Nairobi gibt es noch fliessendes Wasser aus der Röhre und zauberhafte Blumen und Gewächse in Gärten, eine vielfältige Farbenpracht.
Heute bin ich mit dem Bus in die Innenstadt gefahren, mitten ins pulsierende afrikanische Leben. So eine Busfahrt ist faszinierend; es roch nach Schweiss, Blut und Armut. Aber die Leute sind freundlich und sehr hilfreich.
Ich bin einer blinden Inderin begegnet. Sie fragte nach meinem Namen, überlegte und meinte: «Verena bedeutet in Indien Wahrheit.» Das ist ein gutes Gefühl nach dem traurigen Spektakel mit der «Lieber-Herr»-Geschichte in Zürich.

Es gibt hier viele verstümmelte Menschen mit Lepra, aber auch unzählige Frauen, Kinder und Männer mit Kriegsverletzungen. Seltsam, ich habe andauernd ein schlechtes Gewissen, wenn ich dieser Not in Afrika begegne. Ja, diese Lethargie der Menschen ohne Hoffnung könnte ansteckend sein. Ich will wachsam bleiben und tun, was mir möglich ist.

Eigentlich habe ich eine schöne Aufgabe gewählt für den Schluss meiner Arbeitsphase. Sie ist eine Herausforderung, und das tut gut gegen Stagnation und «weisse Haare».
Es ist ungerecht, diese grosse Armut hier in Afrika! Ich freue mich, dass ich mich in meiner letzten Arbeitszeit für die Somalier einsetzen kann, und ich hoffe und bete darum, dass ich in dieser Not genug Kräfte und einen klaren Kopf behalten werde.
Viva Somalia!

Morgen, Sonntag, werden wir nach Shalaamboot fliegen und nach Merka weiterreisen. Ihr seht, ich bin wohlauf und neugierig wie eh und je.

Merka, 19. Juli 1993

Nach einem sagenhaften Holperflug über Steppen, weite Savannen und Buschland sind wir am Sonntag sicher mit dem kleinen Jetflugzeug der Caritas in Shalaamboot gelandet. Die Reise von da bis Merka verlief ebenfalls ohne grössere Probleme.

Die Frauen und Kinder erinnerten sich an die fünf Tage Ende Februar, als wir in Merka waren. Sie empfingen mich mit Trommelklängen, tanzten im afrikanischen Rhythmus und sangen meinen Namen. Ich war ganz gerührt über so viel Freude neben dem unendlichen Elend. Als ich dann im Ambulatorium ankam, bildete sich sofort eine Menschenschlange und meine Arbeit begann. Viele Kleinkinder wurden gebracht – oft zu spät: Unterernährung mit Hungerödemen, Marasmus-Kinder mit Greisengesichtern, viele mit Malaria. Schon in der ersten Stunde wurde ein Mädchen mit Verbrennungen zweiten und dritten Grades am ganzen Oberkörper, an Armen und Händen gebracht. Die Brustwarzen, total versengt, sind einfach weg … Ich machte die Wundversorgung mit dem, was ich zur Verfügung hatte, steckte eine Infusion, um den Flüssigkeitsbedarf auszugleichen. Ich bin mir aber bewusst: Das Kind wird an der grossen Nekrose und der toxischen Auswirkung sterben. Mein Gott, wie diese Kinder hier leiden – und die Welt bereitet sich vor auf Ferien auf dem Mond!

Eine Frau wurde von einer Granate verletzt. Ein Mann kam mit einer Schusswunde am Fuss. Er müsste dringend operiert werden. Zwei Männer kamen mit tiefen Stichwunden. Und daneben starben bis am Sonntagabend um halb zehn vier Kinder. Ein Mann hatte einen grossen Furunkel am Oberschenkel; ich musste aufschneiden und eine Drainage einlegen. Ihr werdet denken, wo bleiben denn die Ärzte – ja, das frage ich mich auch! Die Kriegssituation in Mogadischu hat alle vertrieben. Ich höre wahre Schauergeschichten über die UNO-Soldaten. Am letzten Samstag wollten viele Somalier ihre Angehörigen aus dem Spital retten, kamen dabei aber um im Gefecht oder durch die Bomben der USA. Das erzählte mir Omar, ein Arzt auf der Durchreise, der aber nicht imstande ist zu arbeiten: Er zitterte und seine Stimme versagte bei diesem Bericht. Er sagte, die USA wollten die riesigen Flüchtlingslager der Somalier aushungern. Am Anfang der Aktion «Neue Hoffnung» hätten sie das Fünffache an Nahrungsmittel geliefert. Noch immer gesucht wird der somalische Radiosender: Er soll vernichtet werden, weil die Somalier gegen die UNO aussagen und über die traurige Wahrheit informieren wollen.
Der Exodus beginnt wieder, wie vor einem Jahr. Hunger, Not und Elend zwingen die Menschen auf die Flucht. Wir haben bereits wieder die ersten Flüchtlinge hier und ich denke, dass in nächster Zeit einiges auf uns zukommt.

Darum kann ich nicht so oft schreiben, wie ich gerne möchte. Es geht mir aber gut. Ich arbeite von morgens früh bis abends um halb zehn oder zehn Uhr. Jeden Abend nach der Arbeit stehe ich an der Maueröffnung meines Raumes – um halb neun Uhr Schweizer Zeit! – und denke an euch, schicke meine Grüsse in den Wind. Ich bete, dass ich noch für einige Zeit gesund bleibe und denke: Ich bin ja am Meer, da wo die Sonnenstrahlen auf den Wellen tanzen, wo der Wind und das Wasser der fernsten Länder sich berühren und so die verschiedensten Destinationen und alle Grenzen miteinander verbinden.

Merka, 24. Juli 1993

Ich bin bereits mitten drin in der Not, der Armut und dem Elend des Krieges. Seit Kriegsbeginn gibt es hier keine Post, kein Telefon mehr und die Schulen sind geschlossen. Die meisten Spitäler im Land sind schlecht, die Ärzte sind geflohen. Auch der Einsatz der UNO-Truppen bringt dem Land keinen Frieden, im Gegenteil, in letzter Zeit sind viele Menschen durch sie gestorben. Kriegsverletzte Kinder werden von Mogadischu hierher zur Behandlung gebracht, heute ein zehnjähriger Knabe mit Bauchdurchschuss; er hatte Glück, dass keine inneren Organe verletzt sind. Die Amerikaner liefern nur noch ein Viertel der Nahrungsmittel. Eine neue Hungersnot steht vor der Tür. Schon kommen Flüchtlinge in unterernährtem Zustand zu uns. Jeden Tag stehen Menschenschlangen vor dem Ambulatorium, täglich sterben Kinder. Die Mütter kommen oft zu spät mit ihnen. Babys mit Greisengesichtern, die Arme und Beine so dünn, dass Venen für Infusionen kaum zu finden sind. Ich muss sie dann am Kopf anbringen. Vielen Kleinkindern transfundiere ich Blut von ihren Müttern. Oft muss eine Magensonde eingelegt werden, weil die Kinder so schwach sind und wegen Schwäche und Unterernährung die Muttermilch fehlt. Natürlich gebe ich die Nestlé-Babymilch mit

gemischten Gefühlen. Aber was bleibt mir denn anderes übrig: Ein Gemisch von Reisschleim, etwas Zucker, wenn es gut geht ein Ei und etwas Babynahrung von Nestlé kann doch Leben retten.
Mir scheint – beim Anblick des Verbandmaterials sowie bei den Medikamenten, die oft ein verfallenes Datum aufweisen – für die so genannte «Dritte Welt» sei alles noch gut genug. Auf jeden Fall lässt sich hier noch ein Geschäft mit zweitrangigen Mitteln machen. Was für eine Arroganz!
Der Chirurg, der kommen sollte, ist noch immer nicht da. Ich schneide Abszesse auf, lege Drainagen ein oder mache Gipsverbände bei Frakturen und bete und hoffe, dass alles gut kommt. Auf der Geburtsabteilung bin ich noch nicht gewesen. Sie bleibt geschlossen, bis wir Personal haben für das Ambulatorium.

Liebe Freunde, ich denke, es wäre gut für manche SchweizerIn, einmal, nur einen Tag lang, hier im Ambulatorium mit ansehen zu müssen, was Krieg bedeutet. Bitte, vergesst Somalia nicht! Wir brauchen Verbandmaterial, Instrumente und Geld für die Löhne der somalischen Mitarbeiter. Sie bekommen im Monat hundert Dollar, wenig genug, aber sie leben damit.

Mir geht es gut, aber ich bin auf eure guten Gedanken angewiesen, die mich begleiten. Ich denke, wenn ihr eure gesunden Gedanken bewusst in die Welt sendet, dann wird Frieden möglich. Dazu müssen wir aufstehen gegen die Rüstungsindustrie.
Dass nun sogar die UNO bombardiert, ist ein Zeichen mehr, dass überall, wo Kriegsinstrumente vorhanden sind, diese auch gebraucht werden. Schaffen wir eine UNO-Friedenstruppe ohne Waffen, damit diese die Hände frei hat für lebensnotwendige Dinge!

Merka, 26. Juli 1993

Morgen fliegt ein Jet mit der Italienerin Annalena Tonelli vom Tbc-Spital nach Nairobi. So will ich die Gelegenheit nutzen und euch noch ein paar Zeilen schreiben.
Es ist spät – ich schreibe am offenen Fenster beim Licht einer Petroleumlampe und mit der Musik des Indischen Ozeans.
Mein Raum ist gross, aber dreckig; mit einem Bett und diesmal sogar mit einem Tisch. Gestern machten mir zwei Patienten eine Art Schuhgestell, wo ich endlich meine Kleider versorgen kann. Falls ich je einmal Zeit habe, werde ich einen Vorhang davor machen. Am letzten Mittwoch gab es nachts heftige Regengüsse. Ich dachte, dass ich mitsamt dem Bett davonschwimmen würde. Ich stellte vier Kübel auf und verbrachte dann die ganze Nacht mit Wasserschöpfen. Meine Kleider im Koffer waren pflotschnass. Der Meereswind und die Sonne trockneten sie dann aber am nächsten Tag. Die Luft ist tropisch-feucht, sodass alles Metall in kürzester Zeit rostet. Ich hatte ein kleines Büchsli Nescafé, konnte es aber wegen Rost nicht mehr öffnen.

Gerade ist wieder eine Eidechse an mir vorbei die Wand hinaufgehuscht. Am Anfang musste ich mich an die verschiedenen MitbewohnerInnen gewöhnen, und oft bin ich erschrocken. Aber was solls, vielleicht leisten mir die Tierchen Gesellschaft, weil ich all das, was ich täglich sehe und behandle, kaum ertragen kann.
Das heisst, während der Arbeit vergesse ich für Stunden die Zeit – aber schon zweimal bin ich in Tränen aus dem Ambulatorium gerannt, weil ich so viel Ungerechtigkeit fast nicht aushalten kann.

Langsam gewöhne ich mich auch an die Hitze, es geht jeden Tag besser. Ich staune über die Gelassenheit der Somalierinnen. Trotz allem Schmerz singen sie oft leise vor sich hin. Afrika ohne Musik ist kaum vorstellbar. Immer wenn ein Kind stirbt, wird diese Botschaft mit Trommelklängen verkündet. Die dumpfen und hellen Töne im afrikanischen Rhythmus berühren mich tief. Die Mütter schlagen ihre toten Kinder in die Strohmatte ein und tragen sie zum Beerdigen. Am Strand gibt es viele, ja unzählige Gräber von Kriegstoten.

Merka ist eine wunderschöne Stadt im arabischen Baustil; sie wurde ins Meer hinaus gebaut. Die Stadt leuchtet weiss in der Sonne und erscheint milchig im Mondlicht. Wenn man aber näher hinschaut, gibt es kein einziges Haus mehr, das vom Krieg verschont geblieben ist. Viele Gassen sind noch verschüttet. Trotzdem ist Merka eine farbenfrohe Stadt. Das Marktbild vor dem Ambulatorium müsstet ihr einmal sehen. Esel und vor allem Kamele gehen hier vorüber. Heute musste ich sogar einem Kamel die Wunde desinfizieren; wegen den vielen Fliegen habe ich einen Verband angelegt.

Wenn ich am Morgen komme, steht bereits eine Menschenschlange vor dem Ambulatorium, und viele rufen: «*Verena, ma subcha manahen.*» – Guten Morgen, Verena. Dann zählen sie wichtige Propheten auf wie Abraham, Ismaan, Isaak, Mohamed und sagen: «Allah sei mit dir, Verena!» Danke heisst: *me hatchzenet.*

Es ist schon spät und immer noch heiss. Ja, wenn ich jetzt zuhause an der Florastrasse wäre, wünschte ich mir ein Glas eiskaltes Wasser. Das gibt es natürlich hier nicht und trotzdem lebt man. Ich bin sehr froh um meinen Filter; das Wasser ist immer warm, aber das ist ja das kleinste Übel.
Ich habe schon einiges an Gewicht abgenommen, bin viel beweglicher und denke, mit einer richtigen Mahlzeit täglich wäre es eigentlich genug.

Bitte entschuldigt, ich bin so phantasiearm, ich gehe jetzt schlafen. Eigentlich wollte ich nur noch einen Gruss schicken und danken; ich spüre, eure guten Gedanken begleiten mich und ich brauche sie.

N.B.:
In meinem Raum ist eine Riesenspinne. Sie sitzt ständig am gleichen Ort und sie hat sehr lange behaarte Beine. Ich ängstigte mich am Anfang sehr, habe dann aber gesehen, dass die gefrässige Luise viele Mücken vertilgt: also ein umweltfreundliches Vieh. Auf alle Fälle stopfe ich das Moskitonetz jeden Abend fest und lückenlos unter die Matratze, denn Besucherinnen dieser Art sind mir gar nicht willkommen.

Merka, 8. August 1993

Nun bin ich seit drei Wochen hier in Afrika an der Arbeit und ich denke, dass es schon ewig lange her ist, dass ich euch zum letzten Mal gesehen habe. Manchmal am Abend, wenn ich hundemüde bin, packt mich die Sehnsucht nach euch.

Heute hatte ich zwei Geburten neben der Arbeit im Ambulatorium. Und in der Nacht wurde wieder ums Spital herum geschossen, dann kamen die Pakistani-UNO-Soldaten in Scharen, um das Haus zu bewachen.
Seit meiner Ankunft bin ich erst ein einziges Mal am Meer gewesen, denn ich darf allein keinen Schritt aus dem Spitalareal hinausgehen. Dabei ist doch das Spital direkt am Meeresstrand! Einmal hatten wir nachts einen Sturm. Der Wind tobte und haushohe Wellen überschlugen sich fast bis zum Haus, so schien es mir.
Gestern war Vollmond. Das erbarmend milde Licht beleuchtete sanft die Nacht des blutenden Somalia.

Ich war nachts um halb eins noch bei einer Geburt. Ihr könnt euch ja nicht vorstellen, wie das ist, wenn man ständig auf Schritt und Tritt von bewaffneten Soldaten beschützt wird.

Jeden Mittag um zwölf Uhr kommt ein leprakranker Mann zu mir. Seine Füsse sind ihm bis auf zwei Stumpen abgefault. Die Gehilfin will ihn nicht behandeln, weil sie Angst hat. Ich bin aber froh, dass sie mir assistiert und ständig die hundert Fliegen verjagt.
Es gibt hier noch recht viele Lepra-Kranke, die kommen vom Landesinneren und sind oft von der Familie oder von Freunden verstossen. Ich habe einen ungefähr achtjährigen Jungen aufgenommen. Er schläft im Spital und ich lege ihm täglich neue Verbände an. Er hat keine Finger und keine Zehen mehr und die Nase ist weg. Die Medikamente helfen aber sofort und die Lepra kommt zum Stillstand. Leider kann man die Verstümmelungen nicht wieder gutmachen. – Mahamed ist ein lieber Junge und so unglaublich dankbar. Er sagt Mutter zu mir, wenn ich zu ihm komme, und jedes Mal, wenn ich ihm das Essen bringe, küsst er meine Hände. Der Junge lebte in der Steppe absolut allein und war verwahrlost. Gestern Nacht rief er mich, als ich von der Geburt zurückkam und zeigte staunend auf den Vollmond. Immer wieder sagte er mit leuchtenden Augen: «*Pischa, pischa!*» – Schau, der Mond!
Es gibt überhaupt viele Kinder und sogar kriegsverletzte Männer, die sagen mir Mutter. Es gibt aber auch das andere: Somalier, die kommen und befehlen, alles nehmen wollen und denken, ich sei reich, hätte viele Moneten. Das ist aber eher selten.

Was macht wohl meine schöne Wohnung? Meine Kapuziner werden wohl verdorrt sein. Bitte nehmt doch das nötige Geld und lasst für mich die Küche und auch die Zimmer und Türen mal gründlich reinigen. Wenn ich denke, was ich hier arbeite, dann wäre ich so froh zu wissen, dass alles in Ordnung ist daheim. Und ich denke, das darf ich mir einmal leisten im Leben. Was meint ihr?

Übrigens bin ich so froh um euer Moskitonetz! Es hängt über meinem Bett. Es sieht sehr komisch aus, in diesem eher trostlosen Raum diese Fülle wie für eine Prinzessin!
Ich habe nun selber Flöhe eingefangen, und die verdammten Blutsauger zwicken und stechen mich an den unmöglichsten Örtchen. Ich musste entdecken, dass mein Bett voller Flöhe war. Ganze Nester! Aber jetzt habe ich alles rausgeschmissen und desinfiziert. Es kann natürlich vorkommen, dass man von PatientInnen Flöhe, Läuse oder Krätzen bekommt. In der Regel wasche und desinfiziere ich Hände und Arme immer wieder. Die Armut ist eine Brutstätte für das Ungeziefer.

Also, jetzt muss ich ins Bett. Soeben sind wieder die Eidechsen an der Wand vorbeigehuscht. Manchmal pfeifen sie sich Liebesgeflüster zu von Wand zu Wand. Und heute habe ich tatsächlich eine schwangere Eidechse an meiner Wand gesehen mit einem Ei in fast durchsichtigem Körperchen.
Gute Nacht und vergesst mich nicht ganz – vergesst auch Somalia nicht.

Merka, 20. August 1993

Ich bekam am 17. August das erste Mal Post von euch. Ich bin tatsächlich fast ausgeflippt vor Freude. Ein SOS-Mitarbeiter hatte die Briefe von Kenia nach Mogadischu mitgenommen. Von dort wurden sie per Helikopter von italienischen UNO-Soldaten zu uns nach Merka gebracht. Danke für eure Grüsse und die guten Gedanken, die mich spürbar begleiten.

Ich wünschte, ihr könntet mal hier im Spital zum Fenster hereingucken und sehen, wie es bei einer Geburt in Somalia so zu und her geht.
Heute Morgen war eine Nomadin am Gebären; es war ihre vierzehnte Geburt. Sie hatte keine leichte Situation, das Kind hatte Schräglage. In der Schweiz würde man unter diesen Umständen einen Kaiserschnitt machen. Dazu kommt, dass die Frau schlecht ernährt und vom weiten Weg bis zu uns geschwächt war. Plötzlich hatte sie einen Wehenstillstand. Ich steckte eine Glucose-Infusion und spritzte eine Ampulle Oxitocine. Die Frau war allein mit mir, die Familie und der Mann sind im Landesinnern bei den Kamelherden.
Bevor die Geburt begann, hatte die Frau gegessen, natürlich ein Gemisch von Reis und schwarzen Bohnen, wie immer. Während der Geburt vergnügten sich die Hühner an ihrem Teller. Sie gackerten und scharrten im Sand auf dem Fenstersims und am Boden. Vor dem Gebärraum liegen die operierten Frauen. Und plötzlich meckerte eine Ziege laut dazwischen.
Ich konnte die Frau im Moment, als die Wehen wieder heftig einsetzten, keinen Augenblick verlassen. Also hat sie nach bangen Kunstgriffen von meiner Seite eine Sofia geboren, begleitet vom Gemecker der Geiss, die mal ungeniert in den Gebärsaal hereinkam, neugierig herumguckte und mit erhobenem Haupt wieder hinausmarschierte, als ob Gebären wirklich keine Sache wäre! Dazwischen gackerten die Hühner, scharrten im Sand und pickten den Teller leer. Ihr könnt euch vorstellen, wie es da mit der Sterilität steht.
Von meiner Angst und dem Bangen schreib ich jetzt nichts – eine Somalierin könnte das kaum begreifen, denn, falls etwas passiert, ist es immer Allahs Wille. Die Geburten sind oft schwer. Die Frauen sind zwar unglaublich zäh in ihrer Haltung und ihrer Willenskraft, aber oft sind sie physisch geschwächt, wegen Unter- oder Mangelernährung, und oft kommen sie hochschwanger durch

Steppe, Savanne und Hitze von weit her. Ich bewundere diese Frauen sehr.

Wie geht es euch? Ich denke viel an euch am Abend, wenn ich aufs Meer hinausschaue. Am Tag komme ich gar nicht dazu. Was macht ihr wohl?

Die Lage hier in Merka ist gespannt. Es wird jeden Tag geschossen und gestern war eine Schiesserei ganz nah. Ich hoffe, wir können unsere Arbeit fortsetzen. Aber ihr müsst wissen, dass ich vielleicht jederzeit hier weg muss. Ich lebe aus dem gepackten Koffer und mit dem Rucksack neben dem Bett. Wir bangen und hoffen jeden Tag, dass es endlich Ruhe gibt hier in Somalia. Die UNO-Truppen haben bis jetzt das Gegenteil gebracht. Weil morgen nochmals ein UNICEF-Flieger kommt, will ich euch noch meine Grüsse schicken. Wer weiss, wie lange es geht, bis ich euch wieder erreichen kann.

Heute ist wieder ein Knabe von einem Hai angefallen und grausam verletzt worden. Er war gar nicht weit in die Wellen hinausgegangen zum Baden, und schon hat der Hai ihn erwischt. Der Fuss war so arg zerfleischt, dass wir morgen amputieren müssen. Es ist traurig, dass die Kinder hier nicht ohne Gefahr baden können.
So, jetzt muss ich nochmals ins Spital, eine Frau ist noch am Gebären, und ich hoffe, es geht alles gut. Nach zehn Uhr abends haben wir kein Licht mehr: Da wird im Operationssaal oder Gebärsaal mit Petroleumlampen gearbeitet.

Merka, 1. September 1993

Auch in Merka ist die Situation immer noch angespannt. Nachts wird oft geschossen und manchmal sehr nahe. Am Tag kommt das seltener vor. In Mogadischu ist ein Krieg zwischen der amerikanischen UNO-Truppe und den Somaliern ausgebrochen. Gestern haben die Amis wieder die Nachricht verbreitet, dass sie in Kürze Mogadischu wieder bombardieren würden. Das letzte Mal kam die Drohung am 24. Juli und bereits am Sonntag, den 25., wurde das grausame Massaker ausgeführt. Sie bombardierten dabei sogar das grosse Dikfer-Spital. Über hundert SomalierInnen starben, viele wurden schwer verletzt, und viele Kinder wurden Waisen.

Ich lege euch eine Zeichnung eines vierzehnjährigen Somaliers bei. Er sagte, dass die Somalier noch viel lernen müssten, vor allem wünsche er sich Frieden und dass die Stammesfehden endlich aufhören. Dass aber die Amerikaner im Namen der UNO und des Friedens und sogar im Namen einer grosszügigen Hilfe nun alles zerstörten, die Nahrungsmittel stoppten und das Volk auf der Strasse wieder hungern liessen, das sei kriminell.
Ja, der Nomadenjunge hat Recht: Wie soll denn das Volk sich erholen können! Die Leute sind ja durch diesen Krieg gezwungen, zu stehlen und für Reis und Bohnen Überfälle zu machen. Natürlich sind das keine Entschuldigungen für die Raubbanden. Aber hungernde Kinder werden aggressiv, wenn sie überleben wollen. Ich hoffe nichts mehr, als dass endlich Frieden möglich werde für das Land und die Leute. Die Not ist gross!

Ich bin im Hospital. Ein italienisches Team ist gekommen. Ein erfahrener Chirurg ist am Werk, zusammen mit seiner Frau; sie arbeiten auf der Chirurgie, und ich helfe im Operationssaal auch mit. Dann gibt es eine Pädiatrie-Kinderstation mit einem Kinderarzt. Es gibt jetzt sogar eine junge Medizinerin und sie hat eine Krankenschwester zur Hilfe. So konnten wir nun die medizinische Abteilung im Hospital eröffnen. Ich selbst bin noch immer allein auf der Geburtsabteilung mit einer Übersetzerin, die vom Englischen ins Somalische übersetzt, und mit dem somalischen Hilfspersonal. Später, so hoffen wir, kommt einmal eine Gynäkologin. Vorläufig bin ich noch allein zuständig für die Geburten, sämtliche gynäkologischen Probleme und für die gesamte Medikamentenabgabe an die Frauen.

Als wir das Spital eröffneten, standen plötzlich elf Hebammen da. (Vorher gab es niemanden!) Nun, ich habe natürlich schnell gesehen, dass dies alles Frauen ohne Ausbildung waren, die zwar einen Lohn nötig hatten, aber von Geburten absolut keine Ahnung haben. Eine junge Frau war maximal sechzehn Jahre alt und sagte, sie hätte in Mogadischu die beste Hebammenschule von Somalia besucht! – Das ist gar nicht so einfach für mich.

Ihr könnt euch nicht vorstellen, wie ich mich über die Eröffnung freute, nach dieser ersten Zeit, wo ich wirklich allein war mit der grossen Arbeit im Ambulatorium und mit keinem Menschen schwere Notfälle besprechen konnte. Unser Team kommt von SOS Italien, und wird auch von der UNICEF Italien rekrutiert. Es macht also keinen Sinn, Leute aus der Schweiz zu schicken. Dafür ist nun die Gruppe aus Italien zuständig.
Ich selber habe Hilfe erhalten von der Deutschen Rettungsflugwacht, die Material und Geld schicken. Auch das IKRK unterstützt uns mit Medikamenten. Medikamente wie Schmerzmittel werden oft schon nach kurzer Zeit gestohlen. Die Leute lassen alles verschwinden und machen es zu Geld. Das sind die Begleiterscheinungen des Krieges, der Not und der verzweifelten Armut dieses Landes.

Ich selber habe keinen Lohn und wäre auch viel zu alt für einen Vertrag mit dem IKRK oder SOS International. Sie nehmen nur Leute unter fünfunddreissig Jahren. Aber ich werde doch akzeptiert mit meiner Erfahrung, das ist immerhin etwas, und ich bin froh darum. Es könnte auch anders sein.
Also bitte, macht keine Aufrufe für Personal! Da habe ich keine Möglichkeiten. Auf Spenden für das Spital sind wir aber angewiesen und für solche sind wir dankbar.
Ich danke euch nochmals herzlich für alles – ich muss nun schlafen, es ist bald wieder Morgen.
Dona nobis pacem.

Merka, 3. September 1993

Das Leben in Afrika kann man sich gar nicht vorstellen, bevor man hier ist. Das Wasser muss sparsam eingeteilt werden und manchmal – oder eigentlich immer – ist es gar nicht frisch. Die bräunliche Brühe muss gekocht und gefiltert werden. Ich hoffe, dass ich vom Salat keine Amöben einfange. Auch von den Moskitos ist man ständig zerstochen, obwohl man nachts stets unter dem Moskitonetz schläft. Bei dieser tropisch-feuchten Hitze hocken sie überall und warten – diese Blutsauger. Im Zimmer huschen Tag und Nacht die Eidechsen den Wänden entlang und nachts kommen die Barras, das sind sehr grosse Wanzen. – Die Luise ist nun doch verschwunden. Ich habe noch nie eine so grosse Spinne gesehen, mit derart langen gespaltenen und behaarten Beinen. Ein Somalier sagte mir, diese Spinne sei sehr giftig. Er zog dicke Handschuhe an, um mir zu demonstrieren, wie angriffig diese Art von Spinnen ist. Als er sich mit der Hand näherte, schoss sie plötzlich gegen ihn und griff ihn mehrmals an. Und dann konnte er sie doch verscheuchen: Sie verschwand hinter ei-

nem Gestell und ich weiss bis heute nicht, wohin Luise sich verkrochen hat, aber eigentlich bin ich froh, dass sie weg ist.
Auch bin ich sehr vorsichtig, wenn ich eine Tasche öffne, oder auch die Schuhe drehe ich jedes Mal zuerst um, bevor ich hineinschlüpfe. Bereits zweimal habe ich Leute behandelt, die von Skorpionen gestochen wurden. Das gibt rechte Haut- und Gewebeschäden, kann zu Atemschwierigkeiten, Depressionen und zu Komplikationen führen, die nicht gefahrlos sind, besonders für alte Menschen und Kinder.

Wir haben hier wunderschöne riesige Vögel. Sogar Schwalben segeln über das Meer. Ihr habt keine Ahnung, wie schön asiatisch diese Gegend ist. Es gibt kein Licht am Abend. Ich darf mich keinen Schritt allein vom Spital wegbegeben, weil viele Leute immer noch hungern und man gerne von Banditen überfallen werde, so wurde mir gesagt. Komisch, ich habe gar keine Angst. Schliesslich bin ich, weil ich es nicht mehr aushielt, einen Moment allein ans Meer gegangen. Ich wollte einmal weg von allem Elend, wollte Ruhe – aber, *oha lätz:* Es vergingen kaum einige Minuten, da war ich umzingelt von bettelnden Menschen. Ich war dann froh, als ein Torwächter vom Spital kam und mich holte.
Viele Menschen hier kennen mich beim Namen. Sie sind sehr freundlich, aber auch schlau wie die Raben.

Ich komme ja heim über Weihnachten. Vorläufig kann ich hier aber noch nicht weg, weil ich immer noch allein bin mit der Übersetzerin und dem somalischen Hilfspersonal in der Geburtsabteilung. Keine Gynäkologin, kein Gynäkologe: Ich muss alles selber entscheiden.
Wenn ich morgens die wartenden Menschen sehe – auch vor der Geburtsabteilung – dann finde ich es nur recht, dass ich für einige Zeit hier bin. Die Not ist nach wie vor gross, die Armut unglaublich. Viele Menschen schlafen irgendwo in einer Ecke im

Sand oder auf der Strasse, mit dem Rest der Familie – ohne Decke oder Matte unter sich. Davon gibt es Hunderte.
Manchmal denke ich, man sollte die Schweizer Banken sprengen und das holen, was Afrika oder Somalia gehört! Siad Barre hat alles Geld, um das er das Volk betrogen hat, auf die Schweizer Banken einbezahlt und dort für sich sichergestellt. So ein Schweinehund!

So, jetzt schlaft alle recht gut.
Ich wünsche mir für das Land Somalia nicht mehr als endlich Frieden für Land und Leute!

Merka, 18. September 1993

Jetzt, wo ich so weit weg bin, fehlt ihr mir manchmal sehr und ich gäbe viel dafür, wenn ich schnell einen Kaffee mit euch nehmen und ein Plauderstündchen haben könnte, wie oftmals daheim. – *Henu*, wir werden dies nachholen, hoffe ich.

Mir geht es eigentlich recht gut, trotz der Hitze. Manchmal würde ich gern mal eine Pause machen, aber das ist fast unmöglich.
Dieser Fingerabdruck meines rechten Daumens ist das Siegel für meine besten Wünsche an euch. Mehr kann ich euch leider nicht geben. Aber ihr müsst wissen, hier in Somalia ist der Abdruck des Daumens die Unterschrift der meisten Leute, wenn es um Verantwortung geht. Zum Beispiel unterschreiben mir Frauen oder Männer mit diesem Zeichen, wenn sie mitverantwortlich für die Therapie eines Kindes sind.

Heute Nacht haben die Amerikaner zum zweiten Mal innerhalb weniger Tage Mogadischu bombardiert. Das Elend der Flüchtlinge ist gross. Ich habe in der Geburtsabteilung Kriegsverletzte aus der Umgebung und auch von Mogadischu. Wir haben noch Verbandmaterial für ungefähr drei Tage. Wie es weitergeht, weiss ich nicht. Für Geburten gibt es keine Gaze – einfach nichts.

Ich schicke euch die besten Wünsche in den Wind über den Indischen Ozean!

Merka, 10. Oktober 1993

Danke für das Geburtstagspaket! Ich bekam es direkt am 6. Oktober von Peter Dürner, der uns für drei Tage besuchte. Das war eine grosse Überraschung für mich. Seit Wochen, ja Monaten warte ich auf Briefe von euch. Das Postfach von Annalena in Nairobi wurde geleert und dem IKRK mitgegeben. Das Paket ist irgendwo in Mogadischu beim Roten Kreuz stecken geblieben. Bis heute erhalte ich keine Nachrichten; die ganzen Verbindungen sind zusammengebrochen. Meine Briefe gebe ich immer dem Caritas-Piloten mit oder Journalisten, die vorbeikommen. Aber es ist Krieg, überall wird gekämpft. Und das Schlimmste ist, dass nun in Mogadischu die Cholera ausgebrochen ist, wie mir heute der somalische Arzt Omar erzählte. Er unterstützt meine Bestrebungen, im Spital eine kleine Hebammenschule zu eröffnen. Omar ist bei SOS International angestellt und arbeitet in Mogadischu. Als Mann von Merka kann er natürlich in der Bevölkerung, bei den Ältesten der Stämme etwas erreichen.

Ja, ihr habt recht gehört: Die Vre fängt nochmals von vorne an – als Lehrerin für Krankenpflege. Ich habe das Projekt bereits ausgearbeitet. Zwölf Schülerinnen wären für den Beginn gerade recht. Maximal vierzehn junge Frauen werden aufgenommen. Die

Schule befände sich auch bei der Geburtsabteilung, Theorie in einem Haus daneben. Im Dezember werde ich für jede Schülerin die notwendigen Instrumente einkaufen und die Lehrmittel zusammenstellen, um Mitte Januar starten zu können.

Ihr glaubt ja gar nicht, wie unsagbar ich mich auf den Dezember freue! – Ich werde in der letzten Novemberwoche nach Nairobi ausfliegen, um dann in den ersten Tagen im Dezember bei euch zu sein. Ich zähle die Wochen und Tage!
Es geht mir sonst nicht schlecht. Ich bin zufrieden. Möchte natürlich mal einen freien Tag für mich. Und möchte einmal ohne diese grosse Ungewissheit des Krieges leben. Die Ängste bei den Schiessereien und all diese Verletzten, das zehrt.
Letzthin habe ich einen unserer Torwächter, der sich in den Finger geschnitten hatte und sich von mir verbinden lassen wollte, richtig zusammengeschissen: «Stell erst mal deine Kanone vors Haus, bevor du was von mir willst!» Er war ganz erschrocken. Aber kurz zuvor waren drei Jungen eingeliefert worden mit schweren Schussverletzungen. Der eine hatte einen Streifschuss am Hals und verblutete während der Wundversorgung, noch während ich eine Bluttransfusion machte.

Falls die Amerikaner immer noch kein Einsehen haben, wird sich der Krieg ausbreiten. Und dann hoffe ich, noch rechtzeitig das Land verlassen zu können. – Wenn ich daran denke, dann kann ich am nächsten Tag den Kindern fast nicht mehr in die Augen schauen. Sie können ja nichts tun und können auch nicht raus!
Die Not ist gross und das Elend breitet sich aus.

Merka, 22. Oktober 1993

Heute Morgen war wieder eine Schiesserei auf dem Platz vor dem Spital. Komisch, ich denke bereits nicht mehr an Verletzungen, so viele Schüsse höre ich Tag und Nacht.
Ich war im Ambulatorium mit einem Verbandwechsel beschäftigt, da rannte plötzlich ein Mann herein, übergab mir ein Kind, und fort war er wieder. Ich sah, dass der kleine Bub im Schockzustand war, und wunderte mich, was ihm passiert sein könnte. Dann erst spürte ich, wie sein Blut mir warm über die Arme und Hände lief und auf den Boden tropfte. Salad ist ungefähr viereinhalb Jahre jung. Seine Beine wurden von Maschinengewehr-Patronen durchschossen. – Was hilft dem Kind mein Blut und die Tränen, wenn es nicht mehr hüpfend auf eigenen Füssen im Sand zum kühlenden Meerwasser springen kann? Und Salad ist nur eines von vielen kriegsverletzten Kindern. Es ist Abend und er hat noch kein Wort gesprochen. Stumm schaut er mir mit fragendem Blick entgegen. Ich kann seinen Augen kaum standhalten.

In Gedanken bin ich bei den Freunden der GSoA, beim Friedensforum und den alten religiös-sozialen KriegsgegnerInnen, und ich bin froh, dass es euch gibt. Wir alle, besonders wir Frauen für den Frieden, müssen wieder mit vereinten Kräften aufstehen gegen den Grössenwahnsinn der Rüstungsindustrie, gegen die Machtstrukturen des Militarismus. Ich kann als Frau nicht Geburtshilfe leisten und gleichzeitig stumm mit ansehen, wie Kinder am Gehen und Aufrechtstehen gehindert werden.

Am 6. Oktober wurden alle MitarbeiterInnen der verschiedenen Hilfsorganisationen zu einem Treffen der UNOSOM Merka eingeladen. Jeder der Geladenen musste sich vorstellen und über seine Bestrebungen und seine Arbeit kurz berichten. Erstaunt darüber, dass auch ich eingeladen war, habe ich mich natürlich

vorbereitet. Ich hoffte darauf, dass wenigstens einige der MitarbeiterInnen eine Resolution gegen die Bombardements der Amerikaner in Mogadischu unterzeichnen würden, wo vor kurzem über tausend Menschen getötet und unzählige schwer verletzt wurden. Als ich dann an der Reihe war und erklärte, dass wir, die Hilfsorganisationen, momentan alle nur Symptombekämpfung leisten würden, solange die Amerikaner das Land terrorisierten und in zwei Gruppen spalteten, da nickten mir die Herren freundlich zu. Der Generalsekretär der UNOSOM war der Mann, der am meisten nickte, als ob er einverstanden wäre mit meiner Aussage, dass dies gegen die Grundsätze der UNO verstossen würde und eine krasse Verletzung der Menschenrechte sei. Jeder erzählte nur über seine Arbeit in Afrika, ich war allein mit meiner politischen Stellungnahme.
Am Schluss ging ich nochmals auf den Generalsekretär zu und sagte ihm, dass wir nun viel gehört hätten über die Hilfe der UNO-Truppen für die Hilfsorganisationen, dass viel über Waffen und die Kontrolle der Waffen gesprochen wurde, dass ich aber etwas vermisste: Es war kein einziges Wort über die somalische Bevölkerung gesagt worden! Kein Wort davon, in welchem Zustand sich die Bevölkerung noch immer befindet. Kein Wort davon, dass endlich die Schulen wieder eröffnet, Wege und Brunnen gebaut werden müssen. Das war ihm dann offensichtlich peinlich. Er wusste nichts darauf zu erwidern und verabschiedete sich mit den Worten, dass UNOSOM am nächsten Abend zum Essen einlade und dass wir vielleicht dann nochmals darauf zurückkommen könnten, eventuell …

An einem Essen war ich nicht mehr interessiert, es war mir sterbenselend. Waren doch einige Mitarbeiter, mit denen ich vorher gesprochen hatte, auch der Meinung, dass wir etwas tun müssten. Eine Resolution kam aber nicht zustande, niemand interessierte sich mehr dafür. Alle distanzierten sich von mir! Tatsache ist aber, dass gestern wieder zehn Menschen gestorben sind und etliche bei einem Gefecht zwischen den Pro-Amerikanern und ihren Gegnern aus dem einfachen Volk verwundet wurden. Die Angehörigen des Biomal-Stammes – das sind die so genannt besser gestellten Somalier in Merka – werden von den Amis bezahlt und nehmen die guten Stellungen ein. Sie streben an, dass im Spital nur noch Biomal-Stammesleute beschäftigt werden dürften. Sie wollen auch, dass das Distriktspital nur noch Biomal zur Behandlung aufnimmt. Sie kämpfen gegen das Volk, das eigene Wahlen anstrebt. Der Krieg zwischen den Pro- und Kontra-Amerikanern und UNOSOM-Gruppen wird natürlich gesteuert und geschürt. So kann man dann sagen, die Somalier seien nicht imstande, eine eigene Regierung zu bilden. Und das ist wiederum für die Amerikaner ein Grund zum Bleiben. Es ist aber eine traurige Tatsache, dass sie, seit ich hier bin, fünfmal angekündigt haben, sie würden ihre Truppen zurückziehen, und jedes Mal bombardierten sie in der darauf folgenden Nacht Mogadischu.

Für mich ist aber inzwischen klar geworden, warum UNOSOM die Hilfsorganisationen einlädt und ihnen ihre Hilfe anbietet. Diese Woche hat Boutros Ghali der Welt verkündet, dass in Somalia zu fünfundneunzig Prozent Frieden sei. Das ist eine grosse Lüge.

Nach dem Treffen mit UNOSOM wurde eine Liste aufgestellt mit den Namen der dabei anwesenden MitarbeiterInnen der Hilfsorganisationen von Merka. Einzig mein Name ist nicht erwähnt, obwohl ich für das Spital arbeite und im Januar die Hebammenschule mit zwölf Schülerinnen eröffnen will.
Es ist natürlich alles fraglich, vielleicht werde ich schon vorher die Arbeit aufgeben müssen. Denn ich arbeite bewusst nur in einem Spital, wo alle Menschen behandelt und wo Arbeitsplätze für alle verschiedenen Stammesleute geschaffen werden.
Das ist mein letzter Brief vor Ende November. Anfang Dezember

komme ich ja heim für eine Zeit der Ruhe. Könntet ihr diesen Brief nicht als Rundbrief den Freunden und meiner Familie zukommen lassen? Ich bin es so müde, so viel Negatives zu schreiben. Darum bin ich froh, wenn ich diesen Bericht nur einmal schreiben muss.

Ich grüsse euch alle herzlich mit dem Hoffen auf Frieden für Land und Leute, ja, vor allem für die Kinder.

UN

Dritte Ausreise

Mogadischu, 25. Januar 1994

Zuallererst will ich euch danken für den Abend im «Gartenhof», und das ganz herzlich. Menja hielt die Schachtel am Ausgang, und es wurden sage und schreibe 1250 Franken für Somalia gespendet! Das war eine Überraschung! Wenn ihr wüsstet, wie schwer das Geld überall eingenäht auf mir liegt, damit es sicher nach Merka kommt. Aber bis jetzt hatte ich Glück.

Soeben bin ich spät in der Nacht in Mogadischu angekommen. Zuerst schreckte ich wieder zurück wegen der Saunahitze, die mir am Flughafen entgegenkam. Der Jetpilot wurde von Bekannten abgeholt, denen er Früchte, Mangos und Bananen mitbrachte, damit jemand im Flugzeug übernachte. Also war ich nicht allein am Flughafen. Die Leute nahmen mich mit, brachten mich mit einem Jeep zum IKRK-Gebäude und schenkten mir erst noch eine Mangofrucht. (Wenn die gewusst hätten, was ich auf mir trug …)

Das IKRK-Haus ist verlassen. Nur ein Wächter ist zurückgeblieben. Alles ist kaputt. Ich konnte heute keine Kübeldusche haben. Die Wasserleitungen sind zerstört und das Fass ist leer. Zum Glück habe ich drei Flaschen *bio* (Wasser auf Somalisch) von Nairobi mitgenommen. Der Wächter lebt mit seiner Familie in einem Seitenflügel. Die Rotkreuz-Mitarbeiter sind alle evakuiert und schon lange nicht mehr da. Der Mann sagte mir, dass er niemals glaube, dass die Amis im März wirklich verschwinden werden. Es seien heute viele UNO-Amis nach Nairobi ausgeflogen worden, aber immer würden wieder gleich viele Soldaten ersetzt. Die Weltpresse würde nach wie vor falsch orientiert, meint er.

Mogadischu ist eine Geisterstadt. Am Boden zerstört. Ruine um Ruine. Es ist kaum zu ertragen, dieses Bild der Zerstörung. Wenn ich Mogadischu heute sehe, dann wird mir bewusst, wie klein unser Beitrag ist, wie wenig wir tun können. Aber ich bin zufrieden, dass ich da bin. Ich träume von einer Friedensbrigade, von jungen Menschen, die das Leben lieben und die wissen, was sie tun, von Frauen und Männern, die Hand anlegen ohne Waffen, beseelt von einer tiefen Sehnsucht nach Gerechtigkeit, sodass einmal alle Menschen Brot, Freude und ein menschenwürdiges Leben haben können.
Es ist schon drei Uhr: Ich kämpfe gegen den Schlaf, aber heute ist es besser, wachsam zu sein. Das milde Licht des Mondes umgibt die verwundete Stadt sanft und begleitet mich in den neuen Tag. Gute Nacht!

Merka, 1. Februar 1994

Als ich in Merka ankam, waren das Städtchen und die Umgebung von neuen Flüchtlingen überfüllt wie nie zuvor. Wir eröffneten sofort ein *Feeding Center*, auf dem grossen Platz vor dem Tbc-Spital von Annalena Tonelli. Zuerst kamen gegen zweihundert Kinder und über hundert Erwachsene, dann jeden Tag mehr. Heute Nachmittag bekamen um die sechshundert Menschen, viele Kinder, Frauen und alte Menschen, eine warme Mahlzeit. Es ist ein trauriges Bild, sie am Boden sitzen und im heissen Sand bei der grossen Hitze um Wasser betteln zu sehen. Manchmal passiert es, dass meine Tränen den Reis oder die Bohnen versalzen, weil ich mich nicht beherrschen kann. Aber vielleicht ist es gar nicht so daneben, wenn diese Menschen spüren, dass man mit ihnen fühlt, und sie meine Ohnmacht und Hilflosigkeit sehen. Die weissen Menschen spielen ja nur allzu oft die starken Kerle in Afrika.

Diese verdammte UNO-Politik! Sie ist genau so, wie Beato-Cello vom Spital in Kambodscha berichtet. Wie in Kambodscha will die UNOSOM auch in Somalia keinen Frieden, weil sie sonst keine Geschäfte mehr mit Somalia machen kann. Sie besetzt alle interessanten Posten mit Leuten des Biomal-Klans und bezahlt diese gut. Allerdings darf ein solcher Biomal dann keine eigene Meinung mehr haben, und er bekommt Schwierigkeiten mit seinem Stamm und seiner Familie, mit denen, die trotz allem hart bleiben. So werden die Leute von der UNOSOM bezahlt und gekauft, weil sie Hunger und kein Dach über dem Kopf haben. Ich höre von Reportern, dass die Nachrichten zensuriert und zurechtgebogen werden: immer zugunsten der UNO-Amis und der so genannten Hilfsorganisation UNOSOM.
Merka ist bereits wieder beherrscht von einem schlimmen Kriegsgauner und Pro-Amerikaner: Abduversani hat wieder die Macht. Er drohte, er werde Merka mit Truppen angreifen, um es von allem zu säubern, was nicht nach seinem Willen tanzt. Die zwölf Männer des Ältestenrats verhandeln Tag und Nacht für eine friedliche Lösung.
Aber wer nicht für die UNO und UNOSOM ist, fliegt überall raus und kann seine Familie nicht mehr ernähren. Im Spital haben wir so die besten Leute verloren. In der medizinischen Abteilung werden auch nur Pro-UNO-UNOSOM-Leute behandelt. Für mich gilt das allerdings nicht: Die Lage ist nicht ungefährlich.

Nun ein Beispiel von falschen Pressenachrichten:
Am 1. Januar kam in den Abendnachrichten des ARD-Fernsehens ein Bericht über Somalia. Da wurde gezeigt, wie ein amerikanischer UNO-Soldat am Boden im Sand geschleift, also scheinbar

gelyncht wurde. Tatsächlich war aber der Mann bereits vorher tot, und die Szene wurde mit einem Auto gefilmt. Dass andererseits in der Nacht zuvor über hundert Somalier und Somalierinnen durch ein Bombardement getötet und viele verletzt worden waren, darunter Frauen und Kinder und viele Waisen, das wurde nicht erwähnt und kein Wort davon: Es scheint, als wäre das Leben von Schwarzen nicht gleichwertig.

Es ist die UNOSOM, welche die Fehde zwischen den Klans aufrechterhält. Ich sehe und höre doch, dass die Somalier-Stämme der einfachen Leute sich zusammentun und Frieden wollen. Sie haben genug. Viele von den Somali haben keine Zukunft, keine Arbeit, keine Hirse. Wenn dann einer von der UNOSOM oder ein Biomal kommt und ihnen einen Verdienst anbietet, ist es verständlich, wenn einer zusagt. Oft ist es seine letzte Chance, um zu Wasser und Hirse zu kommen. Ich hoffe, dass ich mich wieder besser daran gewöhne.

Ich denke, ihr könnt euch diese Not, Armut und das Elend, das daraus resultiert, wohl nicht vorstellen. Jeden Tag kommen mehr Flüchtlinge von Mogadischu an. Ich kann euch Einzelschicksale nicht beschreiben, weil ich selbst so betroffen bin, dass ich mir, sozusagen als Psychohygiene, am Abend irgendwie Distanz vom Erlebten schaffen muss.
Wenn ich noch ein Leben hätte, dann würde ich mich zusätzlich noch weiterbilden für eine Friedensbrigade. Mein Gott, wäre das gut, wenn wir uns für weltweite Friedensbrigaden zusammentun könnten – wenn wir doch nochmals beginnen könnten!

Merka, 4. Februar 1994

Heute habe ich einer Frau bei der Geburt geholfen – draussen im Sand. Das Kind wurde tot geboren. Die Somalierin stand auf und sagte: «*Allham dulilla!*» – Gott sei Dank, ist das vorbei! Und: «*Assanta! Assanta!*» – Ich danke dir für die Hilfe. Sie nahm das Kind, das ich in ein Tuch eingewickelt hatte, und verlangte eine Schaufel. Dann sah ich sie den Berg hinaufgehen mit der Last auf dem Rücken. Ich staune über die Frauen hier. Sie haben trotz Krieg, Elend, Not und Hunger Haltung bewahrt. Sie gehen aufrecht und selbstbewusst.

Der milde Nachthimmel mit Tausenden von Sternen breitet sich über dem verwundeten Somalia aus und begleitet mich in einen neuen Tag.

Merka, 6. Februar 1994

Ich sitze auf der Düne. Der leichte Wind kommt über Tausende Kilometer von den riesigen, öden Flächen der Wüste her, die von den Buschmännern die «grosse Dürre» genannt wird. Und hier an den Abhängen der Sanddünen löst sich der Wind in Wirbel und Böen auf. – Der Geruch von feinem, pfefferartigem Staub der fernen Wüste, von süssen Pollen hunderter wilder Pflanzen und der warme Rindergeruch der Büffelherden unten im Tal streichen mir um die Nase. Ganz schwach auch die Kühle der Wasserstelle, wo alle Herden trinken und sich suhlen. Diese Gerüche kann ich nun unterscheiden. Ich versuche ihren Ursprung zu ergründen. Ich nehme wahr, wo kurz zuvor Kamele durchgezogen sind.
Der späte Nachmittag hat das Grasland in einen goldenen Teppich verwandelt, und die zarten Umrisse der Bäume auf dem Hügel-

kamm heben sich vom tiefklaren Blau des afrikanischen Himmels ab. Zwischen Jakarandabäumen, Zypressen und wild blühenden Kakteen sehe ich das Eselsgespann langsam näher kommen. Es ist Mohamed mit der Eselin Qadija, die mir entgegenkommen.

Merka, 8. Februar 1994

Ich habe euch noch nicht erzählt, dass die SomalierInnen für mich ein grosses Fest vorbereitet hatten. Irgendwie hatten sie erfahren, dass meine Tochter am 14. Januar geheiratet hatte. Also kaum zu glauben: Am Sonntagnachmittag wurden alle EntwicklungshelferInnen eingeladen und es ging los. Zuerst hiessen sie mich, ihre Hebamme, mit einem grossen Applaus willkommen. Dann tanzten sie wie wild bis zur Ekstase und verkündeten am Mikrofon, dass meine Tochter Maya geheiratet habe. Sie haben einen Song mit Trommelbegleitung für die beiden gemacht. Mir kamen die Tränen vor Freude. Dann sangen, tanzten und trommelten sie feiner und verkündeten, dass ich bald Grossmutter werde. Die Trommeln wurden wunderschön zart gespielt, und dann gab es einen grossen Wirbel als Dankeschön für meine Tochter, weil sie Somalia ein Geschenk mache, indem sie die Mutter, Somalias Hebamme, freigebe für Somalia. Sie dankten Maya ganz speziell, dass sie damit einverstanden ist, dass ich hier arbeite. Ihr könnt euch nicht vorstellen, wie künstlerisch modern und unglaublich schön die Trommeln für die beiden spielten. Immer wieder sangen sie: «Die beiden sind nun *ning* und *nag!*» Ich habe alles auf Band aufgenommen für euch. Es ist ein sehr kostbares Band: alles neu komponiert von verschiedenen Stämmen.
Dann hatten sie noch ein Theater vorbereitet über mich, die strenge Hebamme. Es war so lustig.
Am Schluss kam ein Greis und verneigte sich, küsste meine Füsse

und wollte *ning* und *nag* – Frau und Mann – mit mir machen. Natürlich sind die Afrikaner auch schlau: Er könnte dann mit der Frau aus der Schweiz ein gutes Alter erleben. Sie sind ja alle überzeugt, dass ich steinreich sein muss.

Jetzt wird gerade wieder ganz in der Nähe geschossen. Wir wissen eigentlich keinen Tag, was der nächste bringen wird. Die politische Lage ist gefährlicher als vorher. Die Somali kämpfen gegen die UNOSOM, und ich denke, dass der Hass auch unberechenbar ist gegen die Weissen überhaupt.
Letzthin wurde ich zum ersten Mal angepöbelt von drei jungen Somaliern. Sie schubsten mich an die Wand des Hospitals und schrien: «*Bacha! Bacha!*» Das heisst: Verreise! Hinaus mit dir! Aber zum Glück kamen mir sofort einige von meinen Merkaner Patienten zu Hilfe. Ich war so erschrocken, dass ich es noch lange in den Beinen spürte. Angst macht schwach, das habe ich jetzt erlebt. Sonst bin ich zum Glück ja nicht ängstlich. Natürlich habe ich im Sinn, wenn es hier nochmals wirklich Krieg geben sollte, mich sofort evakuieren zu lassen. Die italienischen UNO-Soldaten haben versprochen, uns sofort zu holen.

Ich freue mich schon jetzt auf den August, dann komme ich heim und habe dann meinen Ruhestand verdient. Und ich werde ein grosses Fest machen für alle. In Bezug auf Freude bin ich hier in Somalia auf einer Durststrecke, darum träume ich von dem kommenden Fest. Das ganze Elend und die Not, denen ich täglich begegne, kann ich manchmal nur schwer verdauen. Dann verreise ich in Gedanken zu euch – und es geht mir wieder besser.

Merka, 18. Februar 1994

Ich wohne nun im Tbc-Spital. Es ist zu gefährlich, allein zu wohnen. Aber ich arbeite frei mit den Frauen, die ich gynäkologisch behandle und betreue. Ich arbeite den ganzen Tag von morgens früh oft bis abends spät. Mit dem zweiten Ambulatorium muss ich noch warten. Es gibt Rivalitäten. Aber ich helfe ja noch drei Stunden täglich im *Feeding Center* mit. Die Intellektuellengruppe redet jetzt für mich mit dem Sultan und dem Ältestenrat von Merka. Sie möchten mir ein Haus zur Verfügung stellen, damit ich das neue Projekt doch noch eröffnen kann. Es wäre notwendig für die vielen Flüchtlinge.
Letzthin war wieder ein grosses Gefecht mit Schiessereien hier in Merka.
Aber ich hoffe fest, es geht euch gut.

Merka, 8. März 1994

Heute, am internationalen Frauentag, bin ich früh am Morgen mit meiner Petroleumlaterne ans Meer gegangen. Die erste Morgendämmerung hat mich berührt. Der Indische Ozean, zuerst tintenschwarz, färbte sich in graublaue und dann in dunkelgrüne Farbtöne. Mich überfiel ganz unerwartet eine grosse Einsamkeit. Das Meer war so gewaltig, dass ich es kaum ertragen konnte. Dann ging plötzlich die Sonne auf, ein riesengrosser rot glühender Ball über dem Horizont. Ich bin immer wieder erstaunt, wie viel grösser die Sonne so nah am Äquator erscheint. Ich setzte mich an den Strand und spielte auf der Flöte Vivaldis «Vier Jahreszeiten». Dann war mir wieder wohler zumute. Schon kamen die Kinder von der Savanne, und von überall her tönte es vertraut: «Verena, Verena!» Ich musste mich beeilen, denn um sieben Uhr geht das Ambulatorium auf.

Am Abend zündete ich mir eine Kerze an und schickte meine Wünsche, Träume und meine Traurigkeit über die Situation der Frauen in den Wind über dem Indischen Ozean. Wenn ich die Somalierinnen sehe, wird mir wind und weh. Ich bin ja für die Frauen und Kinder unterwegs. Wenn ich nochmals geboren würde, dann würde ich wieder das Gleiche tun, aber früher, nicht erst mit sechzig Jahren. Dann würde ich mich noch zusätzlich in Psychotherapie ausbilden.
Wir haben viele Menschen hier, die durch schwere Malaria-Attacken den Verstand verloren haben. Manchmal sind sie unheimlich aggressiv. Es ist unheimlich zu beobachten, wie sich ein Mensch durch Hirnhautentzündung verändern kann. Ich spritze dann Chloropromazine, bei mageren Leuten oder Kindern anfänglich nur ein Drittel der Ampulle, um zu sehen, wies geht. Ich wäre in dieser Beziehung auf die Hilfe eines Arztes angewiesen! Ich halte mich an die Richtlinien der WHO und beobachte den Allgemeinzustand des Patienten gut. Mir ist aber bewusst, dass dies nur eine Symptombehandlung sein kann, und ich weiss nicht, ob es nicht bessere und leichtere Mittel gäbe. In Afrika nimmt man, was man hat.
Ich habe nun angefangen, diese Patienten am Strand im Wasser gehen zu lassen. Sie laufen zusammen jeden Morgen und Abend dem Strand entlang mit den Füssen im Wasser und kehren nach einer halben Stunde um. So sind sie zweimal täglich eine Stunde unterwegs und zufrieden. Ich dachte an Kneipp, der das Wassertreten mit viel Erfolg angewendet hatte. Ich denke, die stark beruhigenden Mittel sollten nur im Notfall angewendet werden, weil der Mensch durch sie eine Persönlichkeitsveränderung erfährt. Und wir brauchen doch auch die tägliche Bewegung. – Ich habe grosse Freude an der Gruppe, die nun täglich ausläuft. Sie kommen begeistert heim und erzählen oft irres Zeug, aber sie sind zufrieden, und die Freude ist doch auch eine natürliche Heilkraft! Vor allem sind die Leute am Abend natürlich müde und schlafen

gut. Im Verhalten ändert sich nichts, diese Menschen leben wie in einer anderen Welt. Ich vermute, dass der Mensch, wenn seine Not zu gross wird, manchmal in einen anderen Zustand flüchtet, damit er beachtet wird.

Merka, 15. März 1994

Ich habe unter den Patienten, die ins Ambulatorium kommen, oft viele Kinder mit unglaublich bösen Verbrennungen. Ich staune aber immer wieder über die Heilungskraft der Afrikaner. Die schlimmsten Verbrennungen heilen mit täglichem Verbandwechsel ohne Penicillin und ohne Komplikationen.

Merka, 16. März 1994

Gestern Abend musste ich noch eine Frau besuchen, die Eröffnungswehen hatte. Sie arbeitet auch als *nurse* im Tbc-Spital. Der Weg ging Richtung Mogadischu. Plötzlich standen meine Begleiter still und zeigten mir am Boden die Schleifspur einer Boa. Die Boa ist die grösste Schlange hier. Sie geht in der Nacht auf Kaninchenfang und ist dann aggressiv, weil hungrig. Wir haben die Schlange aber nicht gesehen und alles ging gut.

Die Strohhütten liegen ausserhalb von Merka, ganz abseits. Die Leute sind entsetzlich arm: ein Kochtopf am Boden, das ist alles. Die ganze Familie schläft auf engstem Raum am Boden in einer schlecht zusammengeflickten Strohhütte. Aber die Menschen sind im Allgemeinen zufriedener als viele Schweizer Bürger.

Merka, 17. März 1994

Heute Abend geschah ein grosses Unglück ganz in der Nähe auf der Strasse nach Merka. Vierzehn Menschen starben und es gab über zwanzig Schwerverletzte. Der Lastenbus hatte eine gebrochene Achse. Man kann sich die vielen Löcher und Risse in den schlechten Wegen kaum vorstellen. Zum Glück gibt es praktisch keine Autos in Somalia. Die Leute gehen zu Fuss. Wenn ich denke, wie viele Somalier jeden Tag von weit her durch die Dornbuschsavanne zu uns kommen, dann bin ich ganz beschämt über die kurzen Strecken, für die ich zuhause Tram oder Bus benutze.

Jetzt ist wieder Mitte März. Bei euch blühen die ersten Vorfrühlingsboten. Mein Gott, wie freue ich mich, bis ich wieder einmal Apfelblüten und *Chrottepösche*, die Lichter des Löwenzahns, sehen kann! Vielleicht nächsten Frühling! Jetzt ist die Not und Armut in Somalia so gross, dass ich es noch aushalten werde. Schon wegen der vielen Kinder.

Merka, Karfreitagabend, 1. April 1994

Am Palmsonntagmorgen hatte ich hundertdreiundfünfzig PatientInnen im Ambulatorium zu versorgen. Heute Morgen waren es über hundertachtzig Menschen, die bei fast unerträglicher Hitze auf mich warteten. Die Leute kommen vom Busch, viele von Qoryooley und Shalaamboot, das sind Dörfer in der Dornbuschsavanne. Es gibt im Süden keine medizinische Hilfe, kein Ambulatorium. Und hier im Distriktspital gibt es kein Personal. Alle NRO haben Angst, es werde wieder Krieg geben – und ziehen darum ihre Leute ab.

Als ich endlich wieder einmal einen Zeichenstift in der Hand hielt und eine Osterhenne zeichnen wollte, brachten sie mir ein schwer verletztes Mädchen. Halb verdurstet war es im Busch aufgefunden worden, mit einer tief klaffenden Wunde über der Stirn. Das Kind war bewusstlos, nicht ansprechbar. Ich vernähte die Wunden und machte eine Glucose-Infusion. Was dem Mädchen passierte, ist noch ungewiss. Es liegt heute Nacht zur Beobachtung bei mir auf einer Strohmatte. Ich denke, es muss sich zur Wehr gesetzt haben: Es hat blaue Hämatome am ganzen Körper, auch die rechte Hand ist gebrochen.
Wie verlassen doch die Kinder hier sind! Meist Kriegswaisen, schlagen sie sich allein durch. Es sind vor allem die Frauen und Kinder, die leiden. Meist unterernährt, haben sie Mangelerscheinungen. Wenn es Wasser und etwas zum Essen gibt, kommen zuerst die Väter und Söhne dran. Die Mütter und Mädchen nehmen das, was übrig bleibt.

Heute Morgen, am Karfreitag, hatte ich wieder mal meine Mühe mit der Nächstenliebe.
Ein Mann brachte seine Frau zur Schwangerschaftskontrolle. Es ist für sie bereits die elfte Schwangerschaft. Ich hatte die Frau beobachtet, wie sie Wasser schleppte für die Familie und schwere Holzbündel auf dem Kopf heim trug. Der Mann ging dabei jeweils neben ihr her, ohne sich um sie zu kümmern, wie ein Pascha! – Die Mutter ist mager bis auf die Knochen, dazu blutarm wie fast alle Frauen hier. Ich gab ihr einige Militärbiskuits, die mir die UNO-Soldaten für das Ambulatorium zurückgelassen hatten. Als ich dann plötzlich sah, wie ihr Mann, der dickbäuchige, mit aller Selbstverständlichkeit die Biskuits verzehrte, verlor ich die Geduld. Ich schlug sie ihm aus der Hand und schrie ihn an: «Wer ist denn hier der Patient und wer der Pascha? Du gehst jetzt heim, schleppst das Wasser und Holz heran für deine Kinder und machst alle Arbeit, die deine Frau jeweils für dich tut. Verstanden!» Er lachte

dreist und sagte: «*Maya.*» – Nein; denn die Frau komme sowieso wieder mit ihm. Ich war so entsetzt und aufgebracht, dass ich sagte: «Die Frau bleibt da, wo sie ist, zur Erholung, und damit basta. Wenn du die ganze Arbeit gemacht und für die Kinder gesorgt hast, kannst du in einer Woche mal schauen, wie es deiner Frau geht. Keinen Tag vorher, damit hat es sich!» Er lachte wieder, stand auf und sagte: «Ich habe ja noch zwei andere Frauen im Busch, die können das tun.»

Merka, Ostersonntag, 3. April 1994

Heute hatte ich wieder mehr als hundertachtzig Menschen im Ambulatorium. Am Nachmittag noch eine Geburt, diesmal aber im Spital, im Gebärsaal. Ich bin heilfroh darüber, denn ich wurde am rechten Fuss gebissen, wahrscheinlich von einer Schlange. Sie hat mich nicht tief verletzt, der Fuss war aber nach wenigen Minuten bereits dick angeschwollen und ganz blau. Auch hatte ich Mühe mit Atmen. Ich habe mir sofort Ultracorten gespritzt. Das hat mir sehr geholfen. Es war mir aber den ganzen Tag noch etwas übel und schwindlig. Ich musste langsam arbeiten, dann ging es. Jetzt, wo ich ruhe, ist es viel besser.

Merka, 4. April 1994

Mir fehlt das Gespräch mit gleich gesinnten Menschen, die den Wunsch nach Frieden und Gerechtigkeit mit mir teilen. Dann fehlt mir auch das Fachgespräch über medizinische Alternativen zu meiner Art von Behandlungen. Wenn wir nur eine kleine Gruppe von Interessierten, natürlich Pazifisten, wären. Drei Leute

mit Erfahrung und drei Junge mit guter Ausbildung und dem nötigen Schuss Übermut, den es braucht im trostlosen Somalia! Dann wären medizinische Auseinandersetzungen mit neuen und alten Ideen möglich! Manchmal denke ich, ich sei zu einseitig. Vieles von dem, was ich hier tun kann, ist lediglich Symptombehandlung, nicht mehr.
Ich sehe, dass die beste Voraussetzung für die Heilung auch von infizierten Wunden eine regelmässige, gesunde Ernährung ist. Wir behalten darum Leute mit Abszessen oft für einige Tage hier, aber wir können leider nicht alle Hungernden ernähren.

Zuerst packte mich das Heimweh am Ostertag. Wir haben einen Radarschirm auf dem Spitaldach, und so könnte ich jetzt über einen Satelliten telefonieren. Das kostet aber viel Geld. An der Arbeit, mitten drin in der entsetzlichen Armut und Not der Menschen, kam wieder die Vernunft. Ich will das Geld für die Flüchtlingsküche brauchen. Für den Gegenwert eines Telefongesprächs können hier viele Mütter mit ihren Kindern essen! Solange so viele Menschen an Hunger und Durst sterben, sind meine Gelüste geradezu unverantwortlich.

Das kleine Mädchen ist nun erwacht, heisst Sofia Sahara und hat keine Ahnung, was ihm passiert sein könnte. Die retrograde Amnesie deutet daraufhin, dass es eine schwere Hirnerschütterung erlitten hat. Je länger das Geschehene nicht ins Bewusstsein zurückkommt, umso schwerer ist das Trauma. Jetzt, da es besser geht, muss ich Sofia Sahara nicht mehr überwachen. Ich brauche und liebe auch meine Ruhe.

Soeben hat mir ein Nomade drei Stück geröstetes Schlangenfleisch gebracht und zwei lebende Hühner. Er muss ein schlechtes Gewissen haben. Vor zwei oder drei Monaten, als er mit seiner Familie und seiner Kamelherde durchzog, fehlten mir nachher zwei

Hennen. Wir fanden nur noch ein rauchendes Feuerchen und ein Häufchen Federn vor meiner Tür.
Jetzt habe ich wieder vier Hühner und einen stolzen Gockel, drei Esel und die Geiss mit den zwei Jungen, eins ist ein Geisslein, das andere ein Bock. Den werde ich später für gutes Geld verkaufen, um Reis für die Flüchtlinge zu bekommen. Meine Sympathie für die so genannten Böcke ist sowieso klein!

Heute ist wieder eine völlig erschöpfte, unterernährte Frau vor der Türe zum Ambulatorium zusammengebrochen. Eigentlich bin ich doch froh, dass ich noch da bin, trotz dem Alleinsein. Mir ist bewusst, wie klein meine Hilfsmöglichkeiten sind. Aber ich will ausharren, solange es geht. Wegen der Kinder und Frauen. Ich bewundere sie.

Nairobi, 14. April 1994

Ich bin für kurze Zeit in Nairobi, um Infusionen und das nötige Desinfektionsmaterial zu organisieren. In Merka ist unter den Flüchtlingen so etwas wie die Cholera ausgebrochen. Wir konnten die Diarrhöe nicht definitiv diagnostizieren, aber die Symptome sind gleich. Kinder, die noch mit uns zu Abend gegessen hatten, starben nach nur wenigen Stunden qualvoll. Letzte Woche waren es acht Kinder an einem einzigen Abend. Im Städtchen Merka starben an einem Tag vierzig Menschen. Das Krankheitsbild weist die typischen Symptome von Cholera auf. Die WHO in Nairobi hilft uns nicht, ja sie glauben uns nicht einmal!

Alle drei SOS-Ärzte aus Italien, die für drei Monate hier im Distriktspital arbeiten wollten, sind nun nach zwei Wochen mit den zwei Krankenschwestern wieder abgereist. (Gianni, einer der

Ärzte, sagte, er sei nach Somalia gekommen, um zu arbeiten, nicht um zu sterben. Er hat auch Angst, es gäbe wieder Krieg, wenn die UNO-Soldaten fort seien.)

Als ich von ihrer überraschenden Abreise erfuhr, packte ich schnell meinen Pass und ein paar Sachen und sprang auf den Jeep auf. Wenn die schon einen Flieger bekommen, sollen sie mich wenigstens mitfahren lassen bis nach Nairobi, dachte ich wütend. (An das Risiko, ob und wie ich nachher wieder ins Land einfliegen und zurückkommen könnte, dachte ich auch, aber das Hoffen, dass ich das auch irgendwie schaffen würde, war stärker!) Ich wollte in Nairobi das notwendige Material wie Infusionsgerät und Desinfektionsmittel organisieren. Denn für eine Epidemie haben wir zu wenig Infusionen mit Bestecken und Zubehör. Wir müssen doch für den Notfall gerüstet sein.
Jetzt sind noch Annalena Tonelli, eine junge Ärztin und eine Krankenschwester in Merka. Sie arbeiten im Tbc-Spital und sollten auch gerüstet sein.

Nun habe ich hier in Nairobi alles organisiert. Das Internationale Rote Kreuz IKRK hat mir sehr geholfen und stellt alles zur Verfügung. Ich kann wahrscheinlich auch mit dem Zweierjet mit allem Zubehör nach Shalaamboot zurückfliegen. Das IKRK hat keine Helfer mehr in Somalia, aber sie machen einen bis zwei Flüge mit dem Material für mich. *Allham dulilla!* Ich hoffe, dass alles gut geht, ein Flug ohne Zwischenfälle über Busch und Savanne.

Ich habe fast kein Geld mehr, darum kann ich nicht gross telefonieren. Aber ich hoffe, bei euch geht alles gut!

Heute habe ich wichtige Bücher von der Organisation Amref für die Schule geschenkt bekommen. Nun können wir mit den Pflegekursen wieder weiterfahren. Wir haben eine Klasse mit achtzehn

PflegeschülerInnen und eine kleine Gruppe von fünf Hebammenschülerinnen, die einen Intensivkurs für Geburtshilfe besuchen. Ist das nicht wunderbar?

Ich denke, es ist eine Chance, mit Menschen, die noch nicht «verbildet» sind, zusammen zu lernen und zu arbeiten! Die jungen Somalierinnen und Somalier sind wissensdurstig, aufgeschlossen und wach. Schule ist etwas ganz Besonderes für sie. Jeder und jede von ihnen möchte gerne eine Schule besuchen. Durch die Anatomie lernen sie ihren Körper kennen und lernen zu staunen über das Zusammenspiel und die Vielfalt der verschiedenen Organe. Wenn ich nur an die Funktionsmöglichkeiten der Haut denke, zum Beispiel die Regulation von Wärme und Kälte. Oder an die verschiedenen Aufgaben der einzelnen Blutkörperchen im Organismus, dann bin ich immer wieder neu fasziniert von der Einmaligkeit und Vielfalt, die das individuelle Leben ausmachen. Wer seinen Körper kennt, wird darüber staunen und zu seinem Leben Sorge tragen. Und so wird er, hoffe ich, auch das Leben des Nächsten achten. Ja, Anatomie und Physiologie vermitteln, hat viel mit Freude zu tun und dies ist entschieden ein Teil der Friedenspolitik!

Nairobi, 20. April 1994

Ich sitze immer noch hier in Nairobi mit Hunderten von Infusionen und Medikamenten. Es ist sehr schwer, einen Jetflieger zu bekommen, der mich und das Material nach Somalia fliegt. Die Leute vom IKRK haben mir sehr viel geholfen bei der Zusammenstellung der Medikamente. Aber niemand will nach Somalia. Giorgio, der Buschfliegerpilot will das Risiko nur eingehen, wenn er mich nach Mogadischu ausfliegen kann. Das heisst, dass ich

dort einen oder zwei Jeepfahrer suchen muss, die dann den Weitertransport durch die Savanne übernehmen. In Afrika ist alles so kompliziert und ein Risiko. Nun werde ich mich heute entschliessen müssen mit Giorgio, dem Italiener, zu fliegen. Ich werde also mit dem Bus zum Wilson-Flugplatz fahren, wo ich mit Giorgio verhandeln muss. In Shalaamboot, das Merka näher liegt, kann er nicht landen; die Piste – einen Flugplatz gibt es nicht! – wurde von Elefanten und Büffeln wieder zerstört.
Giorgio ist ein erfahrener Buschpilot, aber er macht immer wieder Tiefflüge, um so ganze Büffelherden, Antilopen oder die wunderschönen, ruhenden Giraffen aufzuschrecken. Er hat seine Freude daran, wenn die Tiere in hellem Entsetzen in ganzen Scharen davonrasen. Ich finde das Tierquälerei. Warum können die Menschen die Tiere nicht besser achten?

Nairobi, 24. April 1994

Ich fliege morgen um sieben Uhr ab Wilson-Airport direkt in den Busch nach Shalaamboot. Die Landepiste ist wiederhergestellt und bewacht. Es ist ein Zweierjet vom Roten Kreuz. Ich bin also allein neben dem Piloten. Ich freue mich auf den Flug.

Stellt euch vor, heute war ich bei der WHO und erkundigte mich nach der aktuellen Lage. In Merka, in den Strohhüttendörfern Qoryooley und Shalaamboot, sterben die Leute an der Cholera wie Fliegen. Nun bin ich doch froh, dass ich alles organisieren konnte mit dem IKRK in Nairobi. Die Cholera wurde nun hier im Universitätsspital von Kenia diagnostiziert. Ich habe eine Statistik der täglichen Todesfälle im Spital Merka mitgebracht. Der Schweizer Botschafter hat es wahrscheinlich zustande gebracht, dass ich morgen – ausnahmsweise – vom IKRK ausgeflogen werde. Wie ich heute vernommen habe, kann man über Mogadischu nicht mehr einreisen. (Dumme haben doch immer wieder Glück!)

Ich habe das nötige Desinfektionsmaterial für uns eingesammelt. Bezahlen konnte ich es aber nicht. Das IKRK und die WHO werden dies übernehmen. Mein Gott, wie froh bin ich über das ganze Material! In der langen – und teuren – Wartezeit in Nairobi war ich nicht mehr sicher, ob ich richtig gehandelt hatte, als ich auf den Jeep aufsprang und nach Nairobi kam. Ich hatte ja die Epidemie wirklich voraussehen können, nach den Todesfällen in Merka. Ich weiss, wie gefährlich die Cholera ist und mir war bewusst, dass wir in keiner Weise für den Fall einer Epidemie ausgerüstet sind. Darum war jeder Tag Wartezeit hier in Nairobi eine Tortur für mich. Ich begann an mir zu zweifeln und rannte darum zur Schweizer Botschaft um Hilfe. Heute bedankte sich der Leiter der WHO recht herzlich. Und eine Bernerin vom IKRK, die aus Somalia evakuiert worden war, rief mich extra an: Sie hat mir alles Gute gewünscht, sich bedankt und gesagt, sie wollte, es gäbe noch mehr Leute, die zu einem medizinischen Einsatz in Somalia bereit wären.

Seid nicht in Sorge, ich weiss mich zu schützen. Es wird eine harte Zeit, aber im Spätsommer bin ich zurück bei euch. Ich denke, dass es gut, ja besser ist, in Somalia zu helfen als daheim arbeitslos zu sein und nichts zu tun. Ich stelle mir jetzt schon in meinen Wunschträumen vor, wie ihr am Flugplatz auf mich wartet ... Wie ich mich freue!

Merka, 14. Mai 1994

Heute früh bin ich mit einem Konvoi der nigerianischen UNO-Truppe ins Landesinnere nach Qoryooley in ein kleines Spital gefahren, das einst von der Organisation *Children Help* gebaut worden war. Ich hatte gehört, dass in Qoryooley die Cholera besonders schlimm wüte und viele Menschen dahinraffe. Das Spital ist verwaist. Wir haben nur einen jungen somalischen Arzt angetroffen, aber kein Pflegepersonal. Als wir ankamen, musste er in der Umgebung gesucht werden, weil er allein von Strohhütte zu Strohhütte zog, um die Cholerakranken ins Spital zu bringen. Die Menschen sind oft zu schwach, nicht jeder hat ein Eselsgespann, und viele wollen nicht in die Klinik.

Not und absolute Verlassenheit dieser Menschen kann ich nicht beschreiben. Die Leute lagen reihenweise im Spital am Boden. Schmutz und Tausende von Fliegen plagten sie. Ich stieg über Exkremente und Erbrochenes, um zuerst den Wänden entlang eine Schnur zu fixieren. Dann konnte ich erst Infusionen stecken und sie an der gespannten Schnur über den Patienten aufhängen. Dann holte ich den nigerianischen Arzt, der mitgekommen war. Wir liessen die Menschen der Umgebung zusammentrommeln. Viele scheuten sich vor dem «Haus mit der Pest» und wollten zuerst nicht kommen. Wir mussten sie überreden. Dann machten wir mit Hilfe des Übersetzers so etwas wie eine Lektion fürs Volk: *How to prevent diarrhoea* – Wie Durchfall verhindert werden kann. Der Arzt suchte inzwischen mit den Dorfältesten die Wasserstellen und unterrichtete sie, wie man mit dem mitgebrachten Chlorin täglich die Brunnen und Wasserlöcher desinfiziert.
Wir arbeiteten den ganzen Tag ohne Unterbruch, und der somalische Arzt war uns sehr behilflich.
Das war übrigens eine gute Gelegenheit, die schwer bewaffneten UNO-Soldaten sinnvoll zu beschäftigen. Ich forderte sie auf, ihre Maschinengewehre wegzulegen, um die Hände für wichtigere Arbeiten freizubekommen. Drei der acht Soldaten weigerten sich. Sie blieben mit den Maschinengewehren im Anschlag auf den Panzerwagen sitzen und rauchten ruhig weiter ihre Zigaretten. Einer

lachte und meinte: «Was will die Alte eigentlich von uns?» Fünf junge Männer aber kamen und legten Hand an. Zuerst wollten sie wissen, wie sie sich vor Cholera schützen könnten. Dann begannen sie, die Leute zu waschen, den Boden zu säubern und überall da zu helfen, wo es am nötigsten war. Diese Männer waren zutiefst betroffen von diesem grenzenlosen Elend. Auf der Heimreise durch den unwegsamen Busch meinte einer der jungen UNO-Soldaten, ein Nigerianer: «Dieser Tag ist für mich persönlich ein echter UNO-Einsatz gewesen, so wie ich es mir vorstellen könnte.»

Für mich war der Tag wiederum ein trauriges Erlebnis. Diese Ungerechtigkeit auf der Welt ist kaum zu ertragen. Was tut eigentlich die Weltgesundheitsorganisation WHO für Somalia? In Nairobi war ich im WHO-Büro gefragt worden, ob wir Qoryooley nicht von Merka aus helfen könnten. Die haben ja keine Ahnung von der Situation in Merka mit den vielen Flüchtlingen, dem Isolationshaus für Cholera-Kranke, von den hundertfünfzig bis hundertachtzig Menschen, die täglich für medizinische Hilfe zu uns kommen. Die Geburten will ich gar nicht gross erwähnen. Im Distriktspital fehlen ein Chirurg und qualifiziertes Personal. Ich erklärte den Mitarbeitern des WHO-Büros in Nairobi, dass die Hilfe für Qoryooley, Shalaamboot oder Baufa Sache der WHO sei. Sie müssten dafür sorgen, dass die Seuche richtig bekämpft, das Wasser untersucht und die Menschen gepflegt werden. Darauf wurde ich informiert, dass das WHO-Büro Somalia in Mogadischu nicht mehr existiert: Alle MitarbeiterInnen sind vor ein paar Tagen evakuiert worden. Es gibt also in Somalia keine WHO-Hilfe mehr!
Ich frage mich, ob die Welt informiert ist über die Situation in Somalia. Das Labor der WHO in Nairobi hat die Cholera bereits in Merka, Shalaamboot, Baufa und Qoryooley diagnostiziert. Es gibt Statistiken über Erkrankte und Todesfälle. In Qoryooley und Umgebung gibt es täglich bis dreissig Erkrankte. Hilfsorganisatio-

nen wie Caritas Italien, SOS und COSV haben es sehr schwer, Leute für einen Einsatz in Somalia zu finden.
Alle haben Angst vor einem weiteren Krieg. Das somalische Volk will aber Frieden! Die Menschen haben genug gelitten und leiden weiter an den schrecklichen Folgen des Krieges. Natürlich bange auch ich persönlich um diesen Frieden. Wer aber ständig Krieg prophezeit, muss ein Interesse am Krieg haben. Ich will diesen Fatalismus nicht teilen. Ich lebe und hoffe mit dem armen Volk.

Merka, 15. Mai 1994

Heute war die dritte Nachtgeburt dieser Woche! Wenn ich doch zwanzig Jahre jünger wäre! Unbarmherzig lässt mich mein Alter die Grenzen meiner Kräfte spüren. Manchmal bin ich deswegen traurig oder wütend.

Merka, 17. Mai 1994

Dr. Omar Dhere ist ein erfahrener Chirurg. Er leitete in Mogadischu die Universitätsklinik und war neben seiner Arbeit im Dikfer-Spital der Stadt noch Dozent an der Universität. Ich bin stolz darauf, dass ich ihn für uns in Merka gewinnen konnte. Das war nicht einfach. Da er aber seinem Land auch in dieser schweren Zeit beistehen will und in Mogadischu seit langem keinen Lohn mehr hat, offerierte ich ihm einen regelmässigen Lohn und bezahlte den Umzug für seine Familie nach Merka sowie seine Miete. Das Dikfer-Hospital in Mogadischu ist ja geschlossen, und er hat keine Möglichkeit zu arbeiten: Die Instrumente sind gestohlen.

Nun haben wir einen Chirurgen für die vielen Schuss- und Minenverletzten und für dringende Notfälle. Ich kann gar nicht sagen, wie gross meine Freude und meine Erleichterung sind!
Auch den Lohn des Kinderarztes, der in Merka wohnt, bezahlen wir, die Freunde der «Neuen Wege», bis das Distriktspital Merka wieder von einer Hilfsorganisation übernommen wird.

Merka, 14. Juni 1994

Auf dem Heimweg von einer Geburt sitze ich am Abhang der Sanddünen und warte auf meinen Begleiter mit dem Eselsgespann.
Bald ist es ein Jahr, dass ich in Somalia an der Arbeit bin. Es war eine gute Zeit für mein Leben. Oft hart und traurig. Ich habe aber vorher nie so viel gelernt wie hier. Das einfache Leben zwingt einem dazu, neu zu überdenken, was wir wirklich notwendig zum Leben brauchen und was nicht.
Wenn alle Menschen auf der Erde so bescheiden und mit so wenigem zufrieden und froh wären wie die SomalierInnen, dann gäbe es keinen Hungertod unter den Völkern.
Jetzt kommt mein Begleiter Jusuf Ahmed, es wird schon rasch dunkel und ich habe Angst vor den Hyänen, die dann hungrig aus allen Erdlöchern kommen. Aber – *Allham dulilla!* – das Gespann kommt näher.

Schon ist es wieder elf Uhr nachts. Ich schreibe beim Licht der Petroleumlampe und werde bald unter das Moskitonetz schlüpfen. Ich hatte inzwischen nochmals eine Geburt, es war eine Totgeburt. Die Mutter ist unterernährt, kommt vom Busch weit her und ich bangte um ihr Leben. Ich denke, das Kind war schon längere Zeit gestorben. Zum Glück konnte die Mutter mit letzten

Kräften mithelfen, sodass es ohne Komplikationen ging. Jetzt erhält die Frau die notwendigen Antibiotika und Infusionen, aber das Wichtigste ist, dass sie eine warme Mahlzeit bekommt. Der Reis im Topf auf dem Feuer ist bald gar; dazu erhält sie kräftige Hühnerbrühe und eine Mangofrucht. Ja, meine Hennen haben oft kein langes Leben bei mir. Aber diese Mutter hat noch drei weitere Kinder zu versorgen. Da muss man eben oft kurz entschlossen das nehmen, was man gerade hat.

Merka, 15. Juni 1994

Heute Morgen war ich im Ambulatorium an der Arbeit. Es waren wieder über hundert Menschen da aus dem Busch und wollten Hilfe. Und ganz plötzlich war ich so müde, dass ich hinaufgehen musste, um mich etwas hinzulegen. Ich habe dann zwei Stunden lang geschlafen, und anschliessend ging es besser. Jetzt muss ich mir einfach einen Tag frei nehmen pro Woche – aber das wollte ich ja schon immer! Ob es diesmal gelingt?

Die Not und Armut sind noch immer unbeschreiblich gross. Doch die Lage in Merka hat sich beruhigt. Seit Wochen gibt es keine Schiessereien mehr, die Maschinengewehre sind verstummt. Gott Lob und Dank! Jeder, der es wagt, mit einem Gewehr oder Revolver auf das Areal des Ambulatoriums zu kommen, wird von mir hinauskomplimentiert – und eingeladen, wiederzukommen und die Hilfe zu holen, die er braucht – aber ohne Waffe!

Natürlich haben mich jugendliche Gruppen von Somaliern schon mehrmals auf die Probe gestellt und alle miteinander sind mit Maschinengewehren hereingekommen. Da spüre ich zwar die Angst im Bauch; aber ich brauche gar nicht viel mehr zu sagen als ein entschiedenes «*Bacha banankaa!*», und die ganze Bevölkerung weiss, dass man nicht auf der einen Seite zerstören und Tod bringen und auf der anderen Seite Leben erhalten und wieder gesund pflegen kann.

So, es ist wieder spät. Die Geckos an den Wänden rufen einander zu. Das neue Huhn Habiba schläft schon auf dem Fensterlukenbrett; der Himmel ist wieder mit tausend funkelnden Sternen übersät.
Gute Nacht und danke für eure Liebe.

Vierte Ausreise

Nairobi, 13. Oktober 1994

Der Flug nach Nairobi war zwar eine Zeit lang beängstigend holprig wegen eines Sturms über der Wüste. Nun, zum Schluss sind wir sicher gelandet.
Im Flugzeug waren alles Safari-TouristInnen. Sie wollen die Massai und die wilden Tiere sehen in Kenia. Für die Menschen scheinen sie sich wenig zu interessieren.

Also bin ich nun tatsächlich wieder in Afrika.
Alles blüht, violette Riesenbäume, noch ohne Blätter, aber in voller Blüte. Dann die intensiven Farben, vom goldgelben Orange bis ins blutrot leuchtende Karmin. Ihr könnt euch nicht vorstellen, wie zauberhaft ganze Alleen von hauchzartem Blau bis zum satten Königsblau strahlen. Es ist wie im Märchenland!

Nairobi, 14. Oktober 1994

Im Augenblick sitze ich im Park des IKRK und warte noch auf eine Sonderbewilligung. Ich habe aus der Schweiz Malvensamen mitgenommen: Malven brauchen aber eine etwas fettere Erde als diejenige im heissen sandigen Somalia. So habe ich mir vier Kilogramm Erde in einen Sack geschaufelt. Das ist ein unübliches Handgepäck: Es muss aber mit. Ich bin zum Piloten persönlich gegangen. Er fragte mich, was ich denn diesmal wieder unbedingt mitnehmen müsste. Ich sagte spontan: «Das ist meine eigene Medizin für die Seele – wissen Sie, ich träume von blühenden Schweizer Malven auf Kenia-Erde im heissen Somalia.» Er schüttelte lachend den Kopf und murmelte: *«I don't believe you, really, I think, you must be confused.»* – Ich glaube Ihnen nicht, ich denke, Sie sind verrückt. – Da sieht man wieder einmal, wie kostbar die Erde doch ist!

Ich sehe Ute vom Rotkreuz-Büro kommen. Leicht und beschwingt läuft sie mir entgegen, mit lachenden Augen einen weissen Zettel in der Luft schwenkend – es sieht so aus, als ob ihr Körper tanzen würde: Sie freut sich mit mir über die Bestätigung für mein kostbares Handgepäck.

Merka, 21. Oktober 1994

Ich bin gut angekommen in Merka. In Shalaamboot konnten wir wieder mal nicht landen. Als ich das sah, sagte ich zum Piloten, er solle nicht weiterprobieren, sondern durchfliegen bis Mogadischu. Er war froh, dass ich umstellte. Also konnte ich den Wartenden im Jeep gerade noch zuwinken und über Funk sagen, dass wir kein Risiko eingehen und weiterfliegen.
In Mogadischu wartete dann ein Pilot von ECHO mit dem Helikopter bereits auf mich, denn wir hatten per Funk um Hilfe gebeten. ECHO ist die neue Hilfsorganisation der EU, die in Somalia Flüge anbietet, da das Land zuerst eine Regierung und Wirtschaft mit Post-, Schiff- und Flugverkehr aufbauen muss.
Der Pilot lächelte, als ich ihm sagte, dass ich als Schweizerin noch nicht Mitglied eines EU-Staates bin. «Wir sind ein Land der kleinen Schritte», meinte ich. Er antwortete: «Das macht nichts. Das ist ein gutes Beispiel für Zusammenarbeit: Wir nehmen alle mit, die Somalia helfen.» Meine Erleichterung war gross. Also musste

ich nicht mit all meinem Geld auf dem Flugplatz übernachten. Gott sei Dank!

Wir landeten direkt neben dem Spital von Merka. Da gab es einen Riesenauflauf von freudigen Somaliern und Somalierinnen. Die Menschen haben getanzt, gesungen und die Namen meiner ganzen Familie zur Trommelbegleitung aufgezählt.

Meine Mitarbeiter waren etwas im Hintergrund und Mahamed, der Agronom, noch im Busch unterwegs, um mich abzuholen. Trotz all der Freude im Volk über meine Rückkehr merkte ich, dass irgendetwas meine MitarbeiterInnen bedrückte. Ich wollte in mein Zimmer gehen, um mir das Gesicht zu waschen, denn die Hitze ist gross. Da sah ich, dass meine Sachen gar nicht mehr da waren. Es stellte sich heraus, dass eine neue Gruppe vom italienischen Hilfswerk COSV nach Merka gekommen war, um im Bezirksspital zu arbeiten, und uns in meiner Abwesenheit einfach aus dem Ambulatorium des Bezirksspitals hinausgeschmissen hatte. Der Raum war von den Italienern eingenommen worden. Meine wenige Habe war von Rabaaca und Mahamed, meinen treuen MitarbeiterInnen, gezügelt worden. Ich wohne jetzt in einem verlassenen alten Araberhaus hinter dem Spital.
Als wir dort ankamen, war Magda da mit Nuur, ihrem Mann. Sie erzählten mir, dass sie von der Caritas Italien, die das Tbc-Spital von Annalena Tonelli übernommen haben, ebenfalls hinausgeschmissen worden waren. Sie möchten nun wieder mit mir arbeiten.
(Zum Glück sind wir eine Genossenschaft mit Selbstverwaltung. So hatten die Mitarbeiter in dieser Zeit trotzdem ihren Lohn, weil sie mein Vertrauen geniessen und auch das Budget selber verwalten.)

Ich verlangte für den nächsten Nachmittag eine Sitzung mit den Ältesten von Merka und den Italienern der COSV und selbstverständlich mit meinen Mitarbeitern. So konnte ich in Ruhe überlegen, was zu sagen war und mich am nächsten Morgen informieren, wie es den Mitarbeiterinnen geht, was sie denken und wollen. Denn schliesslich ist alles, was wir tun, in erster Linie ein somalisches Projekt und nichts anderes! Ich finde es sehr gut und nur positiv, dass das Bezirksspital endlich ganz eröffnet wurde. Für Merka und die Umgebung ist es das Beste, was passieren konnte. Für mich selber bedeutet dies, dass ich das Schwergewicht in Zukunft auf Schule und Geburtshilfe legen kann. Eine Hebamme ist ja nicht mitgekommen. Neben den Schmerzen sehe ich ein, dass das Ganze einen guten Aspekt hat, nämlich den, dass ich beweglich bleibe und trotz allem kooperativ sein will.

Am nächsten Nachmittag war dann die Sitzung mit dem Ältestenrat von Merka. An der Sitzung setzte sich Dr. Omar Dhere neben mich auf den Boden. Das war eine Überraschung! Er hatte uns vor den Ferien versprochen, mitzuhelfen im Ambulatorium, in den Pflegekursen zu unterrichten und auch das Spital mit der noch geschlossenen medizinischen und chirurgischen Abteilung zu übernehmen. Er war nun vom somalischen Gesundheitsminister in Mogadischu persönlich als Regionalarzt für den ganzen Distrikt Shebele, Merka und Umgebung eingesetzt worden. Neben ihn setzte sich solidarisch der Kinderarzt Dr. Amar Mahamed.
Dr. Dhere sagte lachend zu mir: «Verena, ich bin nun hier und mit mir müssen die Italiener rechnen. Was die sich dir gegenüber mit dem Rausschmiss erlaubt haben, ist unglaublich. Aber lass einfach die Somali-Ältesten für dich reden.»
Zu Beginn der Sitzung dankten die Ältesten mir offiziell dafür, dass ich wieder zurück sei. Und dann sagten sie, sie hätten noch ein zusätzliches Traktandum, dasjenige des Distriktarztes: Der Chirurg Dr. Omar Dhere sei vom Gesundheitsminister Somalias als «leitender Regionalarzt für das Spital und die Umgebung» eingesetzt worden. Alle waren einverstanden bis auf die italienischen

Ärzte: Wie ich hörte, wollten sie nicht mit somalischen Ärzten zusammenarbeiten.
Für die zurückgekehrten Italiener der Caritas vom Tbc-Spital und für die neue Gruppe der COSV wurde dann diese Sitzung zu einem grossen *Lehrblätz*: Zum ersten Mal stellten sich Somali gegen sie. Ich war stolz – auch auf die GenossInnen: Zum ersten Mal wurde die Sitzung von Somali geleitet!
Dr. Omar Dhere erhob sich und begrüsste die Italiener, die «im Namen der Hilfe zu uns gekommen sind», wie er sagte. Er bedankte sich bei ihnen und betonte, wie sehr Somalia nun auf fremde Hilfe angewiesen sei.
Weiter sagte Dr. Omar: «Von heute an wollen wir nicht mehr unter euch arbeiten und einfach nur funktionieren, wie ihr es wünscht. Nun nehmen wir unsere Sache selber an die Hand. Wir sind froh um eure Hilfe, aber wir sind es, die fortan mit euch zusammenarbeiten. Selbstverständlich habt ihr das Mitbestimmungsrecht, denn wir sind auf eure guten Ideen angewiesen. Aber wir lassen nicht mehr über uns bestimmen. Das ist vorbei. Ich will nicht verschweigen, dass ihr uns in Somalia oft menschenunwürdig behandelt habt. Aber die italienische Kolonialherrschaft ist längst vorbei. Das müsst ihr endlich lernen! Wir alle können voneinander lernen. Das hier ist das Distriktspital Merka und nicht ein italienisches Projekt.»
Weiter sagte er: «Wir haben zwar noch keine Regierung, aber ich bin zum Regionalarzt vom Distrikt Shebele und als leitender Chirurg des Hospitals von Merka bestimmt worden. Ihr müsst das akzeptieren oder das Land verlassen.» Der Arzt der COSV erwiderte darauf: «Wir werden von den Kirchen in Italien und der EU mit beträchtlichen Geldern unterstützt. Wir haben unser eigenes Projekt, und was könnt ihr denn machen ohne unser Geld?»
(Ich dachte: Mein Gott, wir waren lange Zeit allein – und die tun, als hätten wir noch nichts getan!)
Aber die Somali blieben fest, und Dr. Omar räumte den Italienern

eine Woche Bedenkzeit ein. Inzwischen werde er mit dem Ältestenrat die Verträge vorbereiten und uns dann wieder einladen für ein Meeting!

Merka, 1. November 1994

Ich denke schon lange, dass hinter der Zusammenarbeit mit der UNOSOM ganz andere Interessen stecken könnten. UNOSOM sollte neutral sein, unterstützt aber einseitig den reichsten Stamm der Biomal gegen die andern Stämme. Warum?
Vor einem Jahr kamen die Ältesten des Biomal-Stammes zu uns und drohten, alles zu vernichten, was wir aufgebaut haben, wenn ich weiterhin Arbeitsplätze für Angehörige anderer Stämme zur Verfügung stellte. Sie sagten, meine Geburtshilfe sei für Frauen aus den Stämmen der Biomal und der Hawiye bestimmt, nicht für andere! Die könnten sich selber helfen. Im Ambulatorium sollten keine Habirgedir, Dir oder Abgal behandelt werden. Biomal will die Herrschaft und wird dabei noch unterstützt von UNOSOM.
Ich erklärte, dass wir das Ambulatorium sofort schliessen würden, wenn wir nicht alle verschiedenen Stämme berücksichtigen könnten. «Was steht übrigens im Koran in Bezug auf Bruderliebe? Ihr seid doch gläubige Muslime? Ich bin Christin, und für uns gilt das Gleiche!»

Es ist übrigens eine Freude zu sehen, wie gut meine MitarbeiterInnen zusammenarbeiten. Zuerst waren sie skeptisch und zurückhaltend untereinander. Aber recht schnell gab es keine Probleme mehr. Im Gegenteil, sie finden es gar nicht gut, wie es früher war. Osman erzählte mir, dass sich die Biomal zur Zeit der Kolonialherrschaft den Herren unterwarfen und darum überall in den Bananenplantagen die leitenden Posten bekamen. Genauso wie sie jetzt mit-

mischeln mit den Amerikanern-UNOSOM. Die Biomal seien auch dafür, dass die Amis in Somalia einen militärischen Stützpunkt errichteten, denn Somalia sei strategisch das bestgeeignete Land für einen Stützpunkt gegen die Ost-Staaten. Die Biomal versprechen sich Reichtum von den Amis: Das wäre ein grosses Geschäft.
Es ist gut für unsere Genossenschaft, dass wir natürlich auch Menschen vom Biomal-Klan beschäftigen und dass wir zwei Älteste vom Ältestenrat Merka in unsere Genossenschaft aufgenommen haben.

Damals, am 5. März 1994, als der offene Aufstand des Volkes gegen die Biomal und die UNOSOM begann, gründeten wir die Farmerkooperative und ein neues Ambulatorium.
Die Kanonenschüsse donnerten an diesem Tag über uns hinweg und eine Woche lang herrschten andauernd Maschinengewehrgefechte. Merka war wie ausgestorben: kein Mensch auf der Strasse. Alle hatten wir grosse Angst. Meine Mitarbeiter konnten nicht mehr heim zu ihren Familien, vom Städtchen Merka waren wir abgeschnitten. Ich selbst wusste nicht, ob ich von einem Helikopter evakuiert werden würde. Ich dachte damals, da würden wir nicht mehr lebend herauskommen. Die Mitarbeiter beteten ständig den Koran. Sie baten Allah um Hilfe für den Frieden.
«Der Friede kommt nicht vom Himmel», sagte ich. «Den Frieden müssen wir schaffen. Das bedeutet, etwas tun gegen die Angst, damit wir lernen, damit besser umzugehen.» So setzten wir uns zusammen auf den Boden und überlegten, was zu tun sei. Die 4700 Dollar von den Freundinnen und Freunden der «Neuen Wege» und von der religiös-sozialen Bewegung waren der Restbetrag, den ich noch zur Verfügung hatte. So kam es, dass wir uns aufrafften und beschlossen: «Wir gründen eine Bauerngenossenschaft und bauen im ärmsten Slumgebiet ein neues Haus, ein Ambulatorium für die Armen und gegen den sinnlosen Krieg! Es soll ein Zentrum des Friedens sein.» Das taten wir denn auch.
Wir gründeten also die Farmerkooperative in Bhuufow, mit der

Bedingung, dass Menschen aus verschiedenen Klans miteinander die Savanne roden, das Bewässerungssystem ausbauen und Mais anpflanzen: Miteinander sollten sie arbeiten und den Erlös gerecht teilen. Weiter beschlossen wir, im Slum von Merka ein neues Haus zu bauen für die medizinische Versorgung, ein Ambulatorium. Auch da sollte eine Kooperative entstehen von Mitarbeiterinnen und Mitarbeitern aus verschiedenen Klans. Beide Kooperativen sollten ein Beispiel sein für Frieden und gute Zusammenarbeit. Die Farmerfamilien müssten bereit sein, zusammenzuarbeiten, bei einer Missernte zu teilen und später, bei guter Ernte, jeweils zehn Prozent vom Ertrag dem Ambulatorium für die Armen abzugeben. Und, was mir das Wesentlichste ist: Jeder Farmer sollte von einem anderen Stamm sein.
Wenn ich sage «wir», dann sind das meine Mitarbeiter vom Ambulatorium, einmal Mahamed Saïd, studierter Agronom und mein Übersetzer und Helfer im Ambulatorium, sowie Osman Tako, der einzige ausgebildete somalische Pfleger, der mir in der Schule hilft und der auch fähig ist, ein Ambulatorium zu leiten.
Wir fingen an mit sechs Familien. Der Busch musste gerodet, das vom Krieg verschüttete alte Bewässerungssystem gesäubert, ausgebaut und wieder mit Zement verbessert werden. Wir mieteten dafür einen Traktor von Mogadischu. Später kauften wir Saatgut und Insektizide.

Das Haus für das neue Ambulatorium ist nun fertig. Sobald die Medikamente und das medizinische Zubehör eingeflogen sind, wird es eröffnet, trotz des Widerstands vieler, die denken, dass es unmöglich ist so etwas aufzubauen, an einem Ort wie diesem, mitten im Armenviertel, wo so viele Flüchtlinge aus Mogadischu sind. Es ist fast wie ein Wunder. Aber wir denken, dass es wichtig ist, gerade hier, wo es keine medizinische Hilfe gibt, etwas aufzubauen.
Ich danke meinen somalischen Mitarbeitern und Mitarbeiterinnen und winde ihnen ein Kränzchen. Ohne ihr Wissen und ihren

Elan, ohne ihre Begeisterung wäre das nicht möglich gewesen. Ich danke aber auch den Spenderinnen und Spendern für das Geld und für alle guten Gedanken, die mich begleitet haben!

Heute warten wir bereits auf die dritte Maisernte in Bhuufow. Es wurde in der Zwischenzeit auch Sesam angepflanzt und zwischen dem Mais die Protein spendenden Bohnen. In Somalia gibt es alle vier Monate eine Ernte, wenn keine Dürre- oder Regenkatastrophe dazwischenkommt.
Die Farmerkooperative ist auf zwölf Farmer erweitert worden dank dem Geld, das ich wieder bekommen habe. Wirklich, es ist eine Freude zu sehen, wie die Farmerfamilien zusammenarbeiten, wie es ihnen besser geht und wie zufrieden diese Menschen sind, wenn sie ihre tägliche Mahlzeit haben.
Das einfache Volk will Frieden, das sehe und erlebe ich, seit ich hier in Somalia arbeite!

Merka, 12. November 1994

Gestern war die zweite Sitzung mit dem Regionalarzt Omar, dem Kinderarzt Mahamed und mit Mahamed Saïd, der als technischer Leiter des Spitals eingesetzt worden war.
Es ist für mich eine Freude zu sehen, wie gründlich und überlegen die Somali das Meeting vorbereitet hatten und wie selbstverständlich sie die Leitung übernahmen. Die anwesenden VertreterInnen der Hilfswerke machten zuerst lange Gesichter: Sie hatten bisher immer die Sitzungen geleitet und über die Themen bestimmt. Nun haben die Somali ihren Platz eingenommen und diesen auch vertreten.

Zuerst wurde gedankt für alle bisherige Hilfe und alles, was bisher getan wurde. Aber dann wurden Forderungen gestellt: Wer bis zum 1. Januar 1995 den Regionalarzt Dr. Omar Dhere nicht anerkennt und wer die somalische Besetzung im Spital nicht akzeptiert, der muss das Land verlassen. Und es wurde schonungslos aufgedeckt, wie man bisher mit dem somalischen Personal umgegangen ist. Es gab einen – gut vorbereiteten – Vorschlag für die Löhne der Schwestern und Pfleger sowie für die Ärzte. Ich stellte den Antrag: «Wenn wir über die Löhne der somalischen MitarbeiterInnen diskutieren, dann müssen wir auch über die Löhne der italienischen Ärzte sprechen. Ich weiss, dass alle Mitarbeitenden des Spitals, inklusive Labor- und Putzpersonal aus dem Lohn eines einzigen Arztes finanziert werden können.» Die Doktoren ganz in Weiss mir gegenüber zogen sichtbar ihre Nacken ein und als ich mich wieder auf den Boden gesetzt hatte – sie sassen auf Stühlen! –, streifte mich kein einziger Blick mehr, das blieb den ganzen Abend so.
Dr. Omar verlangte dann, dass ich weiter die Geburtsabteilung leite und bei schweren Geburten zuständig sei, zusammen mit ihm. Ohne ein Wort, mit einigem Kopfnicken, wurde dies genehmigt; die anwesenden italienischen Ärzte waren durch eine Nackenstarre blockiert, die ihnen nicht einmal mehr das Nicken erlaubte. Ich freute mich über die Somalier und denke, das ist ein guter Anfang für Selbstverwaltung. Wir haben natürlich noch viel zu lernen.

Merka, 17. November 1994

Gestern Nacht kam endlich der lang ersehnte Regen. Es goss sintflutartig wie aus Kübeln. Ich konnte es kaum glauben – so viel Wasser auf einmal. Das hatte ich vorher noch nie erlebt. Zuerst die grosse Erleichterung und Riesenfreude über das kühlende Nass vom Himmel – dann die traurige Ernüchterung. In Minuten wurden Rinnsale zu gefährlich reissenden Strömen. Der grosse Fluss Shebele überflutete das weite Busch- und Savannengebiet. Ganze Strohhüttendörfer wurden mitgerissen und wie Zündholzschachteln vernichtet. Die Menschen wurden im ersten Schlaf überrascht. Viele konnten sich nicht mehr retten. Allein in Kismaayo sind über hundert Familien ertrunken. Überall treiben Leichen und Tierkadaver im Wasser. Die Nomaden haben alles verloren. Ihre Kamele sind umgekommen oder sind geflohen. Von den Sanddünen aus über Merka sieht man, wie Menschen hüfttief im Wasser waten und auf der Suche nach einem trockenen Platz umherirren. Ein trockener Platz bedeutet für sie die Hoffnung, sich wenigstens einmal niederlegen und schlafen zu können, um dann weiter zu sehen. Mütter mit einem Kind auf dem Rücken, eines vor der Brust. Sie sind alle erschöpft und hungern.

Bei uns in Merka, auf der Seite der Flüchtlingslager und im Slum ist die Not unbeschreiblich gross. Wo du hinkommst, herrscht der penetrante Gestank der Armut und Hoffnungslosigkeit. Und immer wieder die fragenden Augen der Mütter und ihrer Kinder. Die Säuglinge sind stumm, die Mütter sind erschöpft, die Muttermilch ist versiegt. Seuchen und eine neue Hungersnot stehen vor der Tür. Die runden Hütten wurden vom Fluss unterspült und mitgerissen und ins Meer geschwemmt. Viele Tierkadaver liegen herum. Die Frauen besitzen nur noch die zwei Tücher, die sie auf dem Leib tragen, das ist alles. Sonst konnten sie noch höchstens ihre Kleinkinder retten. Viele Leute haben seit drei Tagen nichts mehr gegessen.

Und übermorgen beginnt in Zürich die Weihnachtsbeleuchtung, mit Tausenden von Lichtern wird der Weihnachtsmarkt beleuchtet. So etwas können sich die Ärmsten, Vergessenen, die oft verfemten Somali gar nicht vorstellen. Sie sind froh, wenn sie Hirse haben für den jeweiligen Tag und wenn der einzige Besitz, der Kochtopf, noch da ist.

Immer, wenn die Buschtrommeln die gute Nachricht einer Geburt in alle Windrichtungen senden, dann denke ich: Christus könnte ein Somalier gewesen sein!

Merka, 20. November 1994

Bereits bin ich wieder seit sechs Wochen an der Arbeit.
Ich arbeite nun nicht mehr im Ambulatorium; ich habe das neue Haus Osman Tako und Magda für ein Ambulatorium zur Verfügung gestellt. Ich selbst mache Geburtshilfe in der Umgebung und, wenn nötig, im Spital. Die Frauen wollen aber lieber zuhause gebären.
Jeden Morgen von zehn bis zwölf Uhr unterrichte ich erste Hilfe und einfache Krankenpflege im Kurs für die *health workers* von den Buschdörfern. Und am Nachmittag von fünfzehn bis siebzehn Uhr besuchen die SchülerInnen, die im Spital arbeiten, einen Kurs in Grundpflege bei mir.

Wegen dem grossen Regen hat eine neue Hungersnot begonnen. Die Leute haben alles verloren im Busch. Hüfthoch liegt das Wasser. Mücken vermehren die Malaria, und Seuchen wie Cholera sind wieder voraussehbar.

Merka, 11. Dezember 1994

Ich war nach Mogadischu gefahren, um fehlende Medikamente zu holen. Es war heiss: vierundvierzig Grad Celsius im Schatten der Bougainvillea-Sträucher. Die Reise durch den Busch und die Savanne war beschwerlich, aber wir sind doch gut angekommen.

Bei der WHO, der Weltgesundheitsorganisation, wollten sie mir zuerst keine Medikamente für das neue Ambulatorium geben. Ich donnerte und wetterte, dass ich den weiten Weg durch Busch und Savanne nicht vergebens mache! Ich bin einfach dort geblieben und habe keinen Wank von der Stelle gemacht. Da kam ein Direktor oder Leiter. Ich erzählte ihm von meiner Arbeit. Da hat er plötzlich gefragt: «Bist du die Verena Karrer von Merka? Hast du die Schule und das Ambulatorium gebaut und eine Farmerkooperative gegründet? Ich habe das am Somalia-Radio gehört. Es freut mich, dass ich dich kennen lerne!» Dann lachte er wie ein Verrückter und meinte: «Also, weisst du, ich habe natürlich niemals gedacht, dass du schon um die fünfzig Jahre alt bist, sondern dachte, du seiest jünger!» (Ich habe ihm natürlich nicht gesagt, wie alt ich wirklich bin!) Und er gab mir dann bereitwillig alle Medikamente, die ich brauchte.

Die Häuser und Strassen von Mogadischu waren wie ausgestorben. Um die traurige Ruinenstadt herum leben überall Familien in zeltartigen Unterständen. Sie stecken gebogene Ruten in den Boden und behängen die kugelartige Behausung einfach mit Zeitungspapier, Lumpen oder andern Fetzen. Auf engstem Raum leben so Familien mit sechs bis acht Kindern. Überall trafen wir auf junge Männer ohne Arme und Beine. Viele Kriegsverletzte trieben sich in den Ruinen herum und bettelten. Die Armut ist unbeschreiblich gross. Der Krieg tötet ja nicht nur viele Menschen und vernichtet die Häuser, er zerstört ebenfalls jegliche Lebensgrundlagen und alle sozialen Beziehungen.

Ich habe im leeren Gebäude des IKRK geschlafen. Fragt mich nicht wie – sobald ein Haus für längere Zeit verlassen wird, hat es vermehrt Skorpione, und auch die ganz grossen Vogelspinnen lieben verlassene Ecken. Ich habe in einer Ecke am Boden die Nacht verbracht, aber eben kein Auge zugetan. Und plötzlich ging auch noch die Batterie der Lampe aus. Zum Glück habe ich immer Ersatz im Rucksack. Als es neben dem Haus mehrere Schusswechsel gab, machte ich mich auf die Suche nach dem Wächter; der schlief gemütlich in seinem Häuschen. Am andern Morgen sagte ich: «Du bekommst keine Extrabezahlung von mir. Du hast einen Lohn vom IKRK, um in der Nacht das Haus zu bewachen. Für mich hast du nichts getan.»

Mogadischu ist – nachdem die Amerikaner die Stadt im Juli und August 1993 dreimal bombardiert haben – eine zerstörte Stadt. Ich lief weinend durch die Ruinen. Die Anzahl der Einschusslöcher in den Wohnhäusern in der Innen- und Aussenstadt kann man nicht zählen. Woher kam denn diese Munition? Woher kamen die grausamen Kriegsinstrumente und Waffen? Welche Interessen bewegten die Amerikaner dazu, das bereits kriegsgeschädigte Mogadischu in drei Akten noch vollkommen zu zerstören? Die Amerikaner hatten die Universität von Mogadischu bombardiert. Weinend bin ich durch das riesige Trümmerfeld gelaufen. Entsetzt über das Ausmass der Zerstörung dachte ich: Im Krieg um Macht und Kapital wird zuerst gezielt das Wissen verschüttet und begraben, so wird dem Land jede Chance für eine weitere Entwicklung genommen! Als ich die Ruinen der einst stolzen arabischen Gebäude sah, schwor ich mir, dass ich, so Gott will, alles tun würde, um später für die verlorene Jugend auf der Strasse wieder eine Mittelschule aufzubauen.
Ich war auch im Universitätsspital Dikfer, der grössten Klinik im Süden Somalias. Auf der Suche nach Material liess ich mich dahin führen. Das Universitätsspital Dikfer war im Betrieb, als es bombardiert wurde. Viele PatientInnen wurden zusammen mit dem Personal durch einstürzende Mauern erschlagen und verschüttet. Andere wurden zu Krüppeln verstümmelt und sind bis heute unfähig, für sich selber zu sorgen.

Warum wurde diese Schandtat der Amerikaner nicht in alle Welt hinausgeschrien, als sie das grösste Krankenhaus gezielt bombardierten? Und nach den Bombardierungen kamen Gruppen, allen voran die UNOSOM, grossmaulig daher und machten ihre lausigen Geschäfte im Namen der Entwicklungshilfe. Sie kauften die Hungernden mit wenig Geld für ihre eigenen Interessen. Ich sage es laut und deutlich: UNOSOM hat sich mit der alten Elite gegen das arme Volk und dessen Interessen verbündet! Die Fehden zwischen den reichen Biomal und Hawiye auf der einen Seite und den andern Klans, die nichts haben, auf der andern, wurden von der UNOSOM geschürt und unterstützt. Was für Interessen stecken dahinter?

Mein Gott, ich schreibe Anti-Amerika-Berichte!
Aber ich habe nichts Gutes gesehen hier in Somalia von den Amerikanern – bis auf die Hilfe Einzelner bei der Cholera-Epidemie. Es scheint, dass Menschen im Militärdienst vergessen, selber zu denken. Sobald sie in Gruppen auftreten, funktionieren sie nach Vorschrift. Sie tun das, wozu sie abgerichtet wurden. Sie reagieren als Soldaten, nicht als Menschen. Diese Gruppen sind ständig auf Abwehr oder Verteidigung getrimmt und rennen grundlos mit ihren Maschinengewehren und Mordinstrumenten umher oder rattern mit Panzern und Raupenkolossen durch die Gegend. Sie sind beziehungslos, diese für Kriegszwecke abgerichteten Marionetten. Nein, Frauen und Männer in einer UNO-Friedenstruppe dürfen nicht Waffen tragen, sondern müssen ihre Hände frei haben für Handwerk und Hilfe.

Auf dem weiten Heimweg durch die Savanne habe ich Hirten mit ihren Kamelherden getroffen. Ich staune über diese Nomaden mit ihrem aufrechten Gang. Ihre Gesichter sind gezeichnet von Wind und Wetter der Savanne. Ihr Alter ist kaum zu schätzen, aber das ist ihnen auch nicht wichtig. Sie wissen selbst nicht, wann sie geboren wurden. Sie haben andere Interessen als wir. Es sind Menschen mit starkem Geist. Sie kommunizieren mit Gott und der Natur in der Einsamkeit.

N.B.:
Ich bin nicht mehr sicher, ob ich das nächste Jahr hier nochmals ein weiteres Drei-Monate-Intensiv-Semester mache. Die Hitze setzt mir sehr zu, und ich arbeite neben der Geburtshilfe von früh bis spät. Ich weiss noch nicht, ob ich das verkrafte. Eigentlich könnte ich jetzt daheim mit meinem kleinen Enkel einen Spaziergang machen und nachher etwas schlafen in der kühlen Schweizer Luft.

Merka, 24. Dezember 1994

Ich bin in Gedanken bei euch und höre ein Bändchen von Telemann. Ich bin so froh, dass ich diesen kleinen Radioapparat habe. Manchmal, beim Briefeschreiben, habe ich so die Gelegenheit, Musik zu hören. Wenn ich das nicht hätte …

Heute hatte ich keine Schule, aber dafür zwei Geburten. Eine Frau aus der Savanne hatte, schon als ich ankam, grosse Ödeme. Es war eine schwere Geburt. Die Mutter hatte ein Nierenversagen mit eklamptischen Krämpfen und ist am Nachmittag daran gestorben. In der Schweiz wäre sie wohl sofort für eine Blutwäsche an den Dialyseapparat gekommen – aber hier im Busch … Ich konnte nicht viel machen. Die Tochter wurde noch von ihr getauft. Sie heisst natürlich wieder Verena. Aber was mache ich jetzt mit der kleinen Verena ohne Mutter? Den Vater habe ich auch nicht gefunden. Morgen muss ich versuchen, eine stillende Mutter zu finden. Das wird schwierig sein. Die Mütter stillen so lange –

zu lange –, weil sie kein Geld für Milch haben. Wahrscheinlich werde ich das Kind mit Nestlé-Milch selbst aufpäppeln müssen. Ich denke die ganze Zeit, wie gut wir es haben mit unseren Kindern und Grosskindern und ich bin unsagbar froh darüber. Aber es ist eine verdammte Ungerechtigkeit, wie die Welt die Güter verteilt!
Als Beispiel: Ich bekomme für die Kinder Dritt- und Viertklassbananen. Somalia hat die besten Bananen, viel grösser und süsser als diejenigen von Kenia, weil es hier viel heisser ist und ein typisch tropisches Klima hat. Die Bananenplantagen sind aber in den Händen von italienischen Grossgrundbesitzern, und die machen das grosse Geschäft. Ihr solltet einmal die «Qualität» der Bananen sehen, die ich hier mit dem Volk esse! Und trotzdem: Diese ausgeschnittenen, oft unansehnlichen Früchte haben hier schon manchem Kind das Leben gerettet! Meistens haben die Mütter gar kein Geld, um Bananen auf dem Markt zu holen. Ich kaufe jeden Tag für ungefähr 10 000 Schillinge – das ist etwa ein Franken! – so viele Bananen, dass Jowahyr den Kindern, die es nötig haben, Bananenschaum machen kann.

Jowahyr und Muslima sind zwei Frauen, die mir helfen. Sie bekommen dafür einen Lohn wie die andern. Heute Abend habe ich für uns drei auf dem offenen Feuer eine Rösti gemacht, mit Zwiebeln: Stellt euch das vor! Kartoffeln gibt es sonst nie in Somalia. Aber Dr. Omar Dhere war im Tbc-Spital bei den ItalienerInnen und hatte zum Spass gefragt: «Und die Verena, bekommt sie auch ein paar Kartoffeln zu Weihnachten?» Er sagte mir, das italienische Militär habe alles, sogar Käse würde für sie eingeflogen. Sie haben natürlich einen Riesengenerator mit Kühlschrank.
Ihr werdet dann das Foto bekommen, wo ich echt asiatisch eine Rösti brate. Muslima hat mich dabei fotografiert.
Es ist nun im Schatten der Bäume über fünfundvierzig Grad heiss. In der Nacht kann man kaum schlafen. Aber noch eine Woche

und dann ist Januar: Dann dauert die Schule nur noch acht Wochen. Am 28. Februar haben wir Prüfungen. Am 29. gibt es ein Schulfest mit *sambussi*. Das sind die besten Leckerbissen in Somalia, die muss ich machen lassen! Das sind Teigtaschen aus Hirsemehl mit Hackfleisch von Kamel und Ziege und in Sesamöl gebacken.
Und Anfang März komme ich heim!
Ich bin ohne Nachricht von euch. Am letzten Montag kam kein Jetflieger. Jetzt hoffe ich wieder auf übermorgen, vielleicht kommt dann ein Flugzeug mit Nachricht von euch.
Ich bin jetzt noch schnell draussen gewesen mit der Petroleumlampe. Der Himmel über Somalia ist mit Tausenden funkelnden Sternen übersät. Vielleicht gibt es doch eine Hoffnung für das arme, kriegsversehrte Land? Ich hoffe es.

Merka, 29. Dezember 1994

Weihnachten ist vorbei.
Ich bin am 25. Dezember am Meer gewesen und war nach kurzer Zeit verbrannt von der Sonne trotz Hut! Ich habe es auch nicht lange ausgehalten wegen der Hitze, obwohl es vor zehn Uhr morgens war. Ich habe euch natürlich meine Grüsse und alle guten Wünsche in den Wind über den Indischen Ozean geschickt.

Am Nachmittag wurde eine Frau gebracht. Sie kamen aus Mogadischu und hatten zwei Tage gebraucht für die Reise durch Busch und Savanne in dem alten Toyota-Klepper. Die Frau ist schwer krank und hat einen Schock. Sie war am Gebären, und als das Kind gerade geboren, aber noch nicht abgenabelt war, wurde die Hebamme durch Schüsse plötzlich tödlich getroffen. Das Kind starb auch, und die Mutter rannte in Panik fort.

Schliesslich fand sie jemand, der sie nach Tagen zu mir brachte. Warum sie zu mir nach Merka wollte, weiss ich nicht. Jetzt ist sie schwer erkrankt an einer Infektion, ist auch unterernährt und oft verwirrt.

Am 26. Dezember hatte ich den ganzen Tag Schule und hoffte natürlich auf Briefe von euch. Aber es kam wieder kein Jetflieger. Wir sind seit mehr als drei Wochen wie abgeschnitten von der Aussenwelt, seit den Auseinandersetzungen und dem Gefecht mit den Fundamentalisten in Mogadischu. Ich stelle mir vor, eure Post ist auf dem Flugplatz von Mogadischu stecken geblieben oder gestohlen worden, ich weiss es nicht.
Habt ihr schöne Weihnachten gehabt?

Ich habe keine Nachricht, wie der Prozess mit der Altersheimleitung ausgegangen ist, ob meine Anwältin für mich geklagt hat. Schreibt mir mal, wie es weiterging.
Unser Regionalarzt Dr. Omar Dhere will einen Brief an Frau «Lieber-Herr» schreiben, mit den Unterschriften der beiden anderen Ärzte, die sich für unsere Schule einsetzen und da unterrichten. Sie wollen sich bei Frau Lieberherr herzlich bedanken dafür, dass sie mich durch die Entlassung für Somalia freigegeben hat und dass dadurch hier so vieles möglich wurde. Omar ist ein grosser Humorist!
Die drei Ärzte geben Unterricht in Pathologie, Tropenkrankheiten und Kinderkrankheiten, der Agronom Mahamed in Medikamentation und Jusuf Daud, der Chemiker, in Medikamentenlehre. Die übrigen Fächer wie Anatomie, Physiologie und allgemeine Krankenpflege habe natürlich ich auf dem Buckel, aber es macht mir Spass.

Diese Woche nahmen wir das Urogenitalsystem durch, zuerst die Nieren, dann die weiblichen Geschlechtsorgane. Bis zur Vulva

habe ich alles an die Wandtafel gezeichnet. Die Klitoris liess ich bewusst weg. Am Schluss erkundigte ich mich, ob es Fragen gebe. Die Schülerinnen riefen im Chor: «Wo ist denn die Klitoris, Verena? Du hast sie vergessen!» Ich sagte: «In Somalia werden die Mädchen verstümmelt und die Klitoris mit acht Jahren weggeschnitten. Was soll ich da von etwas berichten, was es nicht gibt?» Die jungen Frauen wehrten sich heftig: Sie würden dies schon lange nicht mehr machen, nur die *erbedie*, die armen Landfrauen im Busch, würden die Mädchen noch beschneiden.
Ich erzählte ihnen, dass die Beschneidung der Mädchen nichts zu tun habe mit dem Koran, also auch nicht mit dem muslimischen Glauben: Sie gehört zur alten Geschichte der ägyptischen Pharaonen, hat aber nichts mit dem Islam zu tun. Die Schülerinnen staunten darüber, dass ich einen Kurs zum Islam besucht hatte, um mich zu informieren. Natürlich wussten einige Schülerinnen auch davon, dass aber die Pharaonen diese Grausamkeit eingeführt hatten, wussten sie nicht. Schliesslich erzählte ich ihnen von den unendlichen Schmerzen und oft unheilbaren Infektionen der kleinen Mädchen im Busch, die auch schon bei mir gestorben sind. Es würden ihnen für eine Woche die Füsse zusammengebunden und sie müssten nach der Beschneidung mit einer Glasscherbe oder Rasierklinge auf Blättern aus dem Busch sitzen.
Zum Schluss wies ich darauf hin, dass ich finde, dass nicht allein die Männer Lust und Plausch am Sex haben sollten, sondern auch die Frauen! – Ich sehe, dass hier in Somalia ein Bewusstwerdensprozess bei den Frauen begonnen hat, aber es wird noch Jahre dauern.

Übrigens, die dritten Malven, die ich gesät habe, wachsen wieder. Diesmal in Töpfen. Meine Geiss Mamuschka hatte die letzten kräftigen Schösslinge mit Kraut, Stiel und Wurzeln aufgefressen. Das Grünzeug ist so rar hier in Somalia. Ich musste sicher auch nach Somalia, um die Geduld etwas besser zu erlernen. Wer hätte das gedacht, dass ich dreimal hintereinander Malven aussäen würde! Zuhause, auf dem Markt, gibt es doch so grosse Schösslinge bereit zum Einpflanzen!

Überhaupt: Geduld lernen – das ist nicht meine Stärke. Ich warte weiter auf Post und zähle ungeduldig die Wochen, bis ich heimkommen kann.
So, jetzt schnell die Kübeldusche und dann unters Netz. Hoffentlich gibt es in dieser Nacht keine Geburt!

Merka, 3. Januar 1995

Heute war ich wieder besonders froh über das Solarmikroskop, das ich in Nairobi von euren Spendengeldern kaufen konnte. Übrigens war das eine gute Geschichte. Ich habe das gebrauchte Mikroskop bei einem Altwarenhändler in einer verstaubten Ecke entdeckt und fragte nach dem Preis. Er sagte: «Fünfhundert US-Dollar.» Ich verliess rasch den Laden und verlangte Bedenkzeit. Am nächsten Tag offerierte ich: «Zweihundert Dollar und keinen Cent mehr!» Als ich wieder unter der Türe war, rief der Händler: «Zweihundertfünfzig Dollar!» Da sagte ich: «So ein altes Klappergestell will sowieso kein Europäer mehr – die fahren alle ab auf Spitzentechnologie und Elektronik! Wie lange steht das Ding denn schon hier im Laden?» Betroffene Blicke wurden gewechselt. Als ich gehen wollte, sagte der junge Sohn des Händlers prompt: «Über zwei Jahre schon, nicht wahr, Papa?»
So bekam ich das edle Instrument samt Zubehör schliesslich für hundertfünfzig Dollar. Natürlich sind diese Afrikaner nicht reich, aber der Händler hatte einen verdächtig wohlgenährten Leibumfang. So konnte ich das unbekümmert verantworten.

Dank dem kostbaren Mikroskop konnte ich heute in Gendershe über sechzig Malaria-Bluttests machen und viele verschiedene

Wurmerkrankungen feststellen. Ich bin notfallmässig nach Gendershe gerufen worden, weil dort allein in der Weihnachtswoche elf Menschen an Malaria-Attacken gestorben sind. Alle Tests waren positiv. Viele Menschen bekomen Meningitis und sterben daran oder werden irre. Es ist ein unsagbar trauriges Bild. Die Leute sind meist unterernährt, blutarm und bereits durch andere Krankheiten oder durch Ungeziefer geschwächt. Drei Menschen leiden unter fortgeschrittener Lepra. Sie bekommen jeden Tag eine Tablette Tapsone und monatlich 600mg Riffambicin von uns. Dazu müssen ihre Wunden gepflegt werden. Ich richte das Verbandmaterial und die Medikamente jeweils für zwei Wochen. Jede Woche gehen zwei Schülerinnen einmal vorbei, um die Leute zu versorgen.
Gendershe ist ein uraltes Steindorf am Indischen Ozean, dreissig Kilometer von Merka entfernt. Bei Flut ist das Dorf vollkommen von der Aussenwelt abgeschnitten. Man muss die Gezeiten kennen und den Weg dem Strand entlang gut berechnen. Wer von der Flut überrascht wird, hat keine Chance mehr, den Klippen und den stürmischen Wellen des Meeres zu entrinnen.

Merka, 25. Januar 1995

Heute spielten drei Kinder im Sand mit einer Bombe. Die Bombe explodierte. Der elfjährige Junge wurde zerfetzt und starb auf der Stelle. Der siebenjährige Bub erlitt schwerste Gesichts- und Körperverletzungen. Falls er überlebt, wird er für sein Leben gezeichnet sein. Der Kleinste wurde durch die Wucht der Explosion in den nahen Ziehbrunnen geschleudert. Mit einem Schädelbruch, Prellungen, Schürfungen und in tiefem Schockzustand konnte er gerettet werden.
Seit einem Jahr und acht Monaten arbeite ich nun in Somalia: Was ich in dieser Zeit an Kriegsverletzungen gesehen habe, kann ich

nicht beschreiben, die unzähligen Kinder mit Schusswunden und die Menschen, denen *Butterfly*-Granaten Hände oder Füsse weggerissen haben. «*Butterfly*» heissen diese Granaten, die im Sand verborgen werden, weil oben ein farbiger Schmetterling montiert ist. Was für unmenschliche Ideen sind das? Welche Kriegsindustriellen machen solche Geschäfte?
Wie viele kriegsverstümmelte Menschen ich gesehen und behandelt habe, weiss ich nicht mehr. Aber eines ist mir bewusst: Wir dürfen das alles nicht vergessen. Mit aller Kraft müssen wir neue Wege suchen, um eine entschlossene, tatkräftige Friedensbewegung zu bilden. Wir können nicht schweigen, solange wehrlose Kinder dieser Brutalität ausgesetzt sind.
Ich finde keine Ruhe heute Nacht. Die traurige Realität zeigt uns weltweit, dass wir mehr als je gefordert sind. Und zwar heute!

Merka, 3. Februar 1995

Heute ist Freitag, Muslim-Sonntag, also eigentlich auch mein Ruhetag. Aber eben. – Ich habe zwar gelernt, nein zu sagen und ich behandle bewusst keine Leute am Freitag. Es ist ja auch keine Schule. Aber Geburten kommen, wenn es Zeit ist, und zu mir kommen oft Frauen von weit her im Busch. Die Frauen merken es selbst, wenn etwas nicht stimmt mit der Schwangerschaft. Somalierinnen gebären oft allein, besonders die Nomadinnen. Darum kann ich dann nicht nein sagen. Zum Glück ist es bis jetzt gegangen. Heute Nacht ist wieder eine Verena Ahmed Mahmud Ali auf die Welt gekommen. Das Kind musste im Mutterleib etwas gewendet werden, weil es in Schräglage verkeilt war. Für die Mutter war der Eingriff besonders schmerzhaft. Aber sofort haben sich wieder normale Wehen eingestellt und sie spürte, dass es nun vorwärts ging. Ich steckte eine Infusion, weil die Frau einen stundenlangen Weg durch Busch und Savanne hinter sich hatte. Jetzt geht es ihr besser. Sie lachte, weil ich sie, Fardowsa, nicht wieder erkannt hatte. Sie war bereits vor achtzehn Monaten hier, mit Zwillingen: Ich erinnere mich nun wieder gut an diese Geburt.

Jetzt ist gerade die Geiss Mamuschka hereingekommen und reibt ihren Kopf an meiner Seite. Und Fardowsa liegt auch in meinem Zimmer: Ich konnte in der Nacht nicht mehr ins Spital mit der Frau. Und nun beginnt auch die kleine Verena noch zu brüllen. Ich gehe jetzt ein wenig ans Meer und schreibe euch von dort weiter.
Also, wenn ihr mein Zimmer sehen könntet, würdet ihr sicher denken, die Vre ist vollkommen übergeschnappt. Das Leben in Somalia ist sehr primitiv, ja. Das könnt ihr euch gar nicht vorstellen. Aber ich sterbe nicht daran! Ich werde allerdings diese Armut nie vergessen können.

Jetzt bin ich am Meer, da wo die Sonnenstrahlen auf den Wellen tanzen, wo der Wind mit den Wellen spielt. Der Indische Ozean ist ein gewaltiges Erlebnis, jedes Mal. Heute kann ich aber nur kurze Minuten hier sein, weil die Hitze so gross ist und es keinen Baum am Strand gibt, der Schatten spendet. Das gäbe sofort einen heftigen Sonnenbrand.
Ich hoffe, dass ich Fardowsa mit Verena am Nachmittag ins Spital verlegen kann – wenn sie will! Ich nehme eigentlich eher an, dass sie noch bis morgen früh bei mir bleiben möchte, um sich dann wieder auf den Rückweg zu machen.
Die Somalierinnen sind starke Persönlichkeiten. Sie verfügen über seelische Kräfte, von denen wir nur träumen können.

Fünfte Ausreise

Merka, 15. Mai 1995

Nach turbulentem Flug bin ich wieder gut bei Shalaamboot im Busch angekommen. John, der Pilot, musste dreimal eine Zwischenlandung machen in der Savanne. Warum, konnte ich nicht herausfinden. Er hüllte sich in Schweigen. Alles, was ich von ihm zu hören bekam, waren Flüche am Laufmeter, sonst nichts. Ich wurde dann zum Glück rechtzeitig von den Mitarbeitern abgeholt. Das heisst, wegen der Verspätung warteten sie bereits seit fünfeinhalb Stunden in der grossen Hitze auf mich. Mein Gott, mir fiel ein Stein vom Herzen. Die Angst wegen dem Geld flog mit dem Tropenwind weg über die Weite der Savanne und der Buschlandschaft, und ich fühlte mich wieder besser.
Mit dem Jeep ging es dann weiter durch die dürre Landschaft. In Kürze sah ich aus, wie wenn ich in ein Mehlfass gefallen wäre: Der Staub ist so fein, dass alles klebt wie Kleister.

In Merka wurde ich mit afrikanischer Begeisterung empfangen. Überall am Weg, an den Toren, an Mauern und Bäumen hingen rot leuchtende Bougainvillea-Sträusse. Im Ambulatorium *New Ways* hatten die Mitarbeiter eine grosse Friedenstaube mit weit ausgebreiteten Flügeln und grünem Zweig im Schnabel an die Wand des Behandlungsraumes gemalt. Das war eine Freude und ein gutes Omen für Somalia!

Kaum angekommen, musste ich Prioritäten setzen für die Arbeit der nächsten Tage. Aber in den Buschdörfern Eryle, Achwoan und um Braawda ist wieder die Cholera ausgebrochen.

So machen wir, Dr. Osman Tako, zwei Schülerinnen und ich, vorerst dreimal wöchentlich eine Ambulanztour durch die Dörfer, wo wir die Schwerkranken im Busch aufsuchen und behandeln sowie das Wasser desinfizieren. Heute waren wir bereits den ganzen Tag unterwegs. Es ist eine harte Arbeit, in den Strohhütten am Boden Infusionen zu stecken und Behandlungen zu machen. Das ist gar nicht so einfach, aber ich habe mich bereits etwas daran gewöhnt. Und ich spüre: Konfrontiert mit all dieser Not und Armut, werden irgendwie immer auch besondere Kräfte frei. *Allham dulilla!* – Gott sei Dank! Die Nomaden sprechen sehr gut und rasch an auf das Tetracyclin, die Infusionen und ORS-Behandlung. Es ist wie ein Wunder. Eine Besserung ist hier ebenso rasch möglich wie der Zerfall.
Nach vier Stunden Fahrt im Jeep sind wir hundemüde, aber zufrieden heimgekommen. Ich legte mich sofort hin und lagerte meine geschwollenen Füsse hoch. Jetzt aber, spät in der Nacht, finde ich keinen Schlaf wegen der feuchten Hitze; darum will ich euch schnell berichten.

Mahamed hat wieder einen Sohn bekommen. Er hatte gehofft, dass ich zurück sein würde für die Geburt. Aber es ist alles gut gegangen.

Dr. Omar Duale, unser somalischer Tropenarzt, der am Morgen im Ambulatorium mitarbeitete, und zudem in unserer Schule Tropenmedizin unterrichtete, ist in meiner Abwesenheit plötzlich verschwunden. Niemand weiss etwas von ihm. Wir wissen nicht, ob er noch lebt. Er setzte sich voll für die Unabhängigkeit Somalias ein und wurde gehasst von Gruppen wie UNOSOM. Darum waren Intrigen gegen ihn in Umlauf gebracht worden. Omar Duale litt an der Ungerechtigkeit und der Armut in seinem Land.
Nun bin ich bei der Arbeit im Busch und im Ambulatorium wie-

der allein auf mich selbst angewiesen. Und wir bangen um die beiden anderen Somalier-Ärzte vom Spital.

In Somalia ist alles immer ungewiss. Man muss beweglich sein und umstellen können, eben Prioritäten setzen in allem, was man tut. Der geplante Hebammenkurs und die neue Schule für Strassenkinder müssen warten, bis die Cholera-Epidemie beendet ist. Ich hoffe aber, dass wir Anfang Juni mit dem Intensivkurs für Hebammen beginnen und auch die neue Schule planen können. Hoffentlich finden wir geeignete Lehrer, die bereit sind, in einer Kooperative mit uns zusammen etwas für die Kinder Somalias zu tun.

Die Hitze und die Feuchtigkeit sind nach wie vor fast unerträglich. Ich konnte in der Nacht kein Auge zutun, alles ist feucht. Ich werde mich hoffentlich auch diesmal mit der Zeit wieder etwas daran gewöhnen.
Eine so lange Monate anhaltende Hitze, sagen die Ältesten, hätten sie noch nie erlebt. Das bedeutet wieder Hunger und Tod für viele Menschen und Tiere. Darum richtete ich heute Morgen Wasser- und Hirseportionen für die Leute im Busch. Viele Frauen und Kinder gehen oft täglich viele Kilometer weit, nur um sauberes Wasser zu beschaffen. Und medizinische Behandlung allein, ohne Wasser und Brot, bedeutet ja nichts. Auch die noch Gesunden müssen doch irgendwie bei Kräften bleiben.

Nach einer Ruhepause von mehreren Monaten wird nun in Merka wieder oft geschossen. Soeben fielen Schüsse vor dem Haus, auf dem Vorplatz des Distriktspitals. Ich kenne die Gründe der Auseinandersetzungen noch nicht. Not und Armut herrschen nach wie vor. Bei diesem grenzenlosen Elend ist das Leben nichts wert. Für einen Sack Hirse oder ein paar Dollar werden Menschen einfach erschossen.

Der Abschied von daheim war diesmal irgendwie anders. Als sich das Flugzeug vom zubetonierten Boden abhob, spürte ich neben dem Abschiedsschmerz auch ein Gefühl von Erleichterung: Weg von der masslosen Wohlstands- und Wegwerfgesellschaft! Der Gedanke, meine Familie hat ja, was sie zum Leben braucht und noch mehr, tröstete mich und bestärkte mich auch in der inneren Überzeugung, dass es gut ist für mich, mich noch intensiver mit dem Leben der Menschen auseinander zu setzen, die gar nichts haben. Wir müssen lernen, in Zukunft entschiedener aufzustehen gegen den Militarismus und gegen eine Weltsituation, wo die Reichen immer reicher werden und die Armen und Vergessenen in ihrer Not und Armut buchstäblich elendiglich zugrunde gehen müssen.

Mit dem Wunsch nach Frieden, Brot und Wasser für alle Menschen grüsse ich euch herzlich mit dem Lied des Regenvogels.

Merka, 22. Mai 1995

Soeben vom Busch heimgekommen, wo ich in Eryle und Umgebung von Braawda die Cholera-Kranken behandelte, kann ich euch eine gute Nachricht schicken. Wir haben alle Brunnen mit Grundwasser und alle Wasserlöcher mit Chlorin desinfiziert. Und die schweren Durchfälle gehen zurück. Vielen Patienten geht es dank Infusionen, Tetracyclin und ORS-Behandlung sichtbar besser. Ich denke, dass wir diese Woche noch zweimal hinfahren müssen und genügend Material dort lassen für Notfälle. Dann können wir am nächsten Montag mit dem Kurs beginnen. Der Kurs dauert zwölf Wochen und so wird es möglich, wenn alles klappt, dass ich in der letzten Augustwoche ausfliegen kann. Ich erkundige mich so früh wie möglich nach einem Flugzeug. Damit ich rechtzeitig auf die Taufe von Alain und den Geburtstag von Daria, meinen Enkelkindern, wieder daheim sein kann.

So, ich hoffe, dass ich trotz der tropisch-feuchten Hitze doch etwas schlafen kann. Zuerst die Kübeldusche und dann rasch unters Netz. *Guet Nacht mitenand!*

Merka, 4. Juni 1995

Fast einen Monat bin ich nun wieder an der Arbeit in Somalia. Die neue Schule für Strassenkinder ist bereit und wird am 1. Juli eröffnet. Der Platz um das alte Araberhaus ist vom Kriegsschutt geräumt. Ein Strohdach wurde errichtet, damit die Kinder im Schatten essen und spielen können. Die Schulbänke und Tische sowie das Mobiliar für das Lehrerzimmer sind aus Holz gezimmert und gegen Termiten gestrichen. Sogar die Wandtafeln in den verschiedenen Klassenzimmern haben die Mitarbeiter selbst gemacht und mit Teer schwarz bestrichen. Das Haus wurde renoviert und die grösseren Kinder haben überall, wo es möglich war, mitgeholfen ihre Schule aufzubauen. Natürlich wird auch das Schulhaus mit *Sqolka New Ways* beschriftet. Die somalischen Mitarbeiter tanzen und trommeln vor Begeisterung, wenn sie von den neuesten Errungenschaften für die Schule erzählen. Der Ältestenrat von Merka ist zum Einweihungsfest eingeladen. Und zwei Älteste sind in der Schulgenossenschaft vertreten, damit soll auch der Ältestenrat Verantwortung für die Schule übernehmen.
Wir werden vorerst hundertzwanzig Schüler aufnehmen, zuerst die Kriegswaisen vom Flüchtlingsviertel Hafrussia und die Kinder allein stehender Mütter, dann die ärmsten Kinder der Gegend. Die LehrerInnen – alle mit Universitätsabschluss – werden zur Hälfte Frauen sein. (Und dies im Land der Muslime!)

Denkt an uns am 1. Juli! Es ist wichtig, wenn alle guten Gedanken den Start der Schule begleiten.

Vorerst muss ich aber noch die Reise durch Busch und Savanne nach Mogadischu unternehmen, um das Schulmaterial einzukaufen. Diese Reise ist immer sehr beschwerlich und mit Risiken verbunden. Mir bangt vor dieser Reise. Es gibt Banden, die Überfälle machen, wenn irgendwo etwas zu holen ist. Dann gibt es in Mogadischu Schiessereien. Wir müssen mindestens eine Nacht, wenn nicht zwei, dort verbringen. Das letzte Mal war ich allein im leeren Haus des IKRK, und die ganze Nacht tobten Gefechte ums Haus herum. Gottlob ist damals nichts passiert. Aber ein Land ohne Schule und ohne Ausbildung ist ein Land ohne Hoffnung. Und die Hoffnung soll stärker sein als die Angst! Es wird sicher wieder alles gut gehen!

Der Kurs für Hebammen hat rechtzeitig angefangen. Ich freue mich über die Motivation der Schülerinnen. Am Morgen gibt es praktische Arbeit im Ambulatorium, mit Schwangerschaftskontrollen und gynäkologischen Untersuchungen. Auch bei Geburten kommen immer zwei Schülerinnen mit. Die Theoriestunden sind am Nachmittag. An zwei Nachmittagen unterrichten die Ärzte. Ich staune jeden Tag von neuem über die Begeisterungsfähigkeit der Somali.

Merka, 9. Juni 1995

Die Bauerngenossenschaft haben wir um sechs arme Bauern und Bäuerinnen erweitert.
Das ist eine schöne und eindrückliche Geschichte:
Ich lud die angrenzenden Bauern ein, die noch nicht zur Genos-

senschaft gehörten. Da kamen auch zwei Frauen. Als wir die Namen aufschreiben wollten, sagte mein Übersetzer Osman zu einer der Frauen: «Wo ist dein Mann?» Die Frau erhob sich langsam vom Boden, schaute uns kritisch an und sagte dann: «ICH bin der Bauer! Ich bringe neun Kinder durch. Mein Mann ist getötet worden. Was willst du mit dieser Frage? Ich bin der Bauer, und ich will in die Genossenschaft! Meine grösseren Kinder helfen mir. Ich bin der Bauer!» – Mein Gott, wie habe ich mich gefreut, aber zugleich auch geschämt, weil ich nie an die Frauen gedacht hatte! Nun gründeten wir mit fünf Frauen die erste Bäuerinnengenossenschaft.

Merka, 11. Juni 1995

Das Grundstück im Slum von Hafrussia, auf dem wir die Schule für Strassenkinder eröffnen wollen, gehörte bereits vor dem Krieg der Regierung. Das ist gut so. Wir, die Genossenschaft *New Ways*, machten einen Vertrag, in dem wir festhielten, dass das Haus des Ambulatoriums sowie die Schule nebenan der Gemeinde Merka gehören sollten, falls die Genossenschaft einmal nicht mehr in Merka tätig sein sollte. Die Liegenschaften müssen weiterhin für die Bevölkerung genutzt werden: Es darf keinen Privatbesitz geben.

Wir sind mitten in den Vorbereitungen für die Eröffnung der Schule. Ein grosses Gartenbeet wurde angelegt für Hibiscus, Bougainvillea und vieles andere. Ich werde zudem Sonnenblumen, Schweizer Malvenstöcke und Zinnien setzen. Die Schösslinge wachsen bereits in meinem Schlafraum am Schatten. In der Schule darf natürlich ein Baum nicht fehlen. Wir werden einen *Indian tree* pflanzen. Dieser Baum birgt natürliche Heilsubstanzen. Viele Insekten werden durch den herben Geruch der Blätter ferngehalten. Zudem finde ich, die kräftige, aufrechte Gestalt und die Form dieses Baumes bedeuten ein gutes Omen für unsere Schulkooperative.

Merka, 13. Juni 1995

Vor drei Tagen kamen fünf bewaffnete Männer zu mir. Sie wollten Geld. Einer der Gauner schoss neben mir in die Luft. Er wollte mich erschrecken. Es gelang mir dann, die Verhandlung auf den Abend des nächsten Tages zu verschieben. In Somalia hilft manchmal die Zeit mit, eine Situation zu entschärfen. Darum versuche ich in brenzligen Situationen immer, Zeit zu gewinnen. Zudem halte ich konsequent an der Forderung fest: Wer ein Gespräch oder Meeting will, hat ohne Waffen zu erscheinen. Und ausserdem gibt es kein Geld für Nichtstuer.

So konnte ich für den nächsten Abend Osman Tako, Dr. Omar Dhere und einige Ältesten vom Städtchen einladen. Als die Männer kamen, gab es zuerst etwas zu essen. Dann gab es aber eine gefährlich aggressive Auseinandersetzung. Ich realisierte, dass ich die Bande unterschätzt hatte. Wie konnte ich nur so blauäugig sein? Nach elf Uhr nachts verschwanden sie dann doch: Ich atmete auf.

Spät in der Nacht gab es in der Nähe eine Schiesserei. Die Räuber drangen mit Gewalt in ein Haus ein, zerstörten alles, was ihnen in die Hände kam, töteten Ahmed, den jungen Schuhputzer vom Städtchen und verletzten zwei Hausbewohner durch Schüsse schwer. Ich hatte wieder schlaflose Nächte mit allen möglichen und unmöglichen Zweifeln. Was nützt es, wenn die Waffen «draussen» bleiben? Wir müssen bewusster auftreten gegen den herrschenden Militarismus in unserer Gesellschaft und weltweit. Militärstrukturen beginnen ja nicht erst in der Rekrutenschule! Wir müssen lernen, Konflikte ohne Gewalt auszutragen, neue Wege für eine soziale Verteidigung und Gerechtigkeit zu suchen. Die GSoA ist aufgerufen!

Merka, 14. Juni 1995

Gerade habe ich wieder drei Fledermäuse im Raum. Sie werden immer frecher. Sie hängen sich nachts an mein Moskitonetz und urinieren auf mein Lager. Auch die nimmersatten Ratten rascheln und spazieren umher. Gestern haben sie mir meine Strohtasche angefressen und durchlöchert. Es ist eine ungewohnte Sache mit dem Ungeziefer und dem grösseren Getier. In kurzer Zeit verschwinden Früchte und Bananen, ohne dass man es bemerkt.

Letzte Woche waren wieder einmal die Bananen aus meinem Raum verschwunden. Ich brauche aber Bananen: Sie müssen immer bereit liegen für die Kinder mit den Hungerödemen. Ich dachte, der Dieb sei wieder ein Affe gewesen. Als ich dann aber im Laufe des Tages für die Schule etwas holen musste, stand doch tatsächlich meine Eselin Nasra am Tisch und verzehrte breit malmend meine Bananen. Ich konnte das störrische Vieh kaum hinausbewegen. Sie stand bockstill, scharrte höchstens mit dem Vorderlauf am Boden. Irgendwie kam es mir vor, als ob die Stute über meine hilflosen Versuche, sie vom Platz zu bewegen, lächelte. Erst die Idee, sie könnte Durst haben, und etwas Salz halfen dann nach – und am Ende rannte sie mich mit meinem Eimer fast über den Haufen.

Meine Liebe gilt nach wie vor dem Federvieh. Ich habe wieder drei Hennen und einen stolzen *Güggel*. Eine der Hennen hat sogar drei Küken. Mit den Hühnern ist aber immer ein spezielles Risiko verbunden, denn die Nomaden, die mit den Kamelherden durch Merka ziehen, verspeisen mit Vorliebe gebratene Hühnchen. Man darf daher nicht erstaunt sein, wenn man beim Nachhausekommen anstatt der Henne nur noch ein Federnhäufchen vorfindet. Von den Geissen gibt es nichts Neues zu berichten. Sahara hatte ja bereits vergangenen Februar zwei Zicklein geworfen. Ihr Euter ist prallvoll mit weiss schäumender Geissenmilch: Ein Glück für die Kinder, die diese Milch so notwendig brauchen.

Jetzt muss ich schlafen: Ich merke, ich werde alt. Das passt mir zwar gar nicht, aber es ist so. Ich habe Mühe mit der tropischfeuchten Hitze.

Merka, 15. Juni 1995

Morgen ist der Tag der Kinder Afrikas. Wir machen ein Fest. Alle Kinder bekommen eine warme Reis-Mahlzeit. Was das für sie bedeutet, können Leute in der Schweiz gar nicht verstehen. Reis ist hier in Somalia das kostbarste Nahrungsmittel und unerschwinglich für die arme Bevölkerung. Schon gestern strolchten Kinder scharenweise ums Haus herum und sangen ständig im Chor: «Verena *baris*, Verena bitte *baris!*»
Morgen treffen sich zuerst alle Kinder auf dem Marktplatz und dann geht es in einem Umzug hinauf in die Sanddünen. Dort werde ich eine kurze Ansprache für die Kinder halten. (Selbstverständlich in Somalisch – stottern!) Danach werden wir Reis in riesigen runden Eimern kochen. Wir Frauen haben bereits zwölf grosse Feuerstellen vorbereitet. Das Ganze erinnert mich an unser *Feeding Center* für die Flüchtlinge von Mogadischu im letzten Jahr. Da haben die MitarbeiterInnen täglich in drei Schüben für über neunhundert halb verhungerte Flüchtlinge gekocht. Viele

sind trotzdem an Schwäche gestorben, aber vielen geht es jetzt auch etwas besser.

Es geht mir gut, bis auf die feuchte Hitze. Ich merke, dass ich alt werde, das passt mir nicht, aber es ist so. Besonders bei den Geburten am Boden bin ich jeweils tropfnass und todmüde. Letzte Woche hatte ich vier Geburten. Eine war eine Zwillingsgeburt. Zwar müssen mir nun die Schülerinnen abwechslungsweise helfen, auch nachts, um praktische Erfahrungen zu sammeln: Ich schaffe dies aber auf die Länge nicht mehr. Immer wieder sage ich, dass ich nur noch Geburtshilfe bei Mitarbeiterinnen mache oder bei schwierigen Geburten im Spital. Wenn dann aber eine Frau mitten in der Nacht nach langer Wanderung durch den Busch bei mir anklopft, dann kann ich nicht nein sagen. Das konsequente Nein-sagen-Können ist eigentlich sonst meine Stärke, da habe ich keine Mühe, das lernt man in Somalia, ob man will oder nicht. Nur bei diesen Frauen, wenn sie den weiten, stundenlangen Weg auf sich nehmen, weil sie spüren, dass etwas anders ist als sonst oder nicht stimmt bei der Schwangerschaft – da kann ich nicht nein sagen.

So, es ist wieder spät geworden. Ich möchte gerne wissen, wie es euch geht. Es sind bereits wieder fünf Wochen vergangen seit meiner Abreise. Vielleicht kann ich morgen am Afrika-Kindertag einmal zum Satellitentelefon fahren, um zu telefonieren. Jawohl! Das leiste ich mir für einmal!!

Merka, 7. Juli 1995

Die Schule *New Ways* wurde am 1. Juli mit afrikanischen Buschtrommeln und Musik festlich eröffnet. Hundertzwanzig Kinder haben Allah sowie den Freundinnen und Freunden von «Neue

Wege» für die Schule und das Essen gedankt. Unsere Lehrkräfte sind bestqualifizierte Berufsleute mit Uni-Abschluss. Ihr Monatslohn beträgt 400 000 somalische Schillinge, das sind fünfundsiebzig US-Dollar. Mit diesem Lohn müssen sie recht einfach leben. Aber sie sind nun überzeugte Genossenschafter und Genossenschafterinnen geworden, die froh sind um einen Arbeitsplatz, und die gemeinsam etwas für ihr Land tun wollen. Ich werde der Schulkooperative zum Abschied meine Eselin Nasra und das Gespann schenken. So können die Familien das Sorghum, eine Art Hirse, gemeinsam einkaufen: Das kommt günstiger.
Wir haben ein Jahresbudget aufgestellt mit einem dreizehnten Monatslohn. Dieser soll nach den beiden Ramadan-Fastenzeiten je zur Hälfte ausbezahlt werden. Das Geld für die Schule ist bereits da für ein Jahr. Danke!

Die erste Schulwoche ist gut vorübergegangen. Es läuft alles bestens. Wir hatten drei Ausreisser, denn diese Kinder können sich nur mühsam an ein geordnetes Leben gewöhnen. Sie kamen aber bald wieder zurück. Ich hoffe, die Lehrer haben Verständnis und Geduld.
Die Kinder waren so verlaust und voller Ungeziefer, dass wir in der ersten Woche die Grundprinzipien der Hygiene unterrichten mussten. Die Kinder wurden entlaust und von Krätzen und anderen Parasiten gesäubert. An einem Morgen waren wir mit allen hundertzwanzig Kindern am Meer, wo die Kleider – oder besser: Lumpen – gewaschen und die Kinder gebadet wurden.
Ich machte hundertzwanzig Stuhlabstriche – und nur sieben waren negativ! Die Wurmerkrankungen sind enorm. Viele Kinder sind darum auch blutarm, auch dies ein Zeichen von Hunger und Unterernährung. Ich gebe ihnen zusätzlich zu den Mahlzeiten Ferrum Folic. Zur Zwischenmahlzeit bekommen alle Kinder frische Früchte wegen der Vitamine. Einige der Kleineren sind so schwach und unterernährt, dass sie jeden Morgen eine Tasse frischer Geis-

senmilch benötigen. Es ist aber bereits sichtbar, wie sich die Kinder erholen, sie werden kecker und auch frecher.

Ich bin immer wieder froh um mein Solarmikroskop: Mit den deutlichen, differenzierten Befunden kann ich gezielt therapieren. Stellt euch vor, sogar Kinder, die noch gestillt werden, haben oftmals furchtbare Diarrhöen von Giardia-Lamlia oder Amöben. Diesen Kleinen muss ich dann, entsprechend ihrem Gewicht, schon das starke Medikament Metronidazole geben.

Einen Tag nach der Eröffnung der Schule kamen plötzlich zwei junge Somalier den weiten, beschwerlichen Weg von Mogadischu zu uns, ein Kameramann namens Bashir mit seinem Freund. Bashir drehte einen Videofilm über unsere Arbeit: die Schulkooperative *New Ways* im Slum, das Ambulatorium *New Ways*, den Hebammenkurs und das Dorf Bhuufow mit der Bauerngenossenschaft. Ich weiss nicht, wer mir Bashir geschickt hat. Ich konnte nichts Näheres über ihn erfahren. Als er mir dann den 40-Minuten-Film übergab, sagte er einfach: «Das ist ein Geschenk für deine Freundinnen und Freunde von ‹Neue Wege› in der Schweiz.» Und so leise wie er gekommen war, ist er auch wieder verschwunden.
Nun kann euch also Somalia auch etwas näher kommen. Bashir sagte mir, der Film müsste nur noch auf ein grösseres Band überspielt werden.

Schon bald, in zwei Monaten, kann ich meine Enkelkinder wieder sehen. Mein Gott, wie ich mich darauf freue! Ich habe wieder keine Briefe bekommen. Seit Wochen sind wir wie abgeschnitten von der Aussenwelt. Kein Hilfsflugzeug kommt mehr – warum, weiss ich nicht.
Ende August werde ich versuchen auszufliegen, wenn es sein muss wieder mit dem Qat-Drogenflugzeug.

Merka, 11. Juli 1995

Heute ist für mich ein ganz besonderer Festtag: Ein Bote von Mogadischu brachte mir euren Brief! Die erste Nachricht seit meiner Ankunft in Afrika am 11. Mai! Gerade gestern habe ich für euch einen Brief nach Mogadischu mitgegeben. Aber weil ich heute euren lieben Brief bekommen habe, muss ich doch rasch nochmals schreiben!

Es ist Vollmond heute Nacht und wunderschön draussen, aber ich habe immer Angst vor Schlangen und Hyänen, die auf Fang gehen, sobald es dunkel wird.
Letzthin fuhren wir nach Braawda und Kismaayo. Plötzlich stellte der Fahrer den Motor ab. Wir waren im offenen Jeep. Ein einzelner Elefantenbulle kam uns entgegen. Ali sagte leise, wir müssten uns ganz ruhig verhalten. Einzelbullen können aggressiv sein. Mein Gott, ich hatte solche Angst. Zum Glück sass ich, sonst wäre mir sicher das Herz in die Hose gefallen ... Wir warteten eine Stunde und vierzig Minuten und dies mucksmäuschenstill. Ich bin ganz verbrannt von der Sonne. Wir getrauten uns nicht einmal, Wasser aus dem Kanister zu trinken. Endlich verzog sich der Dickhäuter seitwärts ins Steppengelände.

Manchmal wünschte ich, ihr könntet hier sein und die weiten Steppen, das Grasland der Savanne und das Buschgelände sehen. Diese unendliche Weite ist faszinierend in Afrika. Ganze Wälder von mannshohen Kakteen in voller Blüte, orange, zitronengelb und karminrot. Die wilde Schönheit des schwarzen Kontinents! Auch die hageren aufrechten Gestalten sind schön. Sie tragen ihre schweren Lasten oder Wasserkrüge stets auf dem Kopf. Schöne Menschen sind die Somalier, und speziell die Nomaden haben einen ausgeprägten Willen und haben eine solche Ruhe an sich, dass man nur staunen kann.

So, jetzt muss ich schlafen. Es ist schnell wieder sechs Uhr früh. Ich hoffe, dass ich heute Nacht nicht geweckt werde.

Merka, 19. Juli 1995

Das alte Araberhaus, in dem ich wohne, ist zum Teil eine Ruine, die man wahrscheinlich gar nicht reparieren kann. Der Zerfall ist allzu fortgeschritten. Wenn es regnet, ist sofort alles tropfnass. Es regnet gerade wie aus Kübeln. Ich habe fünf Eimer aufgestellt in meinem Raum, um das eindringende Wasser aufzufangen. Die beiden Geissen sind schnell hereingerannt, um sich vor der afrikanischen Regenflut zu schützen. Aber wenige Minuten später ist wieder strahlender Sonnenschein, und Dampfschwaden lösen sich über dem heissen Sand auf.
Dafür kann ich aber den Mond und tausend Sterne sehen mitten in der Nacht, und die blutrot leuchtenden Bougainvillea-Blüten ranken und wuchern überall durch die Mauerritzen in den Raum herein.
Zwei Jahre lang so primitiv, nur mit dem Notwendigsten ausgerüstet zu leben, ist eine ganz gute Erfahrung: Das Leben bekommt eine andere Qualität. Man kümmert sich um das Wesentliche und vergisst den ganzen Klimbim und das Getue um den so genannten Komfort.
So, jetzt muss ich in die Schule. Heute ist das Thema Schwangerschaft und übermorgen dann die normale Geburt.

Es ist wieder spät geworden heute.
Ich musste noch nach Shalaamboot mit dem Jeep. Dort wurde wieder ein Kleinkind von einer Hyäne angefallen. Das letzte Mal ist ein Säugling ganz in der Nähe aus der Strohhütte gezerrt worden. Das Kind ist kurz danach gestorben. Die Hyänen sind eine

grosse Plage hier; sie kommen immer rudelweise. Jedes Mal, wenn ich vor der Dunkelheit nicht daheim bin, fürchte ich mich vor diesen Tieren mit ihren grün leuchtenden Augen. Sie verfolgen einen auf Schritt und Tritt. Auch die Riesenschlangen, die Boas, gehen auf Fang, sobald es dunkel ist. Sie fressen kleine Wildschweine, Schafe und Kaninchen.

Merka, 20. Juli 1995

Heute kam der Kinderarzt Dr. Mahamed in die Schulstunde, um mich zu holen: Eine Frau in der Geburtsabteilung lag bereits seit Stunden in den Presswehen.
Ich untersuchte die Frau: Das Kind war tot. Ein unüberwindliches Missverhältnis zwischen dem Kopf des Kindes und dem Geburtskanal der Gebärenden lag vor. Für einen Kaiserschnitt war es zu spät. Ich befürchtete einen Riss der Gebärmutter. Rasches Eingreifen war nötig, es ging um das Leben der Mutter. Ich informierte den Kinderarzt, dass wir keine andere Möglichkeit hätten als die Kraniotraxie, das heisst, den Kopf des Kindes zu öffnen, damit die Gehirnmasse abfliessen kann zum Zweck der Verkleinerung des Schädels. So kann nachher die Zange eingesetzt und die Geburt raschmöglichst beendet werden.
Ich holte schnell meine sterilen Instrumente, eine Infusion und die nötige Dosis Antibiotika. Als ich zurückkam, war Dr. Mahamed spurlos verschwunden: Er habe sich verabschiedet und gesagt, er hätte keine Erfahrung, aber ich würde das bestens machen. Ja, ja, die so genannt starken Männer!
Ich informierte Starlyn, die Frau, so gut ich es in somalischer Sprache konnte, und sie half tapfer mit. Ich habe jedes Mal grosse Angst, dass ich bei der Durchbohrung des Kopfes die Blase der Frau verletzen könnte oder dass ich ein Organ schädige, wenn ich

die Zange einführe. Ich hatte wieder Glück, alles ging rasch und gut. Wir beide waren nachher wie erlöst.

Trotzdem spüre ich, dass ich alt werde. Ich bin jeweils nachher für Stunden irgendwie kraftlos. Ich bin nicht mehr gleich belastbar wie früher. Vor zwei Jahren hatte ich voller Elan, nur mit dem Notwendigsten ausgerüstet, begonnen. Aber die unendliche Not der Menschen im kriegsgeschädigten Land, die vielen sterbenden Kinder und Mütter – all das geht nicht spurlos an einem vorüber.

Schade, dass ihr die Schule *New Ways* und die verschiedenen Kooperativen nicht besuchen könnt! Der Sozialismus ist nicht gestorben. Überall, wo sich eine Gruppe gleich gesinnter Menschen zusammenfindet, um miteinander zu arbeiten und zu teilen, da ist ein winziges Stück gerechtere soziale Welt möglich – vielleicht könnte man dem auch «Reich Gottes» sagen. Wesentlich ist doch, dass wir aus den Fehlern, die wir machen, lernen «und immer wieder neu beginnen». Das sagte Leonhard Ragaz einmal im «Gartenhof» so ausdrücklich und bestimmt, dass ich es – obwohl ich damals noch ein Kind war – nie vergessen konnte. Heute ist mir bewusst geworden, warum: Immer wieder neu beginnen können, das bedeutet lebendige Hoffnung.

Merka, 28. Juli 1995

Um Viertel nach vier Uhr Somali-Zeit werde ich jeweils durch den Gesang des Muezzins aus der Moschee geweckt.
Wenn möglich ruhe ich dann noch eine gute Stunde. Um halb sechs Uhr stehe ich regelmässig auf. Zuerst geniesse ich eine Kübeldusche. Das geht so: Aus dem Fass, meiner Wasserration vor dem Haus, nehme ich einen Eimer voll Wasser und trage ihn in

die *muskuscha*, die Toilette, ein enger Raum mit einem Loch im Boden. Mit Hilfe der Hero-Erbsen-Büchse giesse ich mir zuerst nur wenig Wasser über den Kopf und seife mich mit wenig Shampoo ein, zuerst die Haare, dann den ganzen Körper. Nachher spüle ich Büchse um Büchse über Kopf und Körper und geniesse jeden Tropfen. Die tropisch-feuchte Hitze ist in Somalia so gross, dass die Kübeldusche für mich den höchsten Genuss des Tages bedeutet. Im Moment hat es geregnet. Lange Monate gibt es nur eine Dusche am Abend. Manchmal ist sogar dies nicht möglich, dann muss ich sparsam umgehen mit dem Wasser, damit ich genug filtern kann zum Trinken.

Heute Morgen hockte ein Nomade mit seinen Kamelen vor dem Haus. Am Feuer braute er sich seinen Morgentee. Jusuf hatte eine tiefe infizierte Wunde am rechten Fuss; die musste versorgt werden, und er brauchte Antibiotika. Ich riet ihm, zwei bis drei Tage zu ruhen und nicht weiterzuziehen, damit sich der Fuss erholen könne. Ob er den Rat befolgt hat, weiss ich nicht. Die Nomaden sind stolze Menschen mit ausgeprägtem Unabhängigkeitsbewusstsein. Ich wurde natürlich eingeladen zu einer Schale stark gesüssten Nomadentee.

Um halb sieben Uhr schaue ich nach den Kindern mit den Hungerödemen. Die frische Geissenmilch ist nur für sie reserviert. Oft muss ich die Milch mit abgekochtem Wasser verdünnen, weil die Kinder zu schwach sind, um sie zu verkraften. Manchmal können wir die Milch oder den Reisschleim nur tropfenweise mit Hilfe einer Spritze einträufeln. Auf der Feuerstelle habe ich Tag und Nacht Reisschleim bereit für die Kinder mit den Durchfällen. Oft muss ich Infusionen geben, weil die Kinder zu ausgetrocknet und schwach sind. Um diese Kinder und ihre Mütter aus dem Busch kümmern sich zwei Schülerinnen. Sie kommen um sieben Uhr und geben oft alle Viertelstunden einen Löffel Reisschleim ein und achten auf die Infusionen. Sie waschen und pflegen diese Menschen und helfen ihnen auch, ihre Tücher oder Lumpen zu waschen. Das geschieht im Raum neben meinem Schlag.

Um sieben Uhr mache ich mich auf den Weg ins Ambulatorium, wo ich zuerst die Laborbefunde anschaue, um dann die Schwangerschaftskontrollen durchzuführen. Anschliessend kläre ich neue Patientinnen und Patienten ab. Schwerkranke überweise ich mit einem Kurzbericht an die Ärzte im Spital. Viele Menschen aus dem Busch und aus der Savanne behandle ich selbst. Sie leiden unter Malaria und allen möglichen Hautkrankheiten, an Bilharziose und anderem Wurmbefall.
Es geschieht nicht mehr täglich, aber diese Woche sind wieder drei Kinder im Ambulatorium gestorben. Ein Bub war etwa fünfeinhalb Jahre alt, nur noch Haut und Knochen, mit einem uralten Greisengesichtchen. Die Mütter kommen oft zu spät, weil sie die weiten Distanzen schlecht abschätzen können oder weil sie selber zu schwach sind, um mit dem schwer kranken Kind auf dem Rücken so grosse Strecken in der Hitze durchzuhalten.

Um elf Uhr gehe ich ins Spital und schaue, was auf der Geburtsabteilung los ist. Die Ärzte erwarten mich, und wir machen Visite. Ich leite die Abteilung. Wir suchen noch immer eine Gynäkologin oder eine gut qualifizierte Hebamme mit Erfahrung. In Somalia lassen sich die Frauen nicht von Männern untersuchen. Natürlich suchen wir somalisches Personal. Das ist aber nicht leicht, denn an der Universität Mogadischu wurden Frauen nur schwer zugelassen. So liegen auf der Geburtsabteilung auch operierte Frauen von der Chirurgie.

Um dreizehn Uhr hat Muslima das Essen vorbereitet. Muslima kocht schmackhaften Hirsebrei oder Mais mit schwarzen Bohnenkernen. Zweimal in der Woche gibt es frischen Fisch. Nachher essen wir Früchte, am liebsten Mangos, Bananen, Kokosnüsse und Papayas. Saftig süss sind auch die grossen Somali-Pampelma (Grapefruits). Über Mittag ist die Hitze unerträglich, darum lege ich mich, wann immer möglich, für eine Stunde hin.

Um fünfzehn Uhr beginnen meine Lektionen in der Schule. Nach dem Unterricht gehe ich nochmals in die Geburtsabteilung zur Abendvisite und gebe die Nachtmedikamente ab. An den drei Nachmittagen, an denen die Ärzte unterrichten, gibt es für mich Besprechungen mit den beiden Bauerngenossenschaften oder Arbeit für die Schule der Strassenkinder.

Am Abend schaue ich nochmals nach, ob die Hühner versorgt und die Geissen angebunden sind und ob Nasra, die Eselin mit den wunderschönen Augen, auch zuhause ist. Der eingebildete Gockel Balthasar hockt, sobald es dunkel wird, immer auf der obersten Stange, und die Hühner immer unten. Nur Henriette nistet sich jede Nacht in einer Luke meines Raumes ein und schläft direkt unter den Fledermäusen. Das lässt sie sich nicht nehmen, das wilde Huhn! Wenn ich fertig bin, entledige ich mich zuerst meines Somali-Rockes. Alles klebt und alles ist voller Sand vom Wind. Und dann ist Zeit für die lustvolle Kübeldusche!
In Afrika habe ich gelernt, allein zu sein. Fast jeden Abend schreibe ich Briefe. Lesen kann ich nicht beim Licht derPetroleumlampe. Oft schreibe ich aber auch für mich selbst, um die trostlose Armut im Zwiegespräch mit mir selber oder meinen Freunden in der Schweiz besser verarbeiten und verkraften zu können.

In Somalia muss man aber beweglich sein. Ich kann praktisch nie nach einem festgefügten Tagesplan arbeiten. Oft kommen Geburten dazwischen, auch gibt es Notfälle aus dem Busch, Schuss- und immer noch Minenverletzte.

Gestern hörte ich auf dem Rückweg von Bhuufow plötzlich eine heftige Detonation und Schreie. Als ich nach etwa zweihundert Metern um die schmale Wegbiegung kam, lag eine Frau am Boden mit abgesprengtem Fuss. Das untere Bein war völlig zerfetzt. Sie war etwas seitwärts vom Dünenweg auf eine Mine getreten. Zum grossen Glück war ein Hirte in der Nähe. Wir mussten das Bein abbinden und die Frau auf den Eselskarren heben, um sie raschmöglichst ins Spital zu bringen. Sie war so tief im Schockzustand, dass sie keine Schmerzen verspürte. Ich vermutete, dass sie die ganze Tragik ihrer Situation noch nicht realisiert hatte.
Zuerst mussten wir Dr. Omar holen; er verordnete Schocktherapie, und ich war wieder einmal froh um das Rote Kreuz; dank diesem hatten wir noch Plasma. Spät am Abend amputierte Omar, und ich half ihm dabei. Die Frau ist ungefähr sechsundzwanzig Jahre alt und hat bereits vier Kinder. Ich stellte eine weitere Schwangerschaft fest: Es gibt wahrscheinlich eine Frühgeburt.

Merka, 30. Juli 1995

Heute Morgen kam ich von einer Geburt im Busch zurück.
Die Familie wohnt im *mudul*, der typischen afrikanischen Strohhütte. Die Eltern, sieben Kinder und die Grossmutter schlafen auf engstem Raum auf dem Lehmboden. Die Somali brauchen ihr Haus nur zum Schlafen in der Nacht. Ihr Leben spielt sich im Freien ab, mit den Tieren und Herden.

Der älteste Sohn kam nachts, um mich zu holen: Die *hoia*, die Mutter, sei am Gebären, es gehe aber nicht vorwärts wie sonst. Als wir im *mudul* eintrafen, war der ganze Stamm versammelt. Alle hielten Geschenke bereit: eine Henne, ein paar Eier, Kokosnüsse oder eine Schale Hirse. Eine Geburt in der Strohhütte ist etwas ganz Besonderes. Man muss sich in die Traditionen und Rituale der verschiedenen Klan-Gruppen einfühlen. Am Anfang war das schwierig, aber nun kennen und akzeptieren mich die Leute; sie wissen, dass ich nichts tue, was sie nicht wollen.

Die Frauen sassen vor dem Eingang, sangen Gebete und beschwörten das Feuer. Etwas abseits sassen die Männer im Kreis. Sie warteten mit dem Familienoberhaupt natürlich auf einen Sohn. Immer wird ein Stammhalter erwartet. Von einem Mädchen ist nie die Rede, bis es dann da ist.

Bei der gebärenden Frau waren ihre Mutter, die beiden vertrautesten Freundinnen und eine Klan-Hebamme. Sie hielten feurige Kohle bereit, um mit einem glühenden Eisenring die Wehen fördern zu können, falls nötig. Das Feuer ist heilig. Bei Wehenschwäche wird der Frau ein Malzeichen über dem Handgelenk in die Haut gebrannt. Die Schmerzen sind grausam, aber die Frauen im Busch glauben daran, dass der Schmerz durch Feuer Heilkräfte freigibt, und darum verwenden sie diese Tortur auch für kranke Kinder.

Maimona hatte eine Wehenschwäche. Ich untersuchte sie. Der Kopf des Kindes war vollständig ins Becken eingetreten, aber etwas seitwärts verkeilt. Der Muttermund war offen, aber die Fruchtblase noch intakt. Ich wies drei der Frauen weg, denn mit Geschrei wollten sie die Mutter anspornen und mit Gewalt pressten sie das Kind im Bauch der Gebärenden nach unten. Mit Maimonas Einverständnis sprengte ich die Fruchtblase und half ihr, sich auf die Seite zu legen. Das hilft manchmal, dass sich der Kopf des Kindes durch die Kontraktionen der Gebärmutter von selbst gerade in den Geburtskanal einstellt. Ich war dabei, eine Spritze mit dem Wehen fördernden Medikament Syntocinon aufzuziehen, da stellten sich die Wehen wieder kräftig ein. Dann ging alles rasch und gut vorwärts. Einmal mehr wurde eine Verena geboren. In Somalia werden die Töchter oft nach der Hebamme benannt.

Eine Geburt im *mudul* muss man erlebt haben. Im engsten Raum, beim Licht der Petroleumlampe und meiner Stirnlampe ist das gar nicht so einfach. Tropfnass von der Anstrengung und Hitze mache ich mich jedes Mal erleichtert auf den Weg heimwärts. Und dann kommen die Zweifel: Welche Chancen haben dieses Kind und seine Mutter? Werden sie schon in der nächsten Dürre sterben? Auch tausend leuchtende Sterne über mir können mir die Last und das Bewusstsein der Ungerechtigkeit in der Welt nicht nehmen.

Merka, 8. August 1995

Als ich heute von der Schule kam, entdeckte ich ein Radio sowie Batterien und verschiedene Kassetten mit klassischer Musik. Abdullahy erzählte mir, Leute von Radio Mogadischu seien da gewesen und hätten dies für mich als Geschenk zurückgelassen.

Nun schreibe ich euch also bei der Musik, die ich so lange vermisst habe. Mein Musiklehrer hatte schon recht, wenn er Mozart himmlisch, Beethoven grossartig, Vivaldi einzigartig und Bach gewaltig nannte. Bach kommt mir immer vor wie eine dreissigbändige Dogmatik, die mich in Erstaunen versetzt. Ich liebe die farbige Vielfalt. Aber Schubert und Chopin sind so irdisch, wie ich es wohl bin. Sie treiben mir das Wasser in die Augen. Ich merke plötzlich, dass diese Musik im Land der Armut wehtut. Die sonst so erbauliche Harmonie der Klassiker und Afrika – das passt nicht zusammen. Die wunderschönen, perfekt gespielten Töne gehen mir hier empfindlich unter die Haut, ja, sogar auf die Nerven.

COOPERATION AMBULATO

Sechste Ausreise

Nairobi, 16. Januar 1996

Diesmal war die Reise besonders beschwerlich und gefährlich. Wir landeten auf dem Flugplatz von Nairobi um halb zehn Uhr nachts. Ich suchte mir ein Taxi, um in die Stadt zu kommen. Der Weg vom Flughafen nach Nairobi ist nicht beleuchtet und führt durch Buschgebiet. Plötzlich war die Strasse abgesperrt. Wir wussten nicht, was passiert war. Wir warteten mehr als drei Stunden. Der Fahrer wollte ständig weg, um sich zu erkundigen. Autoritär befahl ich ihm, im geschlossenen Wagen zu bleiben. Er musste einen schlechten Eindruck von mir bekommen haben, mit Recht!

Am nächsten Tag erfuhr ich im Hotel, dass ein älteres Ehepaar vom Flug Frankfurt–Nairobi, das auf eine Safari-Tour wollte, am Flugplatz in ein vermeintliches Taxi eingestiegen war, um in die Stadt zu gelangen. Es war aber kein Taxi: Gangster warfen die beiden auf die Strasse und fuhren mit dem Gepäck und den Pässen davon. Der Mann wurde zudem von einem Auto noch angefahren. Das Ehepaar liegt jetzt verletzt im Spital in Nairobi.

Zwei Nächte später wiederholte sich die traurige Geschichte. Diesmal hatte die Polizei Kontrollen aufgestellt. Drei Männer der Bande und ein Polizist wurden durch Schüsse getötet. Ein Polizist wurde schwer verwundet. Und ein weiterer Strassenräuber wurde früh am Morgen vom Volk zur Abschreckung demonstrativ gesteinigt. In den meisten Fällen greift die Polizei aus Angst gar nicht ein. Die Polizisten müssen ihre Familien mit Löhnen weit unter dem Existenzminimum durchbringen. Da bleibt das Interesse an der Sicherheit des Landes gering.

Nairobi ist verändert. Die Armen werden immer ärmer, und die

Reichen noch reicher: Sie sahnen mit grosser Kelle ab. Der Tourismus bringt dem Volk nichts. Präsident Moi besitzt die grossen Kaufhäuser, indische Geschäftsleute betreiben sie. Da gibt es die teuersten Delikatessen, feinste Seidenstoffe, Gold und Silber. Alles für die Touristen. Da begegnet man keinen schwarzen Menschen, denn es gibt ja nichts, was sie sich leisten könnten. Warenhäuser für Weisse in Afrika?

Ich war wieder im Slumviertel Kibera. Die Gegensätze sind zum Heulen. Kinderreiche Familien wohnen in kleinsten Kubushütten von maximal fünf bis acht Quadratmetern eingepfercht, ohne Wasser und Latrinen. Die Reihen von Blechhütten sind vergleichbar mit den Hühnerbatterien gewisser profitgieriger Geschäftsleute in Europa.
Ich kenne einen Hotelangestellten, der arbeitet für zweitausend Kenia-Schillinge im Monat, umgerechnet ungefähr fünfzig Schweizer Franken, von morgens sieben Uhr bis nachts um zehn Uhr. Seine Grossfamilie lebt in einer Kubushütte im Slumgebiet. Der Mann geht jeden Morgen zu Fuss eine Stunde und zwanzig Minuten zur Arbeit, weil er das Geld für den Bus nicht aufbringen kann. Für die Blechhütte bezahlt er monatlich vierhundert Kenia-Schillinge.
Überall begegne ich unterernährten Menschen mit fragendem Blick und verstummten Kindern mit traurigen Augen. Es ist zum Weinen.

Merka, 17. Januar 1996

Ich bin vor einer Woche erschöpft, aber doch gut in Merka angekommen.
Diesmal war es nicht möglich, mit einem Flugzeug eines Hilfswerks von Nairobi nach Somalia weiterzufliegen, weil das IKRK

die Infusionen und Medikamente für unser Ambulatorium bereits vorher eingeflogen hatte. So bin ich wieder kurz entschlossen mit einem Qat-Drogentransport nach Somalia gekommen. Ich musste für den Flug fünfhundert Dollar bezahlen. Die Landepiste liegt aber weit im Innern des Landes. Dank dem Radartelefon, das für Merka neu eingerichtet wurde, haben mich meine Mitarbeiter rechtzeitig abgeholt auf dem Landeplatz «Km 50». Mir fiel ein Stein vom Herzen. Die Reise – mit dem ganzen Geld für das Projekt auf mir – ist für mich jedes Mal eine Belastung.
Ich habe in Nairobi im Hotel Stanley den Leiter von *Somali Fruit* kennen gelernt, einen Somalier. Er bringt immer für Caritas Schweiz das Geld direkt nach Mogadischu zur Caritas. Hier gibt es ja im ganzen Land noch keine Banken. Dieser Mann ist zuverlässig, er will damit auch nichts verdienen. Mein Gott, wäre das gut, wenn dies in Zukunft auch für uns klappen würde!
Nach langer Fahrt sind wir schliesslich heil in Merka angekommen. *Allham dulilla!*

Da ich am Vorabend erst so spät angekommen war, erwarteten mich die Kinder der Schule *New Ways* am nächsten Morgen mit Trommeln, Liedern und Tänzen. Ihr hättet die Kleinen sehen müssen, wie sie getrommelt, getanzt und gesungen haben!

Die gute Zusammenarbeit in der Genossenschaft ist spürbar. Alles wurde während meiner Abwesenheit bestens verwaltet. Stellt euch vor, die Mitarbeiter der Schule haben sogar noch ein paar Dollar vom Budget übrig. Die Lehrerinnen und Lehrer und das Personal arbeiten sehr gut zusammen und, was mir wichtig ist, tun dies mit Freude und Interesse. Es ist ein gutes Team. Sie haben keine Schwierigkeiten mit der gegenseitigen Akzeptanz, und es gab keinerlei Probleme mit der Selbstverwaltung des Geldes. Die Mitglieder der Genossenschaft sind stolz auf ihre Arbeit. Ich habe Glück gehabt bei der Auswahl der LehrerInnen.

Und Hussein, der frühere somalische Leiter der UNESCO, hat sein Versprechen wahr gemacht und den Lehrerinnen und Lehrern in einem Seminar vierzehn Tage Weiterbildung gegeben. Die Kurse haben auch dazu beigetragen, dass sich die Mitarbeitenden der verschiedenen Stämme besser kennen lernten.
Hussein war ja vor dem Krieg Universitätsprofessor gewesen. Die Leute von UNESCO sind schon lange evakuiert aus Mogadischu; sie sitzen in Nairobi, und Hussein ist allein im Büro. Hier gibt es schon lange keine von der UNESCO finanzierten Schulen mehr. Somalia ist ein vergessenes Land.

Im Ambulatorium war der Anfang schwieriger: Die Mitarbeitenden hatten ja nicht die gleichen Voraussetzungen für eine gute Zusammenarbeit wie die privilegierten Lehrkräfte, die das im Studium bereits üben konnten. Nun, nach zweieinhalb Jahren Zusammenarbeit und Ausbildung geht es der Gruppe im Ambulatorium auch gut. Sie haben sich aneinander gewöhnt und wissen, worum es geht.

Meine Erfahrung in der Praxisgruppe «Plaffenwatz» in Zürich hat mich gelehrt, dass die Genossenschaftsidee immer wieder neu vertieft und überdacht werden muss und wir ständig am Lernen sind. Daher beginnen wir am nächsten Montag einen Workshop mit den Mitarbeiterinnen und Mitarbeitern. Ich gebe in der ersten Stunde eine Einführung in verschiedene Themen:
Was bedeutet genossenschaftliche Zusammenarbeit für die Mitarbeitenden, für die Kinder, für die Gruppe, für das soziale Umfeld? Welches sind die Bedingungen für Mitverantwortung, Mitbestimmung und Selbstverwaltung?
Wie erstellt man ein Budget für einen bestimmten Zweck?
Was gewinnen wir in einer Gemeinschaft? Was verlieren wir?
Nach meiner Einführung bleibt dann in der zweiten Stunde genügend Zeit für die Diskussion. Ich hoffe natürlich, dass sich die

Mitarbeiterinnen und Mitarbeiter bald auch mit eigenen Themen und Erfahrungen melden, bald selbstständig die Einführung eines Workshopnachmittags übernehmen und den Kurs bereichern.

Die Hitze ist fast unerträglich und tropisch-feucht. In Frankfurt war es acht Grad unter Null, und hier in Somalia ist es fünfundvierzig Grad im Schatten. Aber ich werde mich sicher wieder etwas besser daran gewöhnen.

N.B.:
Es gibt wieder vermehrt Hungernde und Sterbende hier.

Merka, 18. Januar 1996

Im bisher verträumten und einsamen Städtchen Merka am Indischen Ozean herrscht plötzlich ein nie da gewesenes Durcheinander. Ali Mahdi hat mit seinen Truppen den Hafen von Mogadischu geschlossen. Nun kommen die grossen Schiffe in den viel zu kleinen Hafen von Merka. Auch die Strasse ist viel zu klein für die Lastwagen. So entsteht ein grosses Chaos. Das abgelegene Merka ist überfordert. Es kommt wieder täglich zu Schiessereien mit Toten wie schon 1993. Die Kriminalität steigt. Nichts ist mehr sicher, die Ruhe ist weg. Es gibt vermehrt Kinder mit Hungerödemen. Gestern sind im Ambulatorium zwei grössere Kinder gestorben. Ich konnte nichts mehr für sie tun.

Bei uns in der Genossenschaft bestimmt die Mehrheit – und diese findet, dass mich nun ein Wächter ständig begleiten soll. Ich kann nicht mehr frei durchs Städtchen, über die Dünen oder ans Meer gehen. Alle haben Angst, es könnte mir etwas passieren, weil sich viele fremde Menschen in Merka herumtreiben. Ich selbst bin mir bewusst, dass ein Maschinengewehr mich niemals schützen kann. Es gab eine Abstimmung in der Genossenschaft. Ich stand allein mit meiner Meinung. Zum Glück habe ich die Abstimmung nur über die Begleitung vorgeschlagen, nicht aber über das Maschinengewehr. So sagte ich, dass ich die Begleitung akzeptiere, aber ohne Waffe. In der Genossenschaft soll es keine Waffen geben. Falls das geändert würde, könnte ich nicht mehr mit freiem Herzen Medizin und Geburtshilfe machen. So habe ich den Wächter Abdullahy überzeugt, dass die Mordwaffe niemals Schutz gewährleistet. Vielleicht macht sie dem anderen zuerst Angst, die sich aber leicht in Aggression verwandeln kann.

Im Kurs für Mitarbeitende müssen wir uns unbedingt mit den Militärstrukturen und ihren psychischen und physischen Gewaltmethoden auseinander setzen. Ich denke, wir müssten überhaupt auf der ganzen Welt mehr Schulen für den Frieden schaffen, damit wir lernen, besser mit Konflikten umzugehen, aber auch lernen, dass es Konflikte gibt, die man nicht lösen kann.

Merka, 24. Januar 1996

Seit ich in Afrika arbeite, kommt mir immer wieder das Büchlein von Konrad Farner in den Sinn, das den Titel trägt: «Marxistisches Salz für christliche Erde – Christliches Salz für marxistische Erde» (Zürich 1971). Dabei darf der Islam nicht ausgeschlossen werden. Ich bin so froh und dankbar, dass mir beide Persönlichkeiten, Farner wie Ragaz, persönlich begegnet sind, schon als ich noch Kind war, aber auch später. Ihre Gedanken haben mich begleitet und oft gestärkt im trostlosen Somalia.

Ich habe momentan Malaria. Über vierzig Grad Fieber, weiss nicht, was ich tun soll, bin zeitweise verwirrt.

Am 4. Februar kam Vre wieder zurück nach Zürich, mit einem schweren Malaria-Anfall. Anschliessend war sie im Engadin zur Erholung.

Sils-Baselgia (Schweiz), 27. April 1996

Ich bin im Engadin, dem Hochtal unter dem Himmel, ganz nah bei den Sternen. Es ist kalt. Ich sitze in der warmen Stube und geniesse das, was ich wirklich gerne esse und in Somalia vermisse: Kartoffeln, frisch gekocht, noch dampfend und ganz gelb, mit Butter und Salz. In Somalia träume ich manchmal von einem ganzen Teller voll, in der Mitte ein Klumpen Butter, der langsam zergeht, und feines, ganz trockenes Salz, weiss wie Schnee, das ich mit den Händen darüber streue.
In Somalia gibt es keine Kartoffeln, und das Salz ist rar. Die Kinder klettern auf die gefährlichen Klippen am Indischen Ozean und kratzen das eingetrocknete Salz von den Steinen. Es ist fast schwarz von den Algen. Für wenig Salz sind sie den ganzen Tag unterwegs. Wenn sie eine Hand voll in einer Kokosschale zusammenbringen, sind sie stolz und zufrieden. Man müsste am Strand, dort wo es Sandbänke gibt, so etwas wie eine Salzanlage bauen. Ich werde mich erkundigen, wie man das einfach machen könnte, um Salz zu gewinnen.

Es geht mir besser. Ich übe und gehe jeden Tag etwas weiter, über Stock und Stein. Oft treffe ich keinen Menschen. Aber die Vögel sind ja da: Sie begleiten mich mit ihrem Gesang. Zwischen den letzten Schneeflecken blühen zartweisse und blaue Bergkrokusse zu Tausenden auf dem noch erdbraunen Wiesengrund. Die kargen Vorfrühlingsfarben erinnern mich an die weiten Ebenen der Steppen-Savanne und an das dürre Grasland Afrikas.

Bei der Genossenschaft *New Ways* geht es nicht in erster Linie um Geld. Nein, es gibt noch andere Werte. Ich denke an die Kriegssituationen in Mogadischu 1993 oder an den März 1994, als Merka verbarrikadiert war. Gefechte tobten mit tagelang anhaltenden Detonationen von Granaten, Raketen und Kanonen neben dem Artilleriebeschuss durch Maschinengewehre. Ich denke an die grausam Verwundeten. An die Zusammenarbeit der ganz neu sich bildenden Genossenschaft, an unsere Angst. Ich denke an die Nähe, wie wir zusammenrückten und uns bei den Händen hielten, wenn die Wände bebten und Mauern teilweise einstürzten, daran, wie wir uns aufrafften, eine Suppe zu kochen, und wie wir trotz allem lachten, weil das feuchte Holz nicht brennen wollte. Ich denke an den Hunger, die vielen sterbenden Kinder und an die Frauen, die ihre Kinder im Krieg gebären müssen, stumm, ohne Tränen. Sie haben sich ihre erstaunlich aufrechte Haltung bewahrt, selbstbewusst und stark.

Das zeigt die zehnjährige Sara mit ihren selbstbewussten Sätzen:

> Wir Frauen holen Wasser weit her,
> suchen Holz im Busch,
> bauen Hirse an.
> Wir Frauen arbeiten.
> Krieg machen die Männer.
> Warum?
> Wir Frauen sorgen doch für alle,
> auch für die Männer.

Ja, es gibt noch andere Werte. In Bezug auf die Mitmenschlichkeit kann ich von den Schwestern und Brüdern in Afrika nur lernen, und ich bekomme, was man mit Geld nicht begleichen kann. Argumente wie jene, dass ich in Somalia immer die Gebende sei, kommen von einem materialistischen Denken her, das wir reichen Europäer uns angewöhnt haben. In unserer Genossenschaft oder in einer Welt, in der alle Menschen Brot und Wasser haben und ein menschenwürdiges Leben führen können, wo geteilt wird, was man hat, stehen Geben und Nehmen im Einklang. Da kommen die menschlichen Werte zum Tragen, weil das Zusammenleben nicht vom Kapital bestimmt wird. In der Genossenschaft *New Ways* bin ich nicht einfach die Gebende, sondern eine Mitarbeiterin. Ich staunte von allem Anfang an über all das, was ich von den Afrikanerinnen und Afrikanern lernen kann.

Übrigens habe ich gerade darum manchmal Mühe beim Schreiben von Dankesbriefen, weil das Geld, das ich aus der Schweiz überbringe und das in Merka oft das Überleben sichert, doch eigentlich eine Selbstverständlichkeit ist im genossenschaftlichen Sinn! Ich schreibe lieber Berichte, danke euch aber trotzdem recht herzlich für alles. Besonders danke ich für eure Mitarbeit, die guten Gedanken und eure Liebe, die mich begleiten.

Natürlich denke ich auch daran, dass ich alt werde und mit der Zeit den geliebten Beruf, die Geburtshilfe und die Schule aufgeben muss, ja, dass sich meine Arbeit und meine Aufgaben nach Somalia total verändern werden. Das wird nicht leicht sein für mich – aber wir könnten eine neue Genossenschaft für die Alten in unserer Bewegung gründen. Wir sind nie zu alt für einen neuen Anfang.

Siebte Ausreise

Nairobi, 14. Juni 1996

Ich bin gut angekommen in Nairobi.
Heute war ich den ganzen Tag im Bus unterwegs. Eingepfercht wie Sardinen in einer Büchse, ging es über holprige Strassen und durchlöcherte Wege von einer Stadtseite zur anderen. Die Menschen hingen wie Trauben am Trittbrett. Es gab sogar Passagiere auf dem Dach, weil es dort nichts kostet. Das ist allerdings gefährlich. Auf den Strassen und Plätzen war ständig ein unüberschaubares Chaos. Eine Geiss verlor vor lauter Schrecken ihre Böhnchen und pinkelte mir über die Füsse, als der Motor ansprang. Neben mir trug eine Frau einen Korb mit drei Hennen auf dem Kopf. Laut gackerten diese vor Entsetzen während der turbulenten Fahrt hemmungslos durcheinander. Ich staunte über die Afrikanerin, wie sie ihre kostbare Fracht ruhig und sicher auf dem Kopf balancierte. Es roch nach Schweiss, Kohl, Urin und undefinierbar süssen Parfums der Afrikanerinnen, die alle zur Arbeit strebten. Der Geruch der Armut und des Lebens hinter den Kulissen!

Ich war im WHO-Büro, ohne Erfolg: Keiner will nach Somalia einreisen, es sei zu gefährlich. Auf meine Einwände, die Frauen und Kinder in Somalia bräuchten Essen, reagierte keiner. Dann fuhr ich weiter zur UNESCO. Dort hatte ich Glück. Die Bücher für Lehrer und SchülerInnen unserer Schulgenossenschaft wurden bestellt und in somalischer Sprache in Druck gegeben.
Gott sei Dank!

Morgen fahre ich zum Internationalen Roten Kreuz IKRK. Ich muss noch Blutbeutel und Infusionen bestellen. Am Telefon sagte man mir, dass ich auch diesmal nicht nach Somalia geflogen werden könne. Es sei zu riskant für das Rote Kreuz.

Nairobi, 21. Juni 1996

Ich konnte die Vorbereitungen für die Arbeit in Somalia erledigen. Am letzten Abend vor der Abreise nach Somalia holte mich der Portier des Hotels. In der Damentoilette war eine Frau am Gebären. «Wieder so eine von der obdachlosen Strassenbande! Wie war es möglich, dass sie sich einschleichen konnte», schimpfte der Mann. Ich konnte die junge Frau gerade noch aufs Zimmer bringen, zehn Minuten später war Joshua geboren. Als ich mit dem Abnabeln beschäftigt war, standen plötzlich zwei Männer neben mir. Entsetzt über das Durcheinander, herrschten sie mich an: «Was Sie da tun, Madame, ist *absolutely* nicht erlaubt!» Verärgert sagte ich: «Noch kommen Afrikas Kinder zur Welt, wann sie wollen.» Dann wandte ich mich mit dem Neugeborenen auf dem Arm zur Mutter und ermunterte sie: «Das hast du gut gemacht, du weisst dir zu helfen; solange es Menschen gibt, die kein Dach über dem Kopf haben, sollen sich die Armen hineinwagen in die Häuser der Reichen!» Die Putzfrau neben mir schrie spontan: «*That's right!*» Dann begann sie – selber erschrocken über ihre eigene Stimme – rasch aufzuräumen. Die beiden Herren waren sprachlos, später entschuldigten sie sich, sichtbar verunsichert, und lachend erklärten sie schliesslich: «Wir sind zwar Vorgesetzte, aber auch selber Angestellte des Hotelbesitzers. Wir sind für Ruhe und Ordnung zuständig und leben mit dem ständigen Risiko, unseren Job zu verlieren. Es gibt genug Arbeiter in Afrika, oft werden wir ausgewechselt wie eine Ware.»

Dann kamen einige Mitarbeiterinnen und Mitarbeiter des Hotels. Alle brachten etwas mit, sei es ein Lächeln und Gratulationen, die Freude über Joshua in den Augen oder auch nur fünf bis zehn Kenia-Schillinge.
Es war plötzlich spät geworden, schon nach Mitternacht. Und ich musste mit meinem ganzen Gepäck rechtzeitig am frühen Morgen um fünf Uhr am verabredeten Ort beim Jetflieger für den Weiterflug nach Somalia sein.

Die Armen in Afrika werden immer ärmer und die Reichen reicher. Die Ungerechtigkeit stinkt zum Himmel! In solchen Situationen merke ich, dass ich alt werde und mit meinen Gefühlen oft schlecht zurecht komme. Dann reagiere ich manchmal selber ungerecht, aggressiv und autoritär.

Merka, 25. Juni 1996

Ich bin bereits wieder seit einer Woche an der Arbeit – und ich komme erst heute zum Berichten.
Die Mitarbeiter waren rechtzeitig bei der Landepiste im Busch. Das ist nicht selbstverständlich, mussten sie doch am Morgen sehr früh in Merka abfahren für den weiten Weg über die Dünen, dann durch Busch- und Savannengebiet bis zur Piste im Landesinneren, wo die Qat-Droge eingeflogen wird. Aber solange sämtliche NRO und Hilfswerke im Süden von Mogadischu evakuiert bleiben, gibt es für mich keine andere Möglichkeit, als mit einem Jetflieger für die Drogeneinfuhr ins Land hinein- und herauszukommen. In Somalia gibt es keine vernünftig ausgebaute Strasse. Die holprige und oft schwierige Fahrt ist gefährlich. Eine Panne, Wassermangel oder Überfälle von Banditen sind die Risiken, mit denen man lebt im Land der Armut, des Hungers und der Not.

Nach freudiger Begrüssung ging die Fahrt wieder zurück nach Merka. Wir hatten auch diesmal Glück. Ausser durch eine Gruppe von Pavianen, in der sich zwei Rivalen bekämpften, wurden wir durch nichts aufgehalten. Wir erreichten Merka verschwitzt, müde und weiss wie Mehlsäcke vom feinen Staub der Savanne, aber wohlbehalten.
Ich bin jedes Mal heilfroh und atme auf, wenn ich am Ziel bin mit dem mir anvertrauten Geld für die Löhne und die Genossenschaften.

Merka, 26. Juni 1996

Die Situation hat sich auch in Merka wieder verschlechtert. Das neu aufgebaute Tbc-Spital der Italiener ist geschlossen. Alle Mitarbeitenden wurden entlassen. Die Leute der Caritas Rom und die Gruppe der COSV wurden nach Kenia evakuiert. Einzig unsere MitarbeiterInnen der Genossenschaften haben noch einen Lohn, um die Familien zu ernähren. Der Hunger breitet sich wieder aus wie ein Schatten. Die meisten Menschen sind unterernährt, bis auf die Knochen abgemagerte Gestalten kommen täglich ins Ambulatorium. Es gibt Frauen und Kinder, die Erde essen, die an Hunger, Durchfall und Infektionen sterben.

Am Beispiel des neu erbauten und nun verlassenen, grossen Tbc-Spitals wird deutlich, wie wichtig genossenschaftliche Zusammenarbeit ist. Entwicklungshilfe muss die Menschen zum Selbstbewusstsein und zur Selbstverwaltung führen. Hilfe ist erwünscht, aber nicht unter Preisgabe der Unabhängigkeit. Wir müssen gemeinsam an einer grundsätzlichen Umwandlung der Gesellschaft in eine solidarische Gemeinschaft mitarbeiten, in der jeder Mensch geachtet und in Würde leben kann. Die Schulgenossen-

schaft *New Ways* hat sich unter anderem zur Aufgabe gemacht, die manuelle und vor allem bäuerliche Arbeit in ihrem Prestige aufzuwerten, für ein klassenloses Miteinander.
Soeben höre ich die Kinder der Schule singen: «*Iskaashato, Iskaashato nabat ejie!*» – Die Genossenschaft, die Genossenschaft, sie lebe in Frieden!
Diese Kinder sind zwar verwaist, aber trotzdem unsere Hoffnung!
Ich muss aufpassen, dass ich den Humor und die Hoffnung nicht verliere in dieser Misere.

Merka, 1. und 10. Juli 1996

Die gegenwärtige Situation hier im Städtchen Merka ist katastrophal. Überall begegnet man dem Hunger. Täglich gibt es Schiessereien von Banditen. Am Freitag war es wieder wie im Krieg von 1993 und 1994: Anhaltende Gefechte mit Maschinengewehren, dazu donnerten wieder die grossen Kanonengeschosse über unsere Häuser hinweg. Ich versteckte mich in einer Strohhütte. Als einzige Weisse bin ich dort in solchen Situationen sicherer. Diesmal ging es um die *Somali Fruit Organisation.* Es gab wieder Verletzte und tote Menschen. Am Abend half ich Dr. Omar bis spät im Spital. Heute Morgen musste er einem Schwerverletzten das Bein amputieren.

Die Situation hier in Somalia erinnert an Afghanistan: Eine nie endende Misere. In Mogadischu wird nach wie vor gekämpft. Artilleriegefechte zwischen den Gruppen von Ato, Ali Mahdi und Aidid. Jeden Tag kommen neue Flüchtlinge bei uns im Ambulatorium an. Erschöpft und ausgehungert vom langen Weg durch Busch, Savanne und über die Dünen sterben viele, vor allem Kinder. Wir sind der Situation nicht gewachsen. Ali Mahdi hat mit

seinen Truppen die Nahrungsmittelzufuhr für den ganzen weiten Süden des Landes abgesperrt.
Die nächste Katastrophe ist vorprogrammiert.

Merka, 11. Juli 1996

Es gibt vermehrt Fehl- und Totgeburten; die Frauen sind unterernährt, blutarm. Viele leiden an Tuberkulose und Infektionen.
In Merka gibt es täglich Schiessereien. Banditen kommen, bewaffnet mit Maschinengewehren. Das Leben ist nichts wert in Somalia. Für einen Sack Hirse oder Bohnenkerne kann man erschossen werden. Wenn die Banditen nicht wären, wäre seit langem Friede in der Region Merka.

Merka, 18. Juli 1996

Heute stelle ich euch die neue Farmergenossenschaft *Ambe Banaan* vor, die im Januar 1996 begonnen hat.
Weit draussen, mitten in der Wildnis der Dornbuschsavanne, liegt das kleine Strohhüttendorf . Die runden *mudul*-Hütten sind dicht aneinander im Kreis gebaut und ringsum umgibt sie ein fest geflochtener, hoher Zaun aus Dornengebüsch als Schutzwall gegen wilde Tiere. Jedes einzelne Haus ist von Hand aufgebaut, aus einem fein verwobenen Geflecht von Ästen und Zweigen der Dornbuschsavanne. Alles ist Handwerk, und es gibt keine einzige Schraube. Die Dächer sind aus zusammengeflochtenen Palmblättern der Kokosnussbäume. Ihr werdet staunen, wenn ihr diese Kunstwerke sehen könnt auf den Dias und Fotos. Der *mudul* ist nur zum Schlafen da, er ist klein, die Türe niedrig, ich kann nur

tief gebückt hineingehen. Ringsum stehen ein paar zusammengerollte geflochtene Matten, die am Abend auf dem Lehmboden ausgebreitet werden. Der Hausrat besteht aus einem irdenen runden Kochtopf, einem aus Buschholz geschnitzten Kochlöffel und einer Kelle, Teekessel und Holzschalen zum Trinken, ferner aus einem wunderschön rund gefertigten Gefäss mit Mörser, um Mais, Hirse oder Kräuter zu zerstossen. Das ist alles.

Von eurem Spendengeld konnten wir den Familien zuerst einen Monatslohn geben, damit sie essen und arbeiten konnten. So konnten sie das Land roden und urbar machen. Dann bauten sie vom Fluss her ein einfaches Kanalsystem aus, indem sie verschiedene Gräben zogen, die das Wasser zu den Äckern leiten. Sechs Hektaren Land wurden gerodet und auf fünf Hektaren wurde vorerst Mais angepflanzt. Die Frauen von Ambe Banaan sind besonders stolz auf die Genossenschaft. Sie sagen: «Endlich ist es soweit, dass unsere Männer auch mithelfen, das Land zu bebauen!» Denn in der Genossenschaft gibt es eine einfache Regel: Nichtstuer haben auch nichts zu essen. So ist die ganze Familie an der Arbeit. Die jungen Burschen bewachen nachts die Felder. Sie unterhalten Feuerstellen rings um die Äcker, um die wilden Tiere fern zu halten. Der zart milchige Jungmais wäre ja ein gefundenes Fressen für verschiedene Tiere der Wildnis, besonders für die frechen Pavianherden, Wildschweine und andere Savannenbewohner.

Heute war ich draussen. Die Felder sind wie eine grosse Oase. Weit und saftig grün wächst der Mais, umgeben von der Wildnis. Die Menschen sind mausarm, aber zufrieden. Vor dem Krieg waren sie Nomaden, die mit ihren Kamelherden durch das Land zogen. Sie lebten ausschliesslich von den Kamelen. Im Krieg wurden sie beraubt und viele Männer wurden verletzt oder getötet. Ich kaufte für die Familien noch ein paar Ziegen. Die erste Maisernte wird

noch vor meiner nächsten Abreise sein. Dann können sich die Genossenschafter wieder ein paar Kamele kaufen – und für unsere Schule gibt es frischen Mais von Ambe Banaan.
Das Dorf hat seinen Namen von einem grossen Mangobaum, der bei den Hütten steht. Mango heisst: *ambe*. Bananen gibt es hier nicht, aber das essen die Leute mit Vorliebe. (Wer weiss, wenn wir genug Wasser haben, können wir später eine Hektare mit Bananen anpflanzen, so hoffe ich.)

Merka, 27. Juli 1996

Ich habe lange nichts geschrieben. Ich konnte nicht.
Die Kämpfe in Mogadischu weiten sich aus. Täglich kommen neue, erschöpfte Flüchtlinge bei uns an. Heute Morgen standen die Leute in einer Schlange vor dem Ambulatorium. Der Warteraum vor dem Haus war überfüllt. Omar, der Arzt, war unterwegs mit Notfällen beschäftigt. Ich war allein da für die neuen Patienten. Dann wurde ich weggerufen zu einer Frau, die gerade geboren hatte und stark blutete; die Nachgeburt wollte sich nicht lösen.

Nachdem ich sie behandelt hatte, eilte ich zurück ins Ambulatorium. Auf dem Weg hörte ich eine Explosion ganz in der Nähe. Im Ambulatorium wurden mir zwei schwer verletzte Buben gebracht. Sie hatten neben der Schule mit einer Mine gespielt, die sie im Sand gefunden hatten. Plötzlich explodierte das Ungeheuer. Jedes Kind verlor ein Auge. Hassan, dem etwa Elfjährigen, schlug ein Splitter zudem einen Teil des Unterkiefers weg. Er hatte tiefe Wunden an beiden Beinen, die später operativ behandelt werden mussten. Dazu waren Gesicht, Hände und der ganze Oberkörper voller Splitter und Wunden. Seinem Bruder Ahmed wurden drei Finger der rechten Hand zertrümmert; beide Hände, Arme und Gesicht

durch Splitter schwer verletzt, auch das Bein wurde entsetzlich verwundet. Die beiden waren in tiefem Schockzustand. Ich schickte die neuen Patienten weg, die zur ersten Untersuchung gekommen waren. Dringende Notfälle verschob ich auf den Mittag. Andere Patienten wurden von Osman Tako und den beiden Pflegerinnen behandelt, und die Medikamentenabgabe übernahm der Pfleger Ali Jaare. Ich hatte über zwei Stunden, bis ich die Wunden einigermassen vom Pulver gereinigt, desinfiziert und verbunden hatte.
Als die Kinder fertig vorbereitet waren für den Transport ins Spital, bemerkte ich plötzlich, dass ich weinte. Meine Hände zitterten, ich konnte sie kaum ruhig halten für eine intravenöse Spritze bei einer Frau mit schwerem Asthma-Anfall. Auch meine Knie zitterten vor Wut und Entsetzen über Menschen, die mit solchen Waffen Geschäfte machen.

Es ist nicht leicht, in einem Land wie Somalia Pazifistin zu sein. Ich persönlich muss mich darin täglich bewusst üben und gedanklich darauf besinnen. Manchmal geht es besser, manchmal nicht, dann überwältigen mich Gefühle der Ohnmacht, und ich denke, dass ich solche Waffenprofiteure glatt selbst umbringen könnte. Natürlich bin ich entschieden gegen die Todesstrafe. Es gibt aber Momente in Somalia, da erlebe ich mich selber als zwiespältigen Menschen, und meine Gedanken sind dann nicht frei von Gefühlen wie Rache und Hass.

Merka, 28. Juli 1996

Der Regenvogel pfeift, er sitzt in der Luke meiner Schlafraummauer. Es ist ein gutes Gefühl, vom Gesang des Regenvogels geweckt zu werden.

Merka, 8. August 1996

Seit letzter Woche versuche ich, einen Jetflieger zu finden, der mich Ende August nach Kenia ausfliegen würde. Seit die NRO alle evakuiert sind, gibt es keine Flüge mehr, und die Qat-Drogenflüge wurden gestoppt. Ich hoffe auf Abdullahy, das ist der Pilot, der nach einer Schussverletzung von uns gepflegt wurde. Er weiss, dass ich Anfang September zurück will und wird uns sicher helfen. Ich habe allerdings seit Wochen nichts mehr von ihm gehört. Er war in Mogadischu, als dort gekämpft wurde.

Letzte Woche sind dort an einem Tag acht Verwandte von Genossenschaftsmitarbeitern verletzt worden. Im Moment ist es ruhig. Der neue Präsident Hussein Mohamed Farah Aidid hat einen Waffenstillstand und Verhandlungen verlangt. Er ist der Sohn des verstorbenen Mohamed Farah Aidid. Die Nachricht von dessen Tod ging wie ein Schatten durch das Volk. Die einen trauerten, die anderen freuten sich, dass der Sündenbock nun endlich aus der Welt geschafft war.

Das einfache Volk sehnt sich nach Frieden.
Gestern war in Merka eine grosse Friedensdemonstration. Als ich mitten im Strom der Demo die von Hunger gezeichneten Menschen erlebte, wie sie sich im Rhythmus der Trommeln bewegten und für den Frieden tanzten, bemerkte ich, dass mir die heissen Tränen über die Backen tropften. Die jungen Somalierinnen trösteten mich und munterten mich auf, indem sie freudig anstimmten: «*Iskaashato ma kufto, iskaashato ma kufto!*» – Es lebe die Genossenschaft, die Genossenschaft überlebe!
So tönte es auf einmal im Chor von allen Seiten. Diese Begeisterung und Freude ist eine verbindende, warme Kraft, unsterblich und gesund wie die Liebe. Am Schluss der Demo beschlossen die MitarbeiterInnen an die Freunde der «Neuen Wege» einen Brief zu

schreiben. Sie wollten den Spendern besonders für das Vertrauen danken. «Durch dieses Vertrauen sind wir eine selbstverwaltete Genossenschaft geworden», sagten sie überzeugt, «und damit ein kleines Beispiel für das unabhängige, autonome Somalia der Zukunft.»

Wer weiss, vielleicht wird die neue Friedensbewegung von Afrika und Lateinamerika her kommen und uns helfen, an unserer Überzeugung festzuhalten!
Salam!

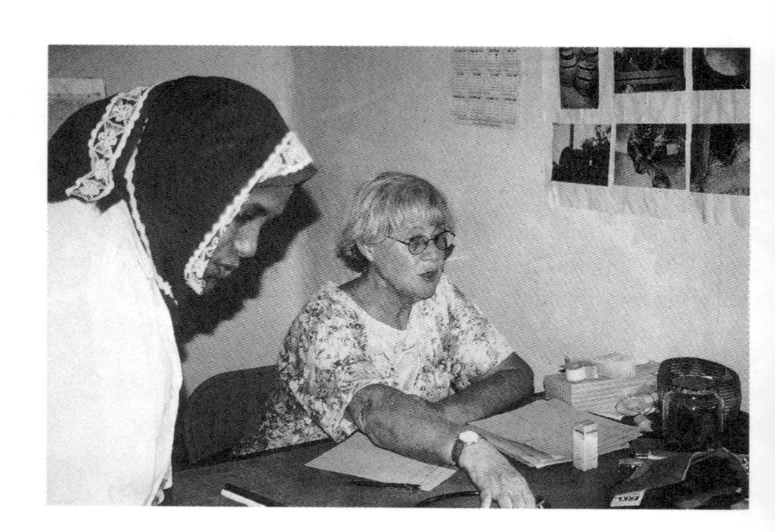

Achte Ausreise

Merka, 2. Februar 1997

Ich bin gut angekommen in Merka. Das Rote Kreuz ist nach wie vor nicht in den Süden von Mogadischu zurückgekehrt. Nach zweieinhalb Jahren Pause fliegt nun die ECHO, die Hilfsorganisation der EU, wieder einmal wöchentlich ins Land, weil die Büros der WHO, der Weltgesundheitsorganisation, und der Organisation *Mother Child Help* in Merka nun wieder geöffnet sind. Der Leiter der EU-Kommission ist auch der oberste Leiter der ECHO-Flight-Gesellschaft und bewilligt, welche NRO-Gruppen ein- und ausgeflogen werden. Da wir keine international anerkannte NRO-Gruppe sind, musste ich wieder mit dem Qat-Transportflug nach Somalia eingeflogen werden.

Die Mitarbeiter waren rechtzeitig im Busch bei der Landung. Ich wurde freudig begrüsst mit den Worten: «Wir sind froh, dass du da bist. Du bist für uns wie der Schatten von einem grossen Baum mit weiter Krone.» Was gäbe es Kostbareres für meine Seele, das man mir sagen könnte bei dieser Hitzeglut in Somalia?

Bereits in Nairobi hatte ich in den BBC-Nachrichten gehört, dass sich in Somalia mit der Dürre auch die Cholera wieder auszubreiten begann.
Am ersten Tag sind die Zwillinge einer Schülerin kurz nacheinander an Cholera gestorben, und das dritte Kind ist auch schwer erkrankt. In der letzten Nacht starben vier Menschen aus der Familie von einem unserer Ärzte. Wir machten eine Krisensitzung.

Heute fahren die Ärzte mit Lautsprechern durch das Städtchen und die umliegenden Buschdörfer. Sie fordern die Bevölkerung auf, das Wasser und die Milch abzukochen. Sämtliche Wasserstellen und Brunnen müssen täglich mit Chlorin versorgt werden.

Gestern Morgen kamen viele schwangere Frauen nach Merka, weil sie wussten, dass ich zurück bin. Ich stellte alle Schwangerschaftskontrollen, die üblichen Tropenkrankheiten und kleinere Verletzungen wegen der Cholera-Kranken zurück. Wir müssen sie isolieren und die notwendigen Massnahmen organisieren, um eine weitere Epidemie – und schliesslich eine Endemie – zu verhindern. Wir wollten das seit langem leer stehende Tbc-Spital für die Cholera-PatientInnen benutzen. Das wäre eine ideale Lösung gewesen: Ein Team von unseren ehemaligen SchülerInnen hätte die Arbeit übernehmen können. Sie sind ausgebildet dafür, aber die WHO hat uns das Haus mit dem Argument verweigert, dass später vielleicht Caritas Rom zurückkommen und wieder Tuberkulose-Patienten aufnehmen und behandeln werde. Solange es keine autonome Regierung in Somalia gibt, haben die NRO das Sagen. Wir müssen nun eine andere Lösung finden. Raschmöglichst!

Im Bezirksspital ist nach langer Zeit nun auch wieder ein Team der COSV aus Rom angekommen: Ein Mediziner, seine Frau, die Laborantin ist, und eine Krankenschwester. Es sind sehr liebe Leute. Sie staunen über das, was wir in vier Jahren aufgebaut haben. COSV bezahlt nun auch wieder die Löhne der Ärzte, die seit zweieinhalb Jahren von den «Neue Wege»-Spenden bezahlt worden sind. Und Dr. Omar Dhere, unser Chirurg und leitender Regionalarzt, wird nun endlich als leitender Arzt im Spital und der Region akzeptiert. Wir freuen uns sehr darüber: Der Kampf der Somali und unsere Konsequenz haben sich gelohnt.

Merka, 8. Februar 1997

Leider gibt es keine Medizin gegen die Armut.
Jeden Morgen, wenn ich das Ambulatorium betrete, überfällt mich wie ein Schrecken der Atem der Armut. Nicht einmal das Lächeln der Kinder, die mich zu erkennen scheinen, ist stark genug, um den Knoten, der sich in meinem Bauch zusammenzieht, zu lösen. Täglich sehe ich die Körper der Kleinen mit Schwellungen von Wanzenbissen, sehe sie von Läusen und Flöhen zerstochen, behandle ihre von Ratten angefressenen Glieder. Ekel überfällt mich beim Gedanken an das ungeheure Heer von Ungeziefer, das durch den Krieg mobilisiert wird.

Merka, 9. Februar 1997

Heute beobachtete ich Mahamud, wie er für mich eine Schale mit Wasser füllte. Er hat seine Finger durch Lepra verloren. Mit dem einen verbliebenen Daumen umfasste er geschickt die Schale, presste sie an seinen Körper. Die Wasserflasche unter die andere Achsel geklemmt, kippte er nach vorne, sorgfältig darauf achtend, dass kein Tropfen verloren ging. So füllte er die Trinkschale mit Wasser für mich. Staunend über so viel Sorgfalt spürte ich plötzlich, wie mein Herz leise klopfte.
Manchmal denke ich an den Tod, an den Augenblick, wenn ich sterbe, und ich stelle mir vor, wie das sein wird und was mir übrig bleiben wird für die letzten Sekunden – das Lied «Auf dem Berge, da wehet der Wind», das die Eltern uns Kindern zu Weihnachten immer gesungen haben, die Liebe meiner Kinder, Musik, die rosige Haut meiner Enkelkinder, das lachende Blau in den Augen von Alain, dem Grashüpfer, oder frische Brötchen und Kaffee –, und in diesem Augenblick, als ich dem Jungen zu-

sah, wie er für mich Wasser einschenkte, wusste ich, dass auch er dabei sein wird.

Merka, 10. Februar 1997

Heute ist *Aïd*, das grosse Fest nach dem Fastenmonat Ramadan. Die Schule ist erfüllt vom Geruch von Braten und Reis. Dieser Geruch genügt, um mich zum Weinen zu bringen, weinen über die Freude der Kinder, die so selten Fleisch und Reis bekommen. Es gibt so viel Hunger in Somalia. Ich frage mich, ob die Kinder das zu begreifen beginnen: Manchmal gleicht ihr Gesichtsausdruck dem eines zitternden Tiers, das den Tod riecht.

Merka, 12. Februar 1997

Mein Gott, wie traurig meine Berichte sind! Ich bezweifle, ob sie in der satten Welt verstanden werden. Beim Schreiben treibt mich ständig die innere Ohnmacht und die Ausweglosigkeit dieser Situation um. Ich kann nur berichten, was ich sehe und empfinde, und ich merke: Ich will zum Nachdenken zwingen, zur Selbstprüfung, zur Überwindung der Bequemlichkeit, der Gedankenlosigkeit und der Gleichgültigkeit gegenüber dem anderen Menschen in seiner Einsamkeit. Verdammt nochmal, wir leben im Zeitalter der automatischen Rechenmaschinen und Computer und realisieren dabei nicht einmal mehr, dass ganze Völker verdursten und zwei Drittel der Menschen in Hunger und Elend elendiglich zugrunde gehen!

Mitarbeiter berichten, dass Löwenfamilien in der Umgebung von Golweyn gesehen wurden. Sie laufen in der Dürre viele hundert Kilometer weit, um Wasserlöcher zu finden. Grosse Herden wilder Tiere sind unterwegs auf der Suche nach Wasser und viele verenden.

Merka, 13. Februar 1997

Heute kam eine alte Nomadin ins Ambulatorium. Sie ist mit ihrer Familie und Kamelherde auf der Durchreise. Sie wollte eine gynäkologische Untersuchung. Ihr Name ist Boqoley, das bedeutet: hundert Somali-Schillinge. Ich fragte sie, wie sie zu diesem Namen gekommen sei. Sie erhob sich langsam vom Boden und erzählte voller Stolz: «Mein Brautpreis betrug hundert Somali-Schillinge. Das war vor vielen Jahren und bedeutet, dass ich so wertvoll bin wie hundert Kamele in Somalia. Das ist eine grosse Ehre für mich als *nag* (Frau), für meinen Mann und meine Kinder. Ich habe über dreissig Enkelkinder. Du siehst, Allah hat mich fruchtbar gemacht, ich bin von Gott gesegnet. Die ganze Familie liebt und achtet mich. Mein Mann ist nun tot. Ich habe einen anderen Nomaden kennen gelernt. Er hat bereits vier Frauen und viele Kinder. Wir lieben uns – ich will ihm auch einen Sohn schenken, aber es gelingt uns nicht. Könntest du mir helfen, dass ich nochmals schwanger werde?»
Boqoley ist ungefähr sechzig Jahre jung. Ich untersuchte sie und lud sie auf später zum Gespräch ein. Sie brachte mir frische Mangos und wilden Honig. Ich sagte ihr, dass es für uns nicht leicht sei, zu akzeptieren, dass wir alt werden. (Aber wem sage ich das?) Bevor sie weiterzog, bedankte sie sich und sagte: «*Incha' Allah!*» – So Gott will! Dann lachte sie, ihre blendend weissen Zähne blitzten auf im Abendlicht, und sie rief: «Einmal könnte Allah schon eine Ausnahme machen mit dem Altwerden, besonders bei einer Frau mit meinem Namen, Boqoley!»

Im Ambulatorium behandeln wir täglich gegen zweihundert Patientinnen und Patienten mit Malaria, Bilharzia, Filaria und anderen Wurmerkrankungen, mit Hautkrankheiten wie Ulcus-Tropical und mit Krankheiten erzeugt durch Fehl- und Mangelernährung, mit Bronchitis und Tuberkulose. Daneben gibt es viele grosse und kleine Wunden zu behandeln – und immer wieder Verbrennungen! Dazu kommen die Lepra-Kranken und, wenn ich da bin, die Schwangerschaftskontrollen, die gynäkologischen Untersuchungen und Geburten.

Das Ambulatorium *New Ways* liegt mitten im Slumgebiet von Merka, zwischen den Strohhütten, wie in einem Versteck. Das war gut so, besonders im Krieg. Nun können wir die grosse Ruine neben der Schule *New Ways* bekommen und wir haben beschlossen, diese neu aufzubauen für ein grösseres Ambulatorium. Der Platz ist ideal, besonders weil wir im Falle von Krankentransporten ins Distriktspital mit dem Jeep vors Haus fahren können. Auch gewinnen wir Platz, um besser arbeiten zu können angesichts der vielen PatientInnen. Die Ältesten der Genossenschaft beantragten den grossen Platz neben der Schule bei der jetzigen Stadtbehörde und der wurde uns daraufhin zugesichert. Das wäre vorher nie möglich gewesen, aber nun ist unsere Arbeit anerkannt und akzeptiert.
Auf der Slumseite des Städtchens sind wir die einzige medizinische Hilfsstelle. Die NRO-Gruppen waren und sind alle auf der Seite, wo die besseren Häuser sind und die wohlhabenden Leute wohnen. Es ist gut zu sehen, dass nun *New Ways* akzeptiert wird.

Ich bin froh, denn wir können das Geld gut für die Bauerngenossenschaften brauchen. Der Busch muss weiter gerodet und das Bewässerungssystem weiter ausgebaut werden. Ich bin zufrieden mit der Entwicklung unserer Arbeit und dankbar, nach der langen Zeit des Alleinseins, dass so gute Leute nach Merka gekommen sind. Dass die Genossenschaften sich auch finanziell selbst verwalten, wird natürlich nicht recht geglaubt und verstanden, aber wir gehen weiter Schritt für Schrittchen.

Merke, 20. Februar 1997

Seit Juli 1996 hat es keinen Tropfen mehr geregnet! Darum ist die Ernte ausgefallen, und viele Menschen hungern. Wir bezahlen der Bauerngenossenschaft *Ambe Banaan* wieder Löhne. Die Bauern und Bäuerinnen haben gute Arbeit geleistet letztes Jahr. Sie haben zehn Hektaren Buschland gerodet und für diese Felder das Bewässerungssystem vom Fluss her ausgebaut. Die Hälfte ihrer ersten Maisernte haben sie für die Schule *New Ways* und die Armen im Ambulatorium abgegeben.
Zum Glück haben die Bauern sofort Sesam angepflanzt, weil dies dem Boden nach dem Mais gut tut. Sesam braucht nur wenig Wasser. Die Dürre und andauernde Hitze ist so gross, dass auch der grosse Fluss Shebele nur wenig Wasser hat. Nun warten wir auf die Sesamernte. Sesamöl ist kostbar. So bekommen wir dann wieder etwas Geld für die Löhne.
Wenn die Dürre nicht wäre, könnten sich die Bauerngenossenschafter bereits selber erhalten. Im Umkreis von hundert Kilometern gibt es nur noch wenige Wasserlöcher für Menschen und Tiere. Darum grassiert auch die Cholera wieder.

Neunte Ausreise

Merka, 20. Oktober 1997

Am 9. Oktober bin ich gut in Merka angekommen.
Diesmal war die Reise besonders lang und beschwerlich. Es ist noch Regenzeit, und es gibt keine vernünftigen Strassen. Überall sind Risse im Boden und die oft breiten Löcher aus der Dürrezeit sind nun mit Wasser gefüllt; da muss man oft wieder umkehren und einen anderen Weg durch den Busch suchen.

Das Leben in Merka ist gefährlich. Es gibt Banditen, die sich in Gruppen organisieren. Sie sind mit Maschinengewehren bewaffnet. Diese oft jugendlichen Männer sind rücksichtslos, brutal und unberechenbar, orientierungslose Kriegskinder, die keine Schule besuchen konnten und nichts gelernt haben. Alle haben Hunger. Sie töten für einen Sack Hirse. Die Erfahrung von Krieg und Gewalt zerstörte ihr natürliches Empfinden, zerstörte ihre Seelen. Eigentlich haben diese Kriegskinder bisher noch gar keine Chance zum Leben gehabt. Wir müssen mit ihnen zusammen versuchen, einen Weg zu finden, wie sie in Würde und Achtung leben können.

Am Nachmittag, wenn unsere Schule *New Ways* geschlossen ist, bieten wir nun täglich von drei bis sechs Uhr einen Kurs für zwanzig bis vierundzwanzig Männer an zum Thema: *Put the gun and get the pen!* Einzige Bedingung für die Teilnahme am Kurs ist, dass die Männer ihre Waffen abgeben. Dafür lernen sie Lesen, Schreiben, Rechnen, Geographie und, was ich wichtig finde, Geschichte, denn sie sollen die Zusammenhänge in ihrer Geschichte sehen

und begreifen lernen. Ich selbst unterrichte Biologie und Gesundheitslehre: Vielleicht können sie das Leben lieben und die Umwelt achten lernen, wenn sie Kenntnisse darüber haben.
Der erste Kurs soll drei Monate dauern. Die Männer bekommen eine warme Mahlzeit, Seife und monatlich 100 000 Somali-Schillinge, das sind etwa zwölf Dollar.
Der zweite Kurs soll praktische Kenntnisse vermitteln. Sie sollen lernen, wie man Trockensteine macht für ein Haus, wie man mit einfachen Mitteln ein solides Haus bauen kann, die Abwässer sorgfältig entsorgen oder Tische zimmern kann. Wir hoffen auf die Mitarbeit von qualifizierten Handwerkern. (Das wäre zum Beispiel eine Aufgabe für UNO-Truppen!)
Einmal werde ich mit ihnen gute Brotfladen aus Hirsemehl oder Mais backen – das tut gut.
Es wird nicht leicht sein, das sind wir uns bewusst. Die Ältesten von Merka stehen aber hinter uns und helfen uns.

Dieses Programm ist nicht meine Idee.
Wir haben nun mit Halima Arush und ihrer Organisation IIDA eine starke Frauengruppe für den Frieden. Sie haben das leer stehende neue Tbc-Spital besetzt und bereits mit einem Kurs auf der anderen Seite des Städtchens begonnen, wo einige NRO-Gruppen zurückgekommen sind. Natürlich hatten wir bereits vorher Pläne und Gespräche. Und wir setzten uns seit langer Zeit in den Genossenschaften mit der Frage auseinander: «Wie könnten wir mit dem Angst und Schrecken verbreitenden Übel dieser Banden besser umgehen, damit diese Menschen wieder sozialisiert und im Volk integriert werden.» Nun wollen wir es probieren.
Ich freue mich besonders über diese Frauengruppe für den Frieden. Wir organisieren uns für das Leben und gegen den Krieg. Aber ich freue mich auch über unsere Lehrer der Schule *New Ways.* Sie haben sich mit dem Unterricht im Kurs viel zusätzliche Arbeit aufgeladen. Sie tun es mit Elan und Freude.

Ich lebe nun im Slumgebiet Hafrussia, umringt von halb zerfallenen Strohhütten, mitten im Armenviertel von Merka, aber in einem richtigen Haus, in unserem ersten Ambulatorium, das wir am 4. Oktober 1994 eröffnet haben. Ich lebe allein als Weisse in dieser Gegend. Es ist nicht immer einfach, so kann ich mich hier nur schwer zurückziehen, aber es ist eine gute Erfahrung und vor allem lehrreich.

Gestern Abend, als es bereits dunkel war, kam ein junger Bandit und rüttelte heftig an meiner Türe. Zuerst war ich erschrocken, doch er gab mir sein Maschinengewehr und sagte entschieden: «*Eber! Banankaa!*» – Schluss! Fort damit! Er setzte sich auf den Boden und begann zu erzählen. Es kam wie angestautes, übersprudelndes Wasser!
Er habe Frauen angeschossen, mehrere Männer getötet und vor drei Wochen einen Jungen tödlich verletzt. Das Erlebnis mit dem Jungen könne er nicht vergessen. «Ich wollte ihn nicht töten, es war ein Versehen!» – Er habe getötet, zum Teil aus Rache, weil seine Mutter und sein Bruder vor seinen Augen von Banditen erschossen worden sind. Ja, danach habe es begonnen. Und zum Teil wegen dem Hunger. «Meine Seele ist schon lange tot, und Hunger macht blind. Ich habe gesehen, dass der Stärkere gewinnt», meinte er. Sein Vater habe ihn manchmal halb tot geschlagen, wenn er als Kind weinte, weil nichts zu essen da war. Er wolle ein anderes Leben beginnen, sei aber noch krank im Kopf und Herzen. «Vielleicht könnt ihr mir helfen, ein gesunder Mensch zu werden.»
Ja, Weihnachten kann man auch mitten im Herbst erleben!

Heute operierten Dr. Omar Dhere und ich eine vierzehnjährige Frau. Sie war Schülerin an einer guten Schule in Mogadischu gewesen. Ihre Mutter heiratete während des Krieges und brachte ihre älteste Tochter Foussyia mit in die Ehe: Dann bekam sie vier weitere Kinder. Bald danach wurde sie von ihrem Mann verlassen:

Sie lebt also nun seit Jahren allein und arbeitslos mit den fünf Kindern. Wegen Armut und Hunger suchte die Mutter einen Mann für die vierzehnjährige Tochter. Foussyia ist nun mit einem zweiundsechzigjährigen Mann verheiratet. «Wie konntest du das tun», fragte ich die Mutter. Resigniert, traurig meinte sie: «Nun habe ich wenigstens ein Maul weniger zu füttern.»

Merka, 8. November 1997

Wir arbeiten am Kurs *Put the gun and get the pen!*, und wir kommen voran. Allerdings tun wir uns manchmal auch schwer mit den verwahrlosten Männern. Ich leide unter Aggressionen und Gefühlen wie Hass: Einer der Männer hat letztes Jahr Ismayl, eine Schülerin des Pflegerinnenkurses, mit dem Messer angefallen und ihr schwere Schnittwunden am Hals, im Gesicht und an der Brust zugefügt. Ismayl war im Hospital, ich spendete Blut und half Dr. Omar beim Nähen der Wunden. Die junge Frau war brutal vergewaltigt worden und hatte viel Blut verloren. Als sie zu mir kam, ging sie an der Schule vorbei und erkannte dort ihren Peiniger. Ali Hamdy ist ein Kursteilnehmer. Er hat seine Waffen abgegeben und gibt sich Mühe im Kurs. Ich habe ihn natürlich sofort gestellt. Er ist geständig. Er sagt, dass er für die Familie von Ismayl arbeiten wolle, weil der Vater dieser Familie auch erschossen wurde von Banditen. Ich bin ihm gegenüber nicht frei von Hassgefühlen. Ich kann dem Mann nicht vertrauen.
Gewaltlosigkeit üben ist keine Kunst im Wohlstandsland, wo man alles hat. Da ist es leicht, vom Frieden und von der Liebe zu reden! Aber Frieden finden in der eigenen Seele in solchen Situationen ist nicht leicht. Theorie und Praxis sind manchmal weit voneinander entfernt. Momentan bin ich eine schlechte Pazifistin. Ich kann mich schwer zurechtfinden mit meinen Gefühlen. Beim Unter-

richten denke ich manchmal: Ich könnte diesem Schurken, diesem Frauenschänder glatt eine runterhauen, mitten ins Gesicht!

Es ist Abend: Ich sitze am Meer, da wo die Sonnenstrahlen sich im Wasser spiegeln, wo die Lichtbündel auf den Wellen tanzen. Ich suche Distanz in der Weite von all dem Elend, aber ich bin ja da, wo der Wind und das Wasser die fernsten Länder und alle Grenzen miteinander verbinden.

Merka, 14. November 1997

Ein gewaltiger Monsunregen verwüstet gegenwärtig das Land südlich von Mogadischu. Der grösste Fluss Shebele ist über die Ufer getreten und hat ganze Strohhüttendörfer mitgerissen. Viele Menschen sind ertrunken. Der Regen ist so heftig, dass in Minuten kleine Rinnsale zu reissenden Strömen werden. Eine Katastrophe ähnlich wie im Oktober 1994! BBC hat über Funk den Notstand ausgerufen und andere Länder um Hilfe gebeten. Die ganze Ernte ist vernichtet. Wieder eine Hungersnot.
BBC warnt zudem die Bevölkerung täglich vor der Gefahr der Krokodile, die nun im überschwemmten Busch die Menschen angreifen: Kinder wurden getötet und es gab schwer verletzte Menschen mit abgetrennten Gliedern. Dazu ist die Landschaft verseucht von fliehenden Schlangen. Kobras, Klapperschlangen und Boas flüchten aus ihren überfluteten Gängen zu den höher gelegenen trockenen Stellen, wo sich auch die Menschen ansammeln. Viele Menschen werden verletzt durch Schlangenbisse.

Gestern Abend diagnostizierten wir bei einer Frau Typhus. Sie lebt hier im Armenviertel. Es ist eine der Flüchtlingsfrauen, allein stehend mit sieben Kindern. Die Mitarbeiterinnen und Mitarbeiter der Genossenschaft beteten die ganze Nacht. Es war erschütternd zu hören, wie die Gruppen junger Frauen und Männer, zusammen singend und immer wieder den Rhythmus wechselnd, mit den begleitenden Trommelklängen Gott um Hilfe anflehten: «Du wirst ihr neues Leben schenken, Allah, wir bitten Dich, wir preisen Dich, wir loben Dich. *Allahu akbar!*» – Allah ist gross.

Wir sind traurig, weil wir für unsere Bauernfamilien in Ambe Banaan nichts tun können. Wir wissen nicht, wie sie überleben. Das tut weh. Der Weg mit dem Jeep ist zu gefährlich. Das Buschgebiet ist unter Wasser. Man kann die Löcher und Risse des durch die Hitze ausgetrockneten Bodens nicht abschätzen.

In Somalia wird mir täglich bewusst, wie sehr ich mit dem Risiko meines Lebens arbeite. Ich lerne, mit diesem Bangen zu leben. Ein Gefühl der Ungewissheit, das mich ständig und überallhin begleitet. Das ist nicht immer leicht, aber doch auch verbindend. Ich spüre das Blut in meinem Körper pulsieren und empfinde diesen Strom meines Lebens als kostbar, warm und gut in mir.
Ich denke, diese Not bringt mich dem Leben näher und so auch immer wieder der Zuversicht.

Merka, 18. November 1997

Die Katastrophe nach dem heftigen Monsunregen ist nicht zu beschreiben. Ich war heute auf der Düne. Soweit man das Buschgebiet überblicken kann, ist das ganze Land unter Wasser. Obenauf schwimmen Leichen und Kadaver von Kamelen, Kühen, Ziegen und Hyänen. Ich sah eine Frau im Wasser treiben, den Säugling auf dem Rücken. Ein alter Mann hatte sich im Gebüsch verfangen, hing im Wasser, tot. Im Busch gibt es keine Kanus. Die Leute zu bergen, ist gefährlich wegen der Krokodile und der Schlangen. Verzweifelte waten brusttief im Wasser. Plötzlich gehen sie unter oder sterben an Erschöpfung und Hunger. Ein Bild des Grauens.

Merka, 19. November 1997

Auch hier in Merka hat es die ganze letzte Nacht wieder heftig geregnet.
Wir haben Arbeitsgruppen organisiert, die abwechselnd zwischen den Strohhütten Gräben schaufeln, damit das Wasser abfliessen kann. Viele Hütten hier im Armenviertel sind eingestürzt. Manche waren nur notdürftig mit Plastiksäcken oder alten Lumpen bedeckt. Wir stellen die Arbeitsgruppen zum Gräbenschaufeln abwechslungsweise an, damit möglichst viele in den Genuss eines Taglohns kommen. Die Arbeiter auszuwechseln ist auch darum gut, weil viele von ihnen unterernährt sind. Der nasse Sand ist schwer, darum geben wir auch warme Zwischenmahlzeiten ab.
Heute Nacht überfiel mich plötzlich eine lähmende Angst. Es regnete wie aus Kübeln. Bei mir versammelten sich immer mehr obdachlose Menschen. Die Situation war hoffnungslos und gespenstisch. Ich befürchtete, dass wir alle zusammen ins Meer geschwemmt würden.

Nach Aids ist Malaria die zweitgrösste Gefahr für die Menschheit. Es gibt viele Menschen hier, die resistent sind gegen die verschiedenen Malaria-Medikamente. Viele leiden an Hirnhautentzündung. Jede Woche sterben Leute bei uns im Ambulatorium oder im benachbarten Armenviertel. Schwerkranke behandeln wir nun sofort mit Chinin in Glucose-Infusionen, noch bevor wir das Laborresultat des Bluttestes haben.

Merka, 30. November 1997

Der Bericht kommt verspätet.
Nun kann ich ihn auch schreiben, denn die Geschichte hat ein gutes Ende genommen:
Am 15. November, kurz vor sechs Uhr morgens, überfielen drei Banditen unser neues Ambulatorium. Mit Maschinengewehren bedrohten sie unseren unbewaffneten Wächter Mahamed und warfen ihn hinaus. Sie verbarrikadierten das ganze Gebäude für drei Tage und drei Nächte. Die Patienten flohen. Einige wurden weggetragen. – Um sieben Uhr verlangte ich Einlass: «Lasst mich hinein! Zeigt mir, dass ihr keine Angst habt vor mir, einer Frau!» Nach einiger Zeit öffnete sich die Türe einen Spalt breit. Zuerst blickte ich in die Mündung eines Gewehrs, dann kam ein knochiges Gesicht zum Vorschein. Ich schätzte, der Mann war nicht älter als zwanzig oder zweiundzwanzig Jahre. Die Wut verdrängte meine Angst. Dann zogen mich die Männer rasch herein und drängten mich in eine Ecke. Ich setzte mich auf den Boden und beschloss, erst einmal abzuwarten und zu schweigen.
Die drei Männer warteten.
Ich betrachtete einen nach dem anderen und dachte: Wir wollen sehen, wer den längeren Atem hat. Ich konnte beobachten, wie ihre Unsicherheit zunahm. Sie wussten nicht mehr, wohin mit ihren Gewehren in ihren Händen. Schliesslich meinte einer: «Du bist doch gekommen, um mit uns zu verhandeln?» – «Ich verhandle nicht mit euch Männern. – Wie lange ist es denn her, seit eure Mutter warme Hirsefladen für euch zubereitet hat?» – Da sah ich für einen kurzen Augenblick Hoffnung aufleuchten im Gesicht eines der Männer. Ich stand auf und verliess ungehindert das Haus. Hinter mir wurde die Türe wieder verriegelt.
Dann begannen wir, die Leute in meinem Raum im alten Ambulatorium zu behandeln.

Am nächsten Tag erhielt ich einen Zettel mit der Drohung: «Wir wollen Arbeit, wir zwingen dich, du musst auch uns Arbeit geben, sonst sprengen wir die Bude in die Luft!»
Ich überlegte drei Nächte lang. Wut und Aggressionen hinderten mich am vernünftigen Denken. Soll ich diese Schurken etwa noch prämieren für ihr Tun? Sie verhindern unsere Arbeit, zerstören Therapien, wie zum Beispiel solche mit Antibiotika, die von den Kranken rechtzeitig einzunehmen sind. Ich will nichts zu tun haben mit diesen kriminellen Gaunern, dachte ich.
Aber eigenartig, ich erinnerte mich immer wieder an die Hoffnung, die im Gesicht des einen, Yassim, gestanden hatte, zwar nur für einen Augenblick. Aber ich wusste, dass ein Augenblick viel ist im Leben eines Menschen, der noch keine Chance hatte.
Und dann kam mir plötzlich die konkrete Frage: Wann und wo beginnt die soziale Verteidigung, wenn nicht heute, jetzt, hier im Armenviertel? Ich dachte an die Ungerechtigkeit, die Ursache von Kriegen, und daran, dass ich selbst in derselben Situation wahrscheinlich auch eine Kriminelle, sicher eine Diebin oder Prostituierte geworden wäre.
Darauf stellten wir zwei der Männer ein für eine Probezeit von drei Monaten; der dritte Mann war plötzlich verschwunden. Am Abend nahmen wir sie in unseren Arbeitskreis auf. Die GenossenschafterInnen waren alle einverstanden. Omar und Yassim gaben bereitwillig ihre Gewehre ab. Sie arbeiten morgens bei uns im Ambulatorium oder helfen, *mudul*-Häuser wieder aufzubauen oder Schutt von der Regenkatastrophe aufzuräumen. Am Nachmittag besuchen sie den Kurs *Put the gun and get the pen!*.

N.B.:
Die Zahl der – meist jugendlichen – Banditen, die ihre Gewehre abgegeben haben und den Umschulungskurs besuchen, ist inzwischen auf hundertzweiundfünfzig gestiegen.

Zehnte Ausreise

Merka, 21. März 1998

Am 8. März, am Sonntagmorgen, kam ich in Nairobi an.
Beim neuen Schweizer Botschafter in Nairobi wollte ich fragen, ob er mir zu einem Flug nach Somalia verhelfen könne. Die verschiedenen Weltorganisationen wie WHO, UNESCO und UNICEF haben ja eigene Flugzeuge und fliegen nun, nach jahrelanger Pause wegen dem Krieg, wieder nach Somalia. ECHO zum Beispiel, die Organisation der EU, fliegt nun jede Woche zweimal auf eine neue Piste ganz nah bei Merka am Meer. Sie transportieren die Leute von COSV Rom sowie Medikamente und Material für diese. Da wir, die Genossenschafter *New Ways*, keine anerkannten NRO sind, kann ich nicht mitfliegen. Ich hoffte auf die Hilfe des Botschafters, er hatte aber keine Zeit für mich.

Mir wurde bange: Das mir anvertraute Geld im Rucksack – die Löhne für das ganze Jahr! Trotzig bestellte ich dann doch aufs Geratewohl ein Taxi auf den nächsten Morgen früh um vier Uhr. Die Nacht verbrachte ich schlaflos. Alle Zweifel der Welt überfielen mich: Was hatte mich nur dazu getrieben, mein Herz an Afrika zu hängen? Der alte Erdteil kommt doch zurecht ohne mich und ohne Einmischung von NGO …
Am frühen Morgen entdeckte ich einen Zettel am Boden. Pater Peter Meienberg, der Bruder des verstorbenen Niklaus Meienberg, hatte ihn mir unter der Türe durchgeschoben. Darauf stand geschrieben: «Tausend Engel Gottes werden dich begleiten, Verena, wenn du morgen früh in den Busch von Somalia fliegst!» Tief berührt – und beschämt darüber, wie jämmerlich kleingläubig ich

bin –, fühlte ich mich beim Lesen dieser Worte vor Freude für einen Augenblick in eine Welt ohne Schwere versetzt, weg vom Herrschaftsbereich der organisierenden und regulierenden Mächte. Da hatte ich wieder einmal das Empfinden, wie einst, als ich abends über blühende Wiesen und Felder lief, dass der Tag eine Zeitspanne ohne tiefere Bedeutung sei, dass eigentlich erst mit der Dämmerung, dem Aufleuchten des ersten Sterns, die Dinge zu dem werden, was sie sind.

Müde, aber zuversichtlich, fuhr ich im Taxi in die Nacht hinaus. Ich hoffte, dass mich irgendein Lastwagenfahrer mit dem Qat-Transport im Busch weiter mitnehme, wenn auch nur in die Nähe von Merka, nach Bhuufow oder Shalaamboot, wo man mich kennt.

So war es dann auch, Gott sei Dank.

Auf der Landepiste des Qat-Fliegers im Busch traf ich Abdullahy, einen Lastwagenfahrer, der mit einem Qat-Drogentransport nach Jennaale fahren sollte. Ich kenne Abdullahy seit langem. Wenn er an Malaria oder Bilharziose leidet, kommt er zu uns ins Ambulatorium. Er hat mich dann zuerst die weite Strecke durch den Busch nach Merka gefahren, bevor er zurück nach Jennaale fuhr. Das werde ich ihm nie vergessen! Natürlich hatte er einige Männer vom Busch auf dem Lastwagen, die mitfuhren – aber über die Löhne in meinem Rucksack wusste natürlich keiner Bescheid. So bin ich, eingeklemmt zwischen den prall gefüllten Drogensäcken, trotz allem Bangen schlussendlich gut angekommen in Merka. Wirklich – manchmal habe ich mehr Glück als Verstand.

Merka, 17. April 1998

Am Sonntag, den 22. März, ist Osman Tako verschwunden.
Als ich um sieben Uhr morgens ins Ambulatorium kam, merkten wir bald, dass Osman nicht da war. Sein Freund, unser Lehrer Ahmed, erzählte mir, dass er ihn am Morgen um vier Uhr noch beim Gebet in der Moschee gesehen hatte. Ahmed ist sein bester Freund. Er war sehr in Sorge um Osman. Er sagte: «Es muss ihm etwas zugestossen sein, er erzählte mir immer alles und vertraute mir.»
Zuerst war ich wie gelähmt.
Osman ist der erste Mitbegründer des Ambulatoriums *New Ways* im Slum. Zudem half er mir als Übersetzer bei den Stundenplänen, der Organisation und den Lektionen in den ersten Intensivkursen in Gesundheitslehre. Wir räumten zusammen den ersten Schutt aus der Ruine der späteren Klassenräume aus. Zusammen heckten wir die Pläne und Ideen für die Genossenschaften aus. Wir träumten inmitten der tobenden Artilleriegefechte von Genossenschaften wie von Oasen, die sich ausbreiten – weltweit – und Freude, Brot und Wasser für alle Menschen ermöglichen. Ich erinnere mich: Als ich ihm sagte, dass wir nicht medizinische Hilfe anbieten können, ohne gleichzeitig Arbeitsplätze zu schaffen – denn Arbeit, Brot und Ausbildung würden zusammengehören! –, als er das hörte, sprang er auf, schnippte mit den Händen, tanzte und sang dazu: «*Iskaashato ma kufto!*» – Es lebe die Genossenschaft! Er lachte, und seine Zähne blitzten weiss auf im Abendlicht. Unsere Begeisterung war eine Quelle der Kraft inmitten der Misere damals mit den Verwundeten, der Armut und dem Hunger. Ich denke daran, wie wir uns an den Händen hielten, wenn die Mauern teilweise einstürzten, wenn die Kanonen über unsere Köpfe hinwegdonnerten. Ich erinnere mich, wie wir nachts in der Dunkelheit über die Barrikaden der Sandsäcke schlichen, um nach Hafrussia, dem Slumviertel, zu kommen, wie wir uns warn-

ten und uns gegenseitig ermutigten. Und wie wir trotz allem Elend laut lachten, als wir den Platz gefunden hatten, wo unser erstes Haus, das Ambulatorium *New Ways*, stehen sollte.

Es war Osman Tako, der unseren Genossenschaften den Namen *New Ways* gab. Er bestellte jeweils am Abend vor dem Tag der Eröffnung den Maler. Die Schule und beide Ambulatorien wurden in bunten Farben beschriftet. Jedes Mal staunte ich wieder neu über die Überraschung.
Und als ich mit dem Vorschlag kam, einen Friedenskurs zu organisieren, rief er spontan: «*Put the gun and get the pen!* Das ist der neue Weg weltweit für uns alle!»

Liebe Freundinnen und Freunde, ihr könnt sicher verstehen, dass ich bis heute nicht in der Lage war, über das Verschwinden von Osman zu berichten – oder etwas anderes zu schreiben. Und dabei ist so viel passiert, seit ich hier bin. Wir arbeiten oft lange und pausenlos.

Dazu kommt die Geschichte mit den Kidnappern: Am Ostersonntagmorgen, 12. April, kamen zwei Autos mit bewaffneten Männern nach Merka. Sie fragten nach meinem Namen und suchten mich im Armenviertel. Aber die Leute vom Slum hatten Lunte gerochen. Sie wiesen die Männer weit weg, auf die andere Seite des Städtchens. Ich sei dort bei einer schweren Geburt, sagten sie. So konnte ich rechtzeitig weg.
Diesen Ostersonntag werde ich nicht vergessen. Ich eilte in der grössten Mittagshitze mit ein paar Sachen und meinem Hebammenkoffer durch die hintersten, versteckten Gässchen und auf Schleichwegen des Slumgebietes. Im Städtchen kam mir dann ein Wagen der COSV Milano entgegen und nahm mich auf. Später brachten mir die Genossenschafter die Ostergrüsse von euch, die per Fax gekommen waren. Wirklich, ich erlebte die Freude in mir

wie einen Lichtstrahl in der Dunkelheit: Es war Ostern, Auferstehung in meinem Herzen. Danke!
Am Abend berichteten dann die MitarbeiterInnen, dass die beiden Wagen wieder nach Mogadischu abgefahren seien. Zwei Tage später wurden neun Mitarbeiter des Internationalen Roten Kreuzes IKRK von demselben Klan gekidnappt und festgehalten.

Merka, 1. Mai 1998

Ich kann nicht schlafen, die Hitze ist unerträglich und soeben hat mich wieder ein frecher Pavian beim Einschlafen erschreckt. So nutze ich die Zeit, um euch zu berichten.
Nun weiss ich Bescheid über Osmans Verschwinden.
Osman ist geflohen, weil er von seinem Klan und seinen Brüdern erpresst wurde. Er musste Geld aus der Schulkasse entwenden für den Kauf eines grossen Benzintanks. Die Leute waren eifersüchtig auf seine Stellung in der Genossenschaft. Sie erpressten ihn, um auch Geld für Benzin zu bekommen, und machten *business.*

Ich weiss nicht, ob und wie Osman das verkraften kann. Ich habe ihn seit meiner Rückkehr ja nur kurze Zeit gesehen. Als ich zurückkam, war er verändert und abgemagert. Ich fragte ihn, was los sei, ob er an einer Depression leide. Er schien mir irgendwie verändert, und ich schenkte dem zu wenig Beachtung. Eigentlich hätte ich etwas ahnen müssen. Osman konnte mir nicht in die Augen schauen. Er ging mir aus dem Weg. Ich war nicht wach und aufmerksam genug, um dies neben der Arbeit wahrzunehmen. Erst als wir dann die Bücher kontrollierten, wurde mir klar, was geschehen war: Es fehlt der Betrag von 3680 US-Dollar in der Schulkasse. Ein Verwandter von Osman rief mich an und bat mich für Osman um Vergebung.

Natürlich kann ich Osmans Verhalten nicht billigen, aber ich frage mich: Was gibt es denn da zu verzeihen, in einem Land, wo jeder Mensch doch auch das Recht auf Arbeit und ein sicheres Leben hat?

Es ist bald Mitternacht – immer noch der 1. Mai 1998!

Merka, 7. Mai 1998

Trotz allen Schwierigkeiten sind wir nun zu einer beständigen Genossenschaft herangewachsen. Nach bald sechs Jahren wöchentlicher Arbeitsbesprechung kennt jeder seine Aufgabe und Verantwortung. In Merka sind es fünfundvierzig permanente Löhne, die wir bezahlen. Dazu kommen die Taglöhner und MitarbeiterInnen der Gesundheitskurse sowie die Farmerfamilien in Ambe Banaan. Für die Fundamentalisten und einige NRO sind wir zwar immer noch die Kommunisten. Das stört uns aber nicht. Wir sind auf dem Weg der Utopie für eine Welt des Friedens und der Gerechtigkeit – dazu gehören selbstverständlich auch die Menschen, die uns nicht verstehen.
Es ist selten, aber es kommt vor, dass wir im Armenviertel Hafrussia Besuch bekommen. Durchreisende NRO-Gruppen hören im Städtchen von unserer Arbeit, interessieren sich und staunen über unser Zusammenwirken. Gestern kamen zwei Frauen und ein Mann von UNOSOM. Sie sagten, unsere Genossenschaft bedeute eine Oase in der trockenen Wüste. Ich freue mich über diesen Vergleich, ja, ich staune oft selber und bin stolz auf unsere Mitgenossinnen und Mitgenossen und darauf, mit welchem Einsatz und Elan sie für unsere Sache einstehen.

Das Verschwinden von Osman Tako aber belastet mich sehr. Ich frage mich, ob ich der Situation noch gewachsen bin. Es ist nicht das fehlende Geld, das mich belastet. Nein, die Situation von Osman macht mir Sorgen. Ich habe Mühe mit der Tatsache, dass ich Osman nicht die Beachtung geschenkt habe, die er wirklich verdient hätte. Ich habe ihn überfordert und denke: So sehr habe ich einen meiner engsten Mitarbeiter allein gelassen!
Also, wirklich, ich werde alt und verliere manchmal den Überblick. Es ist an der Zeit, dass ich mich nach einer Ablösung umsehe, und dabei hoffe ich auf eure Mithilfe für unsere Somali-Genossenschaften!

Merka, 11. Juni 1998

Heute war ein trauriger Tag.
Ich wurde in eine Strohhütte geholt, um einer Nomadin bei ihrer vierzehnten Geburt beizustehen. Die Situation war hoffnungslos. Kurz nachdem ich kam, ist die sechsunddreissigjährige Mutter an einer Gebärmutterruptur verblutet. Allein mit den verwaisten Kindern, wusch ich die Frau und salbte sie mit wohlriechendem Kräuteröl ein. Dann nähten wir sie in das schneeweisse Leinentuch ein, das ich für die Geburt mitgebracht hatte. Männer kamen und trugen die Mutter weg, singend, den Hügel hinauf zur Grabstätte. Die grösseren Kinder begleiteten ihre Mutter mit der Trauergemeinde des kleinen Dorfes Pambelma. Ich blieb zurück mit den Kleinen und begann ratlos den mitgebrachten Reis und die Bohnen zu kochen. Ich hatte Mühe, das Feuer anzufachen, meine Hände zitterten heftig, aber ich musste etwas tun, um mich in meiner Hilflosigkeit wieder zurechtzufinden. Am besten ist es, wir essen etwas miteinander, wenn die Kinder heimkommen, dachte ich. Es war still, sogar die Kleinen waren alle verstummt. Nur der

Wind spielte die Melodie der Vergänglichkeit mit dem leise singenden Sand der Dünen.

Es verging eine ganze Weile, bis ich wieder imstande war, mich selber zu spüren – und dann kam mir der Gedanke an die Frauen zu Hilfe, die mit mir unterwegs sind: Simone Weil und ihre Glut für die Armen, Rosa Luxemburg und ihre Sehnsucht nach Gerechtigkeit, Clara Ragaz in ihrer Klarheit, Laure Wyss und ihre Solidarität für straffällig gewordene Menschen, die kompromisslose Theologie der Befreiung von Marga Bührig und Leni Altwegg, der wegweisende Scharfsinn der Theologin Dorothee Sölle, wenn es um soziale Gerechtigkeit geht.

Nachdem wir zusammen gegessen hatten, kam Maimona, die jüngere Schwester der Verstorbenen, und übernahm den Haushalt. Sheriffo holte mich ab, und so sind wir, begleitet vom Licht des Vollmonds, spät, aber wohlbehalten heimgekommen.

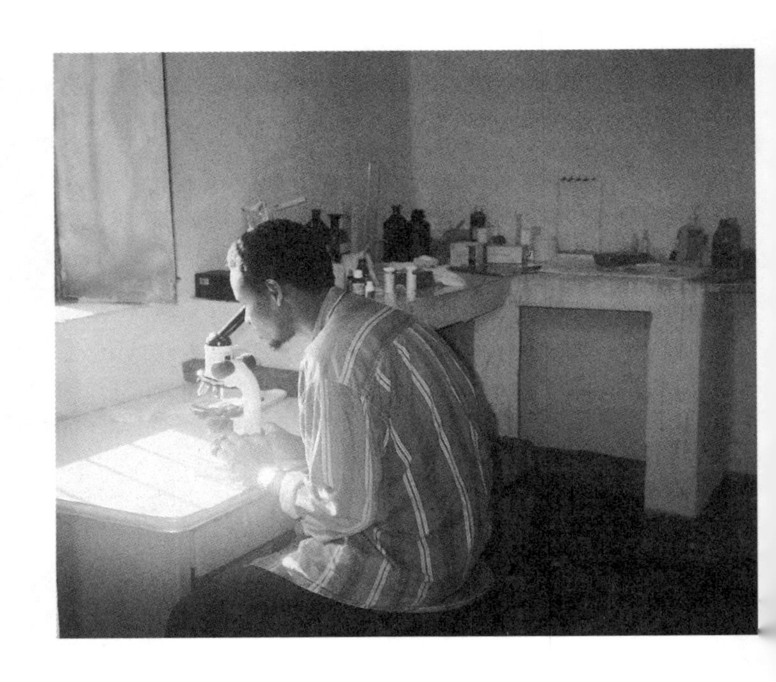

Elfte Ausreise

Nairobi, 25. Oktober 1998

Ich bin gut angekommen in Nairobi. Es gibt auffallend wenig Touristen, Strassen und Plätze sind leer. Die Leute klagen über fehlende Möglichkeiten für Gelegenheitsjobs und Arbeit: Die vergangenen Unruhen in Kenia und der Anschlag auf die amerikanische Botschaft haben Auswirkungen.

Heute Morgen am Flughafen stritten die Taxifahrer um mein Gepäck. Jeder wollte die Chance haben, etwas zu verdienen. Ein älterer Mann bemühte sich um meine Bagage. Er wurde darauf von ein paar anderen Fahrern zusammengeschlagen. Sie attackierten ihn mit Faustschlägen und Fusstritten. Heftig blutend an Kopf, Mund und Nase lag er am Strassenrand. Zwei Polizisten näherten sich, die Schläger wichen zurück. Ein Vertreter des Gesetzes sagte zu mir: «Sie müssen sich für einen Taxifahrer entscheiden, Lady! Welchen wollen Sie?» Die Frage fuhr mir in die Knochen. Beschämt dachte ich: Geht es da um eine Ware oder um Menschen? Ich half dem alten Mann auf die Beine und meinte: «Du blutest ja für deine Existenz, bitte fahre mich nach Nairobi.» Beim Einsteigen ins verlotterte Vehikel verfolgten mich die Rufe der Schläger: «Sorry, Madame, wir bluten alle auch für unsere Existenz!» Schmerzlich wurde mir bewusst: Ich bin zurück in Afrika.

Merka, 16. Dezember 1998

Schon bin ich wieder seit fast zwei Monaten an der Arbeit hier in Somalia. Ich dachte: Diesmal komme ich in die Regenzeit! Aber alles ist ausgetrocknet und dürr. Es gab nur einmal einen kurzen Schauer. Unsere Schulkinder gehen jeden Morgen gemeinsam den Hügel hinan mit ihren Gebetstafeln über dem Kopf. Sie singen und bitten Gott im Rhythmus der Trommeln um Regen. Wenn ich die hundertfünfundzwanzig Kinder erlebe, wie sie miteinander unterwegs sind und wie intensiv sie Allah um Wasser anflehen, so berührt mich das jedes Mal tief.
Die Kinder in Afrika sind unsern Kindern in Europa in Bezug auf Reife weit voraus. Sie kennen den Hunger. Sie wissen, was Wasser bedeutet. Immer wieder staune ich über die Sorgfalt, mit der sie mit Wasser umgehen.

Wir haben dieses Jahr im März zum ersten Mal Maisbrötchen gebacken. Ich konnte in Mogadischu Trockenhefe organisieren. Ich wünschte, ihr könntet miterleben, wie still es wird, wenn wir Brot verteilen, und wie die Kinder bewusst und langsam ihr Brot geniessen. Die Freude und das Licht in den Augen der Kinder – mein Gott, das bedeutet doch Weihnachten! Als wir zum ersten Mal Brot austeilten, kamen mir die Tränen. Es war zwar im März, aber man kann ja Weihnachten auch mitten im Sommer erleben.

Merka, 17. Dezember 1998

Heute war ein Tag der Freude.
Am Morgen kamen vier Ärzte auf Besuch, sie «wagten» sich ins Slumgebiet, wie sie sagten. Die Männer freuten sich über unsere Schule. Sie staunten über die Englischkenntnisse unserer Kinder.

Als sie dann im Ambulatorium unsere Labortests und die verschiedenen Befunde beurteilten, rief der Chirurg Marco spontan begeistert: «Das ist ja kein Ambulatorium, sondern das ist ein professionell geführtes kleines Spital. Gut organisiert und durchdacht.» Wir alle waren sehr stolz, und das hat uns gut getan nach der Arbeit bei dieser Hitze. Wir behandelten heute hundertsieben Patientinnen und Patienten. Im Distriktspital Merka ist die medizinische Klinik seit zwei Monaten wieder geschlossen.

Am Nachmittag hatten wir eine Krisensitzung. Die Cholera breitet sich aus. Im Süden von Mogadischu sind heute zweiundzwanzig neue Fälle von Cholera-Kranken registriert worden. Wir diskutierten die Therapie und bestellten genügend Tetracylin und Infusionen sowie Chlorin. Die Erfahrung hat gezeigt, dass die Cholera jedes Mal, nachdem sie in Mogadischu ausgebrochen war, eine Woche später auch hier im Armenviertel grassierte. Daher organisierten wir ein Isolationszentrum und teilten uns in Gruppen ein für den Notfall. Wir beten und hoffen, dass wir das alles nicht brauchen. Es ist aber wichtig, dass wir rechtzeitig vorbereitet sind. Bei einer Epidemie bleibt keine Zeit zum Organisieren: Da muss man handeln können.

Heute war wieder ein langer Tag. Am Abend half ich noch bei einer Geburt. Die unterernährte Mutter hatte Wehenschwächen. Nachdem ich ihr eine Ampulle Syntocinon gespritzt hatte, verlief die Geburt dann doch noch gut. Das Kind wiegt nur ein Kilo vierhundert Gramm – es hat keine Lebenskraft. Ich denke, es wird sterben. Hier gibt es keine speziellen Einrichtungen und keine Möglichkeiten für unterentwickelte Babys wie in den Spitälern Europas.
Jeder Tag bringt neue Probleme. Viele sind nicht lösbar: Damit müssen wir zurechtkommen im Leben hier im Land der Armut.

Merka, 18. Dezember 1998

Ich habe ganz vergessen, euch zu berichten, dass «Neue Wege» für Merka eine Brücke finanziert hat.
Es ist ein kleiner Viadukt über eine tiefe Schlucht. Ich denke, es gehört zur Friedensarbeit, dass wir Brücken bauen, damit sich die Menschen begegnen können.
Heute Morgen wurde die Brücke *New Way* eröffnet. Hunderte von Menschen kamen zu diesem Ereignis. Viele standen auf der anderen Seite der Brücke und warteten. Als ich das Band durchschnitt, jubelten sie mir entgegen. Von überall her ertönten die Buschtrommeln. In der Tiefe und über uns trommelten die Gruppen abwechselnd. Es war ein einmaliges Konzert – wie eine Fuge von Bach –, also wirklich, sie spielten im Rhythmus mit dem Echo aus der Schlucht! Am Schluss vereinigten sie sich in einem Trommelwirbel zum Finale. Man muss das erleben, ich kann es nicht beschreiben. Ich denke, die Freude ist bei den Afrikanern und Afrikanerinnen ein Lebenselement, wie der Saft in der Pflanze oder die Wärme im Blut. Eine gesunde Kraft!

Zürich, im August 1999

Ich bin seit Februar 1999 zurück von Somalia. Leider konnte ich bis heute nicht wieder ausreisen. Das Horn von Afrika befindet sich im Sog des eritreisch-äthiopischen Krieges. Davon ist natürlich auch Somalia betroffen, ist es doch noch immer ein Land ohne Regierung und Gesetze. Verschiedene bewaffnete äthiopische Soldatengruppen durchstreiften das Land im Süden und warben um die jungen arbeitslosen Somalier. Dabei plünderten sie und zündeten ganze Strohhüttendörfer an. Auch in Merka gibt es seitdem vermehrt Raubüberfälle. Die Bevölkerung ist verun

sichert, ein Land ohne Regierung ist eben vielen zusätzlichen Gefahren ausgesetzt – von aussen oder von innen.
Nach neuesten Informationen ist der Krieg zwischen Eritrea und Äthiopien nun wieder beendet. Es gibt zwar nach wie vor Banditen, aber eine Einreise nach Somalia ist für mich jetzt wieder möglich.
Ich werde voraussichtlich am 11. September wieder abreisen.

Zwölfte Ausreise

Merka, 22. Oktober 1999

Ich bin gut angekommen in Merka und wurde mit grosser Freude erwartet. Ich bin stolz auf das Engagement und die Arbeit unserer Mitarbeiterinnen und Mitarbeiter der Genossenschaft *New Ways*. Mit Wort und Tat setzen sie sich ein gegen die Armut, für unsere Hoffnung: «Frieden, Brot, Wasser und Freude für alle Menschen.» Sie führten sorgfältig Buch über alle Ausgaben und verbrauchten keinen Dollar unnütz. Weil der Wechselkurs seit Monaten hoch ist, konnten sie Geld sparen. Mit diesem Geld können wir einen Teil unserer drei neuen Projekte bezahlen.

Erstes Projekt:
Das italienische Hilfswerk COSV hat das Distriktspital Merka seit Februar wieder verlassen. Unsere Genossenschaftsmitglieder bezahlten nun je zwei Prozent ihres Lohnes monatlich für das Pflegepersonal des Distriktspitals. So konnte sich die Klinik einigermassen über Wasser halten und geöffnet bleiben, bis ich kam. Nun haben wir von der Genossenschaft *New Ways* die Kosten des Spitals wieder übernommen. Wir runden die Löhne auf und bezahlen die Medikamente. Auch wir vom Ambulatorium im Slumgebiet sind ja auf das Spital angewiesen, sei dies bei Operationen oder bei der Behandlung schwerer Erkrankungen. Der Chirurg Dr. Omar Dhere ist ein Mitglied unserer Genossenschaft. Er freut sich besonders, und die Bevölkerung jubelt.

Zweites Projekt:
Mit dem gesparten Geld können wir für zwei Monate hundertfünfzig Arbeitsplätze schaffen. Es handelt sich um ein Gesundheitsprogramm als Prävention gegen Cholera-Epidemien, die immer in den Hitzeperioden auftreten. Die hundertfünfzig Strassenarbeiter sind Tagelöhner. Sie säubern die Bezirke der Altstadt und deren Umgebung, bessern die Abwasserlöcher aus und reinigen die Wege vom Unrat. Die Arbeiter werden alle fünf Tage ausgewechselt, damit möglichst viele Familien in den Genuss eines Lohnes kommen.

Drittes Projekt:
Dank dem grosszügigen Beitrag der Berti Wicke-Stiftung, die jedes Jahr die Kosten unserer Waisenschule übernimmt und auch die Lehrerinnen und Lehrer sowie das Personal bezahlt, können wir nochmals eine dringend notwendige Brücke bauen. Diesmal ist es kein Wiederaufbau, sondern eine ganz neue Brücke über eine tiefe Schlucht, die das Städtchen in zwei Teile trennt. Durch die neue Brücke können die Menschen Wasser und Lebensmittel besser transportieren, und eine Brücke verbindet ja auch Menschen und schafft Beziehungen.

Dank all euren Spenden können wir nun wieder Arbeitsplätze schaffen und tatkräftig mithelfen am Aufbau der politischen Gemeinde in Merka und Umgebung. Die Situation hat sich nicht verändert in Somalia. Die Armut ist unbeschreiblich gross. Wegen kriegerischen Unruhen und Überfällen von organisierten Banditengruppen haben die Hilfswerke das Land wieder verlassen. Wir Pazifistinnen und Pazifisten können uns aber nicht distanzieren von einem Land mit kriegerischen Auseinandersetzungen. Frieden schaffen bedeutet auch praktische Arbeit, inmitten dieses Prozesses.

Merka, 23. Oktober 1999

Ich habe noch vergessen, euch zu berichten, dass wir nun die wenigen Intellektuellen, die im Städtchen zurückgeblieben sind und die dem Land in schweren Kriegswirren treu geblieben sind, aufgefordert haben, sich bei uns zu melden.
Schon lange suchten wir einen Weg für sie, wie sie ihr Wissen anwenden und dem Volk beistehen könnten. Wir haben zum Beispiel zwei Richter und studierte Rechtsanwälte. Alle sind arbeitslos.
Ich dachte immer wieder, was wir tun könnten, denn sie sind doch wichtige Eckpfeiler für ein Volk, das durch Kriege und Hungersnot und Katastrophen orientierungslos leidet. Nun haben sich die Intellektuellen in einer Gruppe zusammengeschlossen. Wir werden nun in jedem Bezirk, auch in den nahen Buschdörfern wie Shalaamboot und Bhuufow, ein kleines *office* einrichten, ein Büro, wo die Menschen mit ihren Anliegen hinkommen können. Die Einrichtung dieser Büros bezahlt die Genossenschaft *New Ways.* So kann auch unsere Aufgabe erleichtert werden. Die Organisation und Verteilung medizinischer Versorgung in den kleinen Buschweilern zum Beispiel wird nun von diesen Büros aus koordiniert. Oder unsere vielen Tagelöhner werden nun von da aus organisiert. Es gibt nun einmal im Monat auch eine kleine Zeitung als Informationsblatt.
Ihr glaubt gar nicht, was man alles in Afrika für wenig Geld machen kann. Die Menschen brauchen ja nicht nur das Essen, die Menschen brauchen Hoffnung! Sozial gerechte Verhältnisse sind eine Voraussetzung für Frieden und Lebensfreude. Wir machen weiter!
Danke und *Salam.*

Merka, 29. Oktober 1999

Nächsten Donnerstag arbeite ich bereits wieder seit einem Monat in Afrika. Wegen meinem Rücken mache ich nun keine Geburten mehr in den Strohhütten: Das fällt mir zwar nicht leicht, aber ich muss es akzeptieren. Trotzdem habe ich alle Hände voll zu tun. In den ersten drei Wochen war ich ausschliesslich mit Organisieren und Meetings beschäftigt. Die Bevölkerung von Merka ist dankbar, dass *New Ways* nun auch die Kosten des Distriktspitals von Merka wieder übernommen hat, bis eine NRO-Gruppe kommt und das Spital wieder übernimmt.

Ich freue mich besonders über die Gruppe der Intellektuellen (GAIM). Sie haben sich in verschiedenen Ressorts organisiert wie Information, Ökonomie, Gesundheit, Bildung, Friedensarbeit. Unser Hauptlehrer Ahmed Mohamed Ahmed ist der Leiter des Ressorts Bildung. *New Ways* konnte ein Haus für die verschiedenen Büros mieten. Wir bezahlen monatlich hundert Dollar und die notwendige Einrichtung an Mobiliar. Im Ganzen haben wir 1 500 US-Dollar für GAIM bezahlt. Dank unserem Labor im Ambulatorium können wir den Mitarbeitern von GAIM auch einen Lohn auszahlen. Unser Labor wäre längst selbsttragend, die Genossenschaft bezahlt aber die Löhne für den Laboranten und seinen Assistenten weiter: Über die Einnahmen der Patienten, die bezahlen können, wird Buch geführt, und sie werden für einen guten Zweck verwendet. Mit dem sicheren Monatsgehalt im Rücken lernen die Mitarbeiter, auch für andere Gruppen zu sorgen, und sie sind nun besonders stolz, dass sie es sind, die für die arbeitslosen Mitglieder der Intellektuellengruppe die Löhne aufbringen.

Es ist sehr heiss, wir warten auf Regen, bevor die grosse Hitzezeit kommt.
Es gibt überall viele schwer bewaffnete Milizgruppen. Hussein

Aidid schickte ein grosses Schiff mit Maschinengewehren nach Merka. Hunderte von diesen Mordwaffen wurden für Spottpreise an die Jungen der Bevölkerung abgegeben. Den Zweck kennt niemand. Ich frage mich, was haben unsere Kurse *Put the gun and get the pen!* bewirkt? Hussein Aidid ist zu jung. Er kam gerade erst von der Militärakademie in Amerika zurück, ist keine gefestigte Persönlichkeit und unfähig, dem Land zum Frieden zu verhelfen. Auf alle Fälle werden wir eine grosse Friedensdemonstration organisieren und alle für Frieden im Land der Not und Armut auf die Strasse gehen!

Merka, 31. Oktober 1999

Gestern bekam ich einen Drohbrief von den Fundamentalisten. Sie werfen mir vor, dass ich ohne ihre Bewilligung verschiedene Projekte wie das Distriktspital unterstützen würde, dass ich eine neue Brücke hätte bauen lassen oder die Intellektuellen in Gruppen organisiere. Sie wehren sich gegen eine Demokratie und werfen mir vor, ich würde mit meinen Ideen gegen ihre Prinzipien verstossen; ich würde ihnen schon lange zuwider handeln. Ich dürfe in Zukunft nichts mehr unternehmen ohne ihre Erlaubnis und müsse bei ihnen für jeden neuen Arbeitsplatz eine Bewilligung anfordern oder die Konsequenzen tragen.

Gestern Morgen wurden dann die Arbeiter, die am Bau der neuen Brücke mitarbeiten, plötzlich von einem Trupp schwer bewaffneter Männer mit erhobenen Maschinengewehren an der Arbeit gehindert. In Panik rannten die Leute in alle Windrichtungen. Später erzählten sie mir im Ambulatorium, dass sie plötzlich von auf sie gerichteten Maschinengewehren umringt gewesen seien und einer der Männer habe gerufen: «Stoppt sofort eure Arbeit, sonst schiessen wir. Verena hat keine Bewilligung von uns, hier eine Brücke zu bauen. Hier haben wir das Sagen. Die Kommission des Ältestenrats der Stadt wird aufgelöst, wir anerkennen sie nicht. *New Ways* und ihr alle, ihr seid Kommunisten!»

Am Mittag habe ich sofort eine Sitzung einberufen. Eingeladen wurde der Ältestenrat und die verschiedenen Komitees, die während Jahren für Merka eingestanden sind. Weiter die NRO-Gruppen, die im Augenblick gerade in Merka sind, wie die WHO und die UNESCO sowie die Gruppe der Intellektuellen und der Polizeivorstand. All diese Leute stehen natürlich hinter uns.

Meine Erfahrungen zeigen – und dies wurde mir hier wieder einmal bewusst –, dass immer da, wo etwas Gutes wachsen und gedeihen will, mit Widerstand gerechnet werden muss. Arbeiten und beten wir weiter, dass es uns gelinge, diesen Konflikt friedlich anzugehen, sodass wir uns gegenseitig näher kommen können. Ich glaube daran, dass dies möglich ist, denn das Christentum mit dem Beispiel von Jesus von Nazareth hat sehr viel mehr Gemeinsames mit dem Islam als Trennendes. Nicht das Trennende, sondern das Gemeinsame suchen wir.

Merka, 11. November 1999

Heute Morgen, als ich in aller Frühe den Weg zum Ambulatorium hinunterging, hing immer noch der nächtliche Dunst über der Erde. Der Tau funkelte an den Blättern wie gläserne Perlen. Ich bemerkte das Aufblitzen eines Paradiesvogels in den Bäumen, in dessen scharlachrotem Schwanz sich die Morgensonne verfing. Ein zimtfarbiger Bienenfresser flog mir über den Weg. Die Webervögel zwitscherten und sangen ihre Lieder in den Baumkronen.

Auf der anderen Flussseite hing blauer Rauch von den Feuerstellen der Bantus in den Wipfeln.
Bei der Lehmhütte unter dem Olivenbaum warteten bereits verwundete und schwer kranke Patienten auf mich. Eine stumme Schar: Frauen mit kleinen Kindern auf dem Rücken, alte Männer, die auf der Erde hockten und mit Steinen ein Spiel ohne Ende spielten.

Ich öffnete die Türe zum Ambulatorium. Die Leute strömten herbei, einige wurden getragen, und ich begann, zusammen mit den MitarbeiterInnen, einen nach dem andern zu behandeln. Es waren wie üblich Kinder mit Verbrennungen, die wir mit Permanganat behandelten und ihnen saubere Verbände anlegten. Dann ermahnte ich ihre Mütter, die Kinder an die Gefährlichkeit der offenen Feuerstellen in der Hütte zu erinnern, und schickte sie nachhause. Ein Mann hatte einen Kropf, ich konnte ihm nicht helfen. Einen schweren Fall von Elefantiasis überwies ich ins Distriktspital. Ein Mann hatte sich in die Hand geschnitten. Ich setzte eine Lokalanästhesie mit einprozentigem Xylocain, schnitt die Wundränder gerade und vernähte die Verletzung. Dann kamen einige unserer Lepra-Kranken, die versorgt werden mussten. Viele Patienten waren mit ihren Krankheiten schon früher bei uns gewesen, manche auch schon mehrmals. Wir haben eine Kardex-Kartothek von 34 896 Patienten, die wir bis jetzt behandelt haben. Viele Erkrankungen entstehen durch die grosse Armut, Unterernährung, Hunger und die unhygienischen Lebensbedingungen. Obwohl ich die Leute immer wieder anhalte, Wasser und Milch abzukochen, die Hütte sauber zu halten, die Ziegen draussen anzubinden, sich regelmässig zu waschen, Sandalen zu tragen, Fliegen aus dem Gesicht zu verscheuchen, … – mein Rat wird oft nicht befolgt. Wo eben das Notwendigste – wie Wasser oder Holz zum Feuermachen und eine tägliche Mahlzeit – fehlt, kann man gut reden. Armut hat verschiedene Gesichter.

Halb elf Uhr nachts:
Soeben bin ich von einer Geburt zurückgekommen. Fadumo hat ihr siebtes Kind geboren. Bei den letzten fünf Geburten habe ich mitgeholfen. Fadumo hat ein rachitisch verengtes Becken. Bei zwei Geburten musste ich die Zange einsetzen. Ein Kind hatte einen Wasserkopf. Um das Leben der Mutter zu erhalten, machte ich eine Kraniotraxie. Es ist verständlich, dass sich Fadumo vor jeder Geburt Sorgen macht. Darum hat sie mich, als die Wehen einsetzten, auch diesmal rufen lassen. Wie könnte ich in dieser Situation meine Hilfe verweigern? Wegen meinem Rückenleiden habe ich die Geburten in den Strohhütten am Boden reduziert. Trotzig denke ich aber: Wer die Situation in Afrika mit der grenzenlosen Armut hier nicht kennt, soll und kann nicht mitreden! Alle Ratschläge sind zwar gut gemeint, aber ich tue das, was mir mein Herz aufträgt und mein Verstand erlaubt, nicht mehr und nicht weniger.
Eine Geburt hier auf dem Boden der Hütte ist etwas Besonderes. In der Nacht sind auch die Tiere dabei. Schafe, Ziegen und die Hennen, die Schutz suchen vor der Wildnis. Das ganze Geschehen ist eingebettet in die heilige Stille der Armut. Was immer auch geschieht, das liegt in Gottes Hand. Im gedämpften Licht der Petroleumlampe, wenn nur die notwendigsten Hilfsmittel zur Verfügung stehen, bekommt die Geburt einen anderen Stellenwert. Das Wesentliche tritt in den Vordergrund. Alles Gelärm und Getue verschwindet. Das Leben ist kostbar; Wasser ein Geschenk Gottes, wenn man es hat. Schmerz wird zugelassen ohne chemische Schmerzmittel; die Schmerzen und das Bangen gehören selbstverständlich zum Ereignis. Im Vordergrund aber ist immer das schweigende Warten, die Hoffnung.
Vielleicht bin ich deshalb so gerne für die Frauen und Kinder unterwegs. Durch das gemeinsame Erlebnis der Geburten werden die Menschen und die anwesenden Tiere in der einfachen Strohhütte zu einer Einheit, der harte Lehmboden zur heiligen Stätte

Da fühle ich mich dem Geschehen in Bethlehem vor 2000 Jahren, der Geburt Jesu von Nazareth, unmittelbar nah verbunden und ich denke: Mit jedem Kind, das in der Armut, am Boden im Dreck der Hütte geboren wird, wird Jesus Christus immer und immer wieder neu geboren werden, bis wir gelernt haben, sein solidarisches Beispiel der Liebe zum Mitmenschen, zu den Tieren und zur Natur ernst zu nehmen und es zu leben, sodass für alle Menschen Brot, Wasser, Lebensfreude und Friede möglich wird.

Heute vor einem Jahr ist meine gute Mutter gestorben.
Das milde Licht des Mondes umgibt das vom Krieg zerstörte Land und alle verwundeten Seelen sanft und begleitet uns in den neuen Tag.

Merka, 28. November 1999

Nachdem unsere Arbeiter beim Brückenbau von einer bewaffneten Gruppe der Fundamentalisten bei der Arbeit gestoppt worden waren, verlangte ich von den Fundamentalisten, dass sie zu einer Sitzung kommen sollten. Das Distriktkomitee und der Ältestenrat von Merka halfen mir dabei. Die Gruppe der Intellektuellen schrieb und verteilte die Einladungen.
Ich war erstaunt – alle kamen sie zum Gespräch.
Es gab dann harte Auseinandersetzungen mit Drohungen. Ich spürte die Ängste der Fundamentalisten. Sie fürchten, *New Ways* breite sich zu stark aus und arbeite überall daran, die Leute vom Islam zum Christentum zu bekehren! Einige Fanatiker heizten die Diskussion gefährlich an. Ich erklärte immer wieder, dass wir keine Bekehrungen machen würden und den Koran respektierten. Als die Auseinandersetzung immer lauter und aggressiver wurde, wusste ich zuletzt nicht mehr, wie weiter. Bis ich dann in meiner

Hilflosigkeit plötzlich begann, laut und deutlich aus dem Koran zu beten: «*Allahu akbar – bismillahi rahmani rahim – incha' Allah – Allahu akbar.*» Plötzlich waren alle verstummt, lautlose Stille. Dann hörte ich den Imam sagen: «Sie kennt den Koran, *Allham dulilla*, sie sagt den Koran auf!» Wir begannen alle zu lachen.
Am nächsten Morgen kam die Gruppe, ohne Maschinengewehre, und entschuldigte sich bei uns.
Die Brücke ist fast fertig gebaut, im Advent gibts ein grosses Fest, eine Brücke vom Islam zu uns Christen wird eingeweiht!

Merka, 7. Dezember 1999

Gestern wurden drei schussverletzte junge Männer ins Ambulatorium gebracht. Ich war allein, es war nachmittags um halb drei Uhr und Ramadan-Zeit.
Zuerst steckte ich dem einen, Ibrahim, eine Hartmann-Misch-Infusion. Dann bestimmte ich seine Blutgruppe. Als ich hinausgehen wollte, um einen Spender zu organisieren, sagte Ibrahim: «Bitte überbringe meiner Mutter meine Grüsse und sage ihr, was los war mit mir. Sie wohnt in einem *mudul* ausserhalb von Argoi.» Er sagte es und starb dann ganz plötzlich.
Einen anderen Mann operierten wir später im Distriktspital. Der dritte der Männer war verzweifelt vor Schmerzen. Ein Geschoss hatte ihm den Oberschenkelknochen zersplittert. Er schrie in seiner Verzweiflung: «Bestimmt, Verena, ganz bestimmt werde ich im Leben nie wieder ein Gewehr anfassen! Ich schwöre es im Namen Allahs!» Er war im Kurs *Put the gun and get the pen!* gewesen, liess sich dann aber für wenig Geld von einem Trupp von Aidids Soldaten wieder anheuern und verliess uns.

Am späteren Nachmittag, als ich vom Operieren zurückkam, wurde ein ungefähr zehnjähriger Junge gebracht. Das Kind war in einem erbärmlichen Zustand. Seine Füsse waren blutig verwundet und er bis auf die Knochen abgemagert. Er hatte ständig epileptische Attacken. Der somalische Kinderarzt im Spital war wieder einmal nicht zu erreichen. Ich war in Sorge, wollte dem unterernährten, schwachen Jungen das Phenobarbitol nicht ohne ärztliche Verordnung eingeben. Ich fürchtete, dass er es nicht verkraften könnte. Zum Glück habe ich meine erfahrene Tropenärztin Frau Dr. Sigg in Zürich im Rücken. Ich konnte sie telefonisch erreichen. Sie verordnete, das Medikament in zwei Dosen abzugeben. Nach der zweiten Dosis um zehn Uhr wurde das Kind sichtbar ruhiger. Ich wusch den Knaben mit Kamille, verband seine Wunden, und dann konnte ich ihm etwas warmen Reisschleim mit verdünnter Ziegenmilch einlöffeln. Bald darauf ist er ruhig eingeschlafen. Ich überwachte ihn, er hatte keine Attacken mehr.

Am Morgen erzählte mir dann Abdullahy, dass er noch nie in einem gemauerten Haus gewesen sei wie diesem. Er sei ein Nomadenjunge, sein Vater hüte die Kamele. Durch den grossen Regen anfangs letzter Woche sei er getrennt worden vom Vater und der Herde, die Kamele seien vom Sturm und den reissenden Wassern auseinander getrieben worden. Er wisse nicht, ob sein Vater ertrunken sei. Er selbst habe sich am Ast eines Baumes festhalten und retten können. Dann erzählte er weiter, dass er zehn Tage in der Wildnis der Dornbuschsavanne umhergeirrt sei. Weinend berichtete er, dass seine Familie schon vorher gehungert habe, weil der Mais und die Hirse von Banditen geraubt und sein grosser Bruder dabei erschossen worden sei. Ein Nomade hat Abdullahy dann zufällig aufgefunden und zu uns gebracht. Wir hoffen, dass wir den Vater ausfindig machen können: Ich habe zwei Männer in die Weiler der Savanne geschickt, um nachzuforschen. Die Mutter von Abdullahy ist an Tuberkulose gestorben.

Um Mitternacht wurde ich noch zu einem alten Mann gerufen. Er war schweissnass und litt unter grossen Schmerzen. Sein Bauch war prallhart. Er konnte kein Wasser lösen. Ich führte einen Dauerkatheter in die Blase ein. Die Erleichterung war gross. Seine Frau weinte, weil sie schon tagelang nichts mehr zu essen hatte. Zum Glück hatte ich etwas Kuhmilch bei mir in der Flasche. Das war alles, was ich ihr geben konnte. Ich denke, der Mann hat eine vergrösserte Prostata. Ich habe ihn daher zu Dr. Omar Dhere ins Distriktspital überwiesen.

Das ist ein Arbeitsbericht von einem Nachmittag in Somalia.
Ich schreibe euch das alles, weil es mir oft schwer fällt, all diese Not allein zu verkraften.

N.B.:
Der Knabe Abdullahy ist einige Tage später an einem Blutsturz gestorben.

Merka, 16. Dezember 1999

Es gibt immer wieder schwere Unfälle durch Landminen.
Gestern wurde ein Kind vom Dorf Qoryooley gebracht. Beim Spielen am Boden ist es auf eine Mine gestossen, die explodierte. Dem Buben wurde die rechte Hand zertrümmert, alle Finger sind weg, und viele Splitter haben sein Gesicht und seinen Oberkörper verwundet.

Ein anderer Junge wurde durch einen Schlangenbiss verletzt. Die Mutter war mit ihm in der Savanne am Holzsuchen. Sidow ist blind, er sass irgendwo am Boden und wartete auf die Mutter, da wurde er gebissen. Die Frau riss den Saum ihres Kleides weg, um

dem Kind die Hand abzubinden. Danach sass er fast den ganzen Tag irgendwo in der Nähe der beschäftigten Mutter. Am späteren Nachmittag machten sie sich auf den weiten Heimweg. Mit der Zeit litt Sidow bereits unter immer heftigeren Schmerzen. Sie erreichten die Hütte erst am späten Abend in der Dunkelheit. Die Mutter machte Feuer und kochte für die fünf Kinder etwas Hirse. Als dann die Schmerzen unerträglich wurden und Sidow sich nicht mehr beruhigen konnte, machte sie sich mit dem Buben auf dem Rücken auf den Weg und brachte ihn zu uns. Sie wusste nicht, dass sie den Verband von Zeit zu Zeit hätte lösen sollen. Als ich die Abbindung löste, war die Hand bereits abgestorben. So viele Stunden lang keine Blutzirkulation mehr: Da war es zu spät. Da konnte Dr. Omar Dhere nur noch amputieren. Wir beide verliessen danach die Klinik wie zwei Geschlagene. Blind, und dazu noch der Verlust der rechten Hand!
Sidow ist ein sehr aufgewecktes Bürschchen, trotz der Erblindung. Ich mag ihn sehr gern. Immer wieder freute ich mich, wenn er unser Ambulatorium mit seinem fröhlichen Lachen belebte. Das Augenlicht verlor er, weil er nicht rechtzeitig zur Behandlung einer Konjunktivitis gebracht werden konnte.
Es ist voreilig, nun die Mutter zu verurteilen, wie das einige tun: Sie sei unwissend, könne das Wesentliche nicht vom Unwesentlichen unterscheiden und so weiter. Verurteilen wir besser all das, was zum Krieg führt. Diese Frau verlor ihren Mann und vier Kinder und lebt im Slum. Für sie ist es das Wesentliche, dass sie täglich Brot, Wasser und etwas Brennholz herbeischaffen kann. Das bedeutet harte Arbeit.
Die Auswirkungen eines Krieges sind brutal, unmenschlich und unüberschaubar gross und vielseitig. Natürlich ist die Frau zum Teil unwissend, aber Kriege zerstören menschliche Beziehungen, Schulungsmöglichkeiten und jegliche Weiterentwicklung. Sie töten das Wissen und das Seelenleben. Wenden wir uns entschieden gegen die Rüstungsindustrie und den Militarismus weltweit und

setzen wir uns ein für sozial gerechtere Verhältnisse und das, was das Leben erhält!
Was mit Sidow passiert ist, ist das Resultat einer sich langsam selbst zerstörenden Gesellschaft.

Merka, im Dezember 1999

Anfang November wurden viele Banditen vom *Islamic Court* festgenommen und inhaftiert. Das zum Teil jahrelang unbenutzte Gefängnis war jedoch in einem menschenunwürdigen Zustand, ohne Wasser, und die sanitären Anlagen katastrophal. Ich verlangte vom *Islamic Court* eine Besichtigung. *New Ways* finanzierte darauf zuerst eine Wasserversorgung – mit Dynamo wird das Wasser nun ins Gefängnis hineingeleitet –, ferner vier neue Toiletten und Duschanlagen. Weiter wurde das undichte Dach repariert. Die ungefähr hundertfünfzig Männer müssen medizinisch betreut und behandelt werden. Einige haben Tuberkulose, andere Malaria, Bilharzia, Geschlechtskrankheiten oder leiden an Verletzungen. *New Ways* finanziert sämtliche Medikamente für Therapien und das Verbandmaterial. Die Männer werden einmal pro Woche von uns behandelt.

Und nun kommt eine grosse Überraschung für euch: Eine befreundete Familie, Mitglieder von «Neue Wege», spendeten eine Mittelschule für Merka – und dazu noch ein kleines Haus, damit ich besser wohnen kann und damit ihr mich besuchen könnt!!
Wir sind mitten drin beim Aufbau der ersten Mittelschule nach dem Krieg. Die Schule wird mitten im Slumgebiet aufgebaut, angrenzend an unsere Primarschule *New Ways*. Ich hoffe, dass dadurch das Ansehen der oft verachteten ärmsten Bevölkerung hier in Merka etwas steigt und sie an Beachtung gewinnt und dass sich

damit auch das Geschäftsleben hier etwas ausbreitet. Das würde Arbeitsplätze ermöglichen und die soziale Misere lindern.

Es war nicht einfach, das Projekt hier zu verwirklichen. Wir hatten viele Gegner, vor allem in der Stadt. Sie wollten die Schule auf ihrer, der so genannt besseren Seite der *business*-Gesellschaft haben. Aber sie haben ja bereits alle die grossen Gebäude der NRO auf ihrer Seite. – Was solls?
Wir haben uns aber durchgesetzt und die Bevölkerung steht hinter uns. Die Grundmauern sind aufgebaut und das grosse Baugelände ist umgeben von einer handgefertigten Mauer aus wunderschön ineinander gefügten Somali-Steinen. Ihr werdet staunen!
Vorerst unseren herzlichen Dank für das grosse Geschenk und das Vertrauen!

Das Bezirksspital Merka, die einzige Klinik, wo grössere chirurgische Eingriffe möglich sind, wurde einmal mehr von der italienischen NRO-Gruppe COSV verlassen. Begründung: Kein Geld mehr! Wieder hat unsere Genossenschaft *New Ways* die laufenden Kosten wie Löhne, Medikamente, Labor, Strom- und Wasserversorgung übernommen. Von unseren MitarbeiterInnen bekommt das Spital monatlich drei Prozent von jedem Lohn. So versuchen wir die Klinik über Wasser zu halten, bis wir eine NRO gefunden haben, die das wieder übernimmt. Unsere Genossenschaft schafft dies nicht über längere Zeit.
Ich machte nun über Radio BBC einen Aufruf und berichtete in einem Interview über die Situation. Im Februar will ich für diese Sache nach Genf reisen und hoffe, bei WHO oder UNICEF Gehör zu finden, dass sie uns helfen werden.

NEW-WAY SECONDARY

Dreizehnte Ausreise

Merka, 31. März 2000

Mit etwas Raffinesse und viel Glück bin ich nach «gründlicher Leibesvisitation» doch noch gut durch den Zoll in Nairobi gekommen. Dann gings im kleinen Buschflugzeug weiter, über Kenia Somalia zu. Während des Flugs merkte ich, dass sich am Motorengeräusch etwas verändert hatte, dann begannen heftige Turbulenzen das Flugzeug auf und ab zu werfen – wie ein Spielball kam es mir vor! – und das Gepäck flog von hinten nach vorn. Der Pilot sagte: «Halt den Kopf mit beiden Händen fest und presse ihn auf die Beine hinunter, ich versuche zu landen!» So landeten wir irgendwo in der Wildnis, nahe bei der äthiopischen Grenze. Die Hitze war unerträglich. In einiger Entfernung standen Gruppen von Antilopen und schauten uns verwundert zu. Über Funk konnten wir nach einiger Wartezeit Baidowa erreichen. Und so wurde es möglich, dass ich, wenn auch spät, doch noch in einem anderen Buschflugzeug weiterfliegen konnte bis Baidowa, wo ich in den Jetflieger nach Merka umsteigen konnte. Nach einer langen Reise mit Hindernissen, aber doch wohlbehütet in Merka angekommen, sage ich: Gott sei Dank! *Allham dulilla!*

Und jetzt freue ich mich in Merka über die Genossenschaften: Alles ist in bestem Zustand und von guten Händen verwaltet. Die Genossenschafter und Genossenschafterinnen lassen euch alle herzlich mit *Salam* grüssen! Sogar die Farmergruppen sind um vier Uhr morgens von Ambe Banaan aufgebrochen und sind zu meiner Begrüssung dreieinhalb Stunden durch Busch, Savanne und über die Dünen gelaufen, die Frauen mit den Kindern an der

Brust. Doch weil ich so spät ankam, mussten sie wieder zurück, ohne mich gesehen zu haben.
Im Städtchen spürte ich aber sofort eine Hektik und Unruhe in der Bevölkerung. Überall patrouillieren bewaffnete Truppen. Unsere Mitarbeiter informierten mich, dass vor etwa drei Tagen kurz nacheinander zwei Anschläge auf den Sitz der WHO gemacht worden waren. Zweimal sind Bomben explodiert, niemand weiss, woher und warum. Die Genossen wunderten sich alle, dass es mir möglich war, nach Somalia zu fliegen, und dass ich mit dem UNCAS-Flugzeug bis an die Grenze von Äthiopien fliegen konnte, denn UNCAS habe sämtliche Flüge abgesagt und alle anderen NRO hätten das Land wieder verlassen.
Ich bin froh, dass ich im Armenviertel bin, weit weg von diesem militärischen Gehabe, das den Menschen Sicherheit verspricht und in Wirklichkeit die Bevölkerung nur verunsichert und Angst verbreitet.

Merka, 10. April 2000

Meine letzte Geburt im Busch
Brief für meine Tochter Maya

Jeden Morgen habe ich das Gefühl, ganz nahe bei der Sonne aufzuwachen. Heute früh war die Luft klar und feucht, was Regen verheisst. Die lange Regenzeit hätte im März beginnen müssen. Im nächsten Monat beginnt bereits die kurze Regenzeit: Sie wird sehnlichst erwartet.

Heute wollte ich in ein Bantu-Dorf gehen, um einige Frauen zu besuchen. Ich wartete auf Ali. Über mir zwitscherten die Webervögel in den Bäumen, sie hingen wie dicke Zitronen an den Zweigen und dunkelblaue perlmutterglänzende Stare spielten mit kleinen mausgrauen Blutschnabelwebern, die leuchtend rote Backen und Schnäbel hatten. Der süsse Duft von wildem Jasmin lag in der Luft. Ich roch den Rauch der afrikanischen Kochstellen und bemerkte die Spuren der Wildhunde bei der Wäscheleine. Sie kommen nachts aus dem Busch und spielen frech ums Haus herum, zerren Kleider von der Leine und verschleppen sie. Die Biester sind nicht ungefährlich, ebenso wenig wie die Rudel der Hyänen: Das Leben in Afrika erfordert ständige Wachsamkeit.

Ali kam mit einem grossen Topf noch warmer Gemüsesuppe in den Händen, einem Sack Mais und einem Zopf Zwiebeln über der Schulter.
Diesen aufgeweckten Kikuyu-Jungen hatten italienische Priester in Kenia in einer katholischen Mission erzogen. Als er älter wurde und das Beschneidungsritual, das ihn zum Mann machte, hinter ihm lag, suchte er Arbeit bei den Weissen, wie so viele Afrikaner das tun. Am liebsten arbeiten sie in Kenia auf den Rinderfarmen, denn das Hüten der Rinder ist eine altehrwürdige Beschäftigung der Männer. Vor der Feldarbeit wie säen und pflanzen schrecken sie zurück, denn das ist Frauenarbeit und daher erniedrigend. Da Ali aus einer anderen Sippe kam, was ihn zum Aussenseiter machte, wurde er aber nirgends eingestellt. Ich kann ihm zwar in dieser Zeit der Hungersnot nicht viel zahlen, aber er bekommt genug zu essen, und er kann in einer Hütte hinter dem Ambulatorium schlafen, neben den Hütten für Lepra-Kranke.
Die Gemüsesuppe mit Maismehl hatte die ganze Nacht auf dem Feuer gestanden. Fleisch gibt es nicht, denn die Bantus essen kein Wild und wir können keine Ziegen entbehren. Auch Huhn ist nicht möglich, denn das essen die Männer des Bantu-Stammes nicht: Huhn essen nur die Frauen. Ich hatte letzte Woche begonnen, den Dorfbewohnern Lebensmittel zu bringen, als ihr Getreide aufgebraucht war. Die Bantus müssen nun wieder hungern,

denn sie halten nichts davon, für die Zukunft vorzusorgen. Sie pflanzen nur das an, was sie gerade zum Essen und zum Tauschen brauchen und glauben, um das Morgen müssten sie sich keine Gedanken machen. Aus diesem Grund wäre ihnen auch nie in den Sinn gekommen, den Fluss zu stauen, um einen Vorrat an Wasser für die Trockenzeit zu haben. Selbst jetzt fanden sie keinen Weg, ihre Felder ausreichend zu bewässern. Jeden Morgen laufen die Frauen und Mädchen zu den Wasserstellen, füllen ihre Kalebassen und schleppen das Wasser tief gebeugt ins Dorf zurück.
Bantus halten nichts von geraden Wegen. Sie fühlen sich sicher, wenn sie Schleifen und Kurven ziehen. Ähnlich arbeitet auch ihr Verstand. Sie drücken nie etwas klar und deutlich aus, sondern umkreisen eine Sache, machen Andeutungen und überlassen es den anderen, Schlussfolgerungen daraus zu ziehen. Sie fürchten eine klare Aussage, als sei sie ein vergifteter Pfeil, und ebenso entschlossen vermeiden sie gerade Wege.

So folgten wir denn, Ali und ich, dem gewundenen, umwegartigen Pfad zum Dorf. Er verlief entlang einer ausgetretenen Fährte mit Spuren von Wildschweinen und Antilopen. Die Dürre lässt viele Tiere aus dem Busch kommen. Im Bambusdickicht tauchten auch neue Vögel auf: Kronenkraniche, Störche und Nilgänse. Während wir zwischen den Wachholder- und Akazienbäumen dahingingen, entdeckte ich über uns einen rotgelben Papagei, und ich hatte das Gefühl, ein Land zu durchstreifen, das eine Seele besitzt. Ich spürte ein Pulsieren, das ich bis jetzt nur bei den Nomaden in der Savanne wahrgenommen hatte. Die Landschaft atmete – und die Erde verströmte eine lebendige Wärme. In der Luft lag ein Gefühl der Erwartung.

Der Eingang zum Dorf liegt verborgen zwischen Bäumen und Lianen, um die bösen Geister zu überlisten und sie dadurch fern zu halten. Hinter dem natürlichen Tor liegt eine Lichtung mit ungefähr dreissig Hütten; sie sind alle aus getrockneten Kuhfladen und Grasdächern. Blauer Rauch stieg von den spitzen Dächern auf und verriet, dass die Hütten bewohnt sind. Das Feuer muss Tag und Nacht brennen, wenn es einmal ausginge, würde dies Unglück bringen und die Hütte müsste zerstört werden. Es ist ein kleines, unscheinbares Dorf. Doch obwohl es keine Ernte gegeben und die Malaria Lücken hinterlassen hatte, wirkte das Dorf wie ein geschäftiger Ameisenhaufen. Alle arbeiteten. Die kleinen Mädchen hüteten Ziegen, verheiratete Frauen zerstampften ein bisschen Hirse und die Grossmütter sassen mit ausgestreckten Beinen in der Sonne und flochten Körbe. Die Frauen in ihren Lendenschürzen aus gegerbten Ziegenfellen, den klirrenden Perlenketten und Kupferreifen an den Armen, rührten die kärgliche Suppe und formten gleichzeitig ihre Töpfe; sie benutzten dazu keine Töpferscheibe und liessen die Gefässe in der Sonne trocknen. Männer sah ich nicht im Dorf: Die Frauen arbeiten, die Männer faulenzen. Ein paar Kinder entdeckten mich und sprangen auf mich zu. Ich verscheuchte ganze Fliegenschwärme aus den Gesichtern der Kleinkinder. Fliegen gelten bei den Bantus als Statussymbol, denn sie weisen auf den Besitz von Ziegen hin. Viele Fliegen bedeuten viele Ziegen und von daher Reichtum und Ansehen in der Sippe.

Ehe wir das Essen verteilen konnten, musste aber das Ritual eingehalten werden.

Die Frauen warteten auf die alte Medizinfrau. Sie kam auf mich zu. Ihr alter Ehrfurcht gebietender Körper verschwand beinahe völlig unter Kaurischnecken und Perlenketten. Sie bewegte sich langsam und würdevoll und ihr Lächeln entblösste die Zahnlücken: Als Mädchen hatte man ihr die Schneidezähne aus Gründen der Schönheit gezogen. Sie reichte mir eine Kürbisschale mit einer grünlichen Mischung aus saurer Milch und Kräutern. Ich trank und wusste doch, wie schwer die Familie das entbehren konnte, wusste aber auch, dass es eine Beleidigung gewesen wäre, das Willkommensgetränk abzulehnen. Die alte Heilerin sagte zu mir: «*M – fianta hei*», was soviel bedeutet wie: Alles ist gut. Dabei sah sie mich nicht direkt an, denn das wäre unhöflich gewesen. Dann sagte sie: «*Nabat ejie.*» – Komm und gehe in Frieden. Das ist die Begrüssungs- und Abschiedsformel bei jeder Unterhaltung. Die Medizinfrau sprach zurückhaltend, aber würdevoll. Sie ist die älteste und am meisten verehrte Frau im Dorf.

Das Gespräch verlief so gewunden und verschlungen wie der Pfad zum Dorf. Die Trockenheit wurde angedeutet, die Hungersnot gestreift und ich mühte mich ab, alles zu verstehen, wobei mir Ali hin und wieder half. Ich konnte nicht geradewegs auf das Essen zu sprechen kommen, das wir mitgebracht hatten. Es wäre schlechtes Benehmen gewesen! Ich versuchte meine Ungeduld zu zügeln. Die Kinder hatten Hunger! Ihre kleinen Arme und Beine sind so dünn wie Stöcke und die Bäuche sind aufgebläht. Sie schauten alle in Richtung des grossen Topfes, so wie sich die Blumen zur Sonne drehen.

Endlich gab die Medizinfrau zu erkennen, dass der Deckel abgenommen werden dürfe und sie nichts dagegen habe, wenn etwas von dem Inhalt hier bleibe. Selbst dann stürzten sich die Kinder nicht darauf, sodass die Verteilung höflich und ruhig verlief. Dabei kicherten sie hinter vorgehaltenen Händen, weil ihnen meine Gegenwart ungewohnt war. Kein Erwachsener nahm sich etwas, ehe die Kinder ihren Teil bekommen hatten.

Ich wies Ali an, der Alten den Sack Mais zu geben. Sie nahm den zentnerschweren Sack entgegen, nahm in mühelos auf den Rücken und warf Ali einen verächtlichen Blick zu, weil er den Sack vom Esel hatte zum Dorf tragen lassen.

Nun war ich offiziell im Dorf willkommen und konnte mich frei bewegen. Ich ging zuerst zu den Hütten der Frauen, die ich behandeln wollte. Ich konnte wenig tun für die Kranken. Sie hatten alle eine Grippe und dagegen gibt es hier nur das Aspirin. Ich

konnte nur nasse Wickel machen, ihnen frisches Wasser zu trinken geben, den Puls fühlen, mit ihnen reden und mich vergewissern, dass sie versorgt wurden.
Die Hütten waren rauchig und dunkel. Es roch beissend nach Ziegenurin, denn nachts bringt man die Ziegen in die Hütten. Die Fliegenschwärme waren unerträglich. Ich kniete mich neben jede Frau, untersuchte sie, soweit es möglich war, hörte die Lungen ab und sagte ein paar ermutigende Worte. Das grösste Problem hier ist die mangelnde Ernährung, der Hunger.
Vom Gestank der muffigen Luft und der Frustration über die Hilflosigkeit der Frauen kamen mir die Tränen. Wenn die Frauen doch nur zu mir ins Ambulatorium kämen! Ich würde sie auf saubere Matratzen legen, das Fieber mit Waschungen senken und dafür sorgen, dass sie etwas Nahrhaftes zu essen bekommen. Aber die Sippe der Bantus sind die ärmsten und verachtetsten Menschen hier: Sie brauchen Zeit, um Vertrauen fassen zu können.

Eine Frau lag vor ihrer Hütte, was bedeutet, dass sie bald sterben wird. Ich kniete mich neben sie und legte meine Hand auf die trockene Stirn. Schon bald würde sie erlöst sein. Ich fragte mich, woher diese Frauen dieses Wissen hatten? Die Bantus, ja eigentlich alle afrikanischen Buschvölker, und besonders auch die Nomaden, besitzen ein unfehlbares Wissen um den Tod. Sie sind dem Tod viel näher verbunden als wir. Sterben gehört ganz selbstverständlich zum Leben, denn Leben ist ein Risiko, das ist ihnen jederzeit bewusst. Die Bantus scheinen immer zu wissen, wenn es soweit ist und bringen die Sterbenden ins Freie. Man stirbt unter freiem Himmel in der Gegenwart von Sonne, Mond oder Sterne. In der Hütte zu sterben bedeutet ein Tabu: Der Mensch soll in Freiheit sterben.
Ich war klug genug, nicht zu versuchen, der Frau auf unsere Art zu helfen. Ich hatte mich früher einmal eingemischt in diesem Stamm. Das hatte zu einem solchen Aufschrei der Empörung ge-

führt, dass man mich tagelang mied und dass mir damals der Zutritt ins Dorf verweigert wurde. «Wir wollen sie wenigstens in den Schatten tragen», sagte ich, und das konnten wir tun. Ali nahm ihre Beine und ich den Oberkörper, und wir legten sie unter den Baum.

Vor einer anderen Hütte entdeckte ich eine junge Mutter, die am Kopf ihres Babys saugte. Die Frau war ungefähr vierzehn Jahre alt. Das Kind bekam nicht genug Flüssigkeit, deshalb war die Fontanelle eingefallen. Die Mutter wusste genug, um dies als ein schlechtes Zeichen erkennen zu können, aber ihre Bemühungen, dies zu beheben, waren völlig falsch. Ich sagte ihr, dass das Kind Wasser, abgekochtes Wasser brauche, dass sie dem Baby mehr Milch, mehr Flüssigkeit geben solle. Die Frau lächelte und nickte, als ob sie verstanden hätte und saugte weiter am Kopf des Kindes. Ich schickte Ali, er solle die Flasche mit verdünnter Ziegenmilch und Reisschleim holen und richtete mich auf, um mich weiter im Dorf umzusehen.

Inzwischen war mein Topf leer und alle waren wieder an der Arbeit. Den Mais, den wir gebracht hatten, hätten die Ziegen bekommen, wurde mir gesagt. An diesen Tieren messen die Bantus Reichtum und Ansehen. Eine Frau mit dreissig Ziegen kann eine Frau mit nur fünf Ziegen verachten. Man erzählt sich, die alte Medizinfrau besitze mehr als zweihundert Ziegen, was sie praktisch in den Rang einer Königin erhebt. (Ich bin überzeugt, dass das nicht stimmt, denn wo bleiben denn die zweihundert Ziegen? Wo sind sie?) Aber der Mais war für die Menschen bestimmt, nicht für die Ziegen! Ich dachte bei mir: Wie ein Schweizer, der eher sein Gold als sein Leben rettet.

«Gehen wir zu Shukry, es muss bei ihr bald so weit sein.» Ich nahm meine Hebammentasche und bevor wir die Hütte erreicht hatten, hörte ich meinen Namen rufen: «Mama Verena!» Es war soweit.

Ich betrat die Hütte und ging zu der Frau. Nachdem sich meine Augen an die Dunkelheit gewöhnt hatten, sah ich, wie der dicke Leib sich in Wehen spannte. «Es ist ja gut», sagte ich beruhigend. «Dein Kind kommt bald.» Dann verliess ich die Hütte und fragte nach der Hebamme, in diesem Fall die alte Medizinfrau. Ich wollte die Traditionen und Rituale respektieren – aber die Alte rührte sich nicht von der Stelle. «Shukrys Geburt steht bevor: Sie braucht deine Hilfe. Übersetze das bitte, Ali.» Aber noch ehe er etwas sagen konnte, hob die alte Bathullahy ihre Hand und gebot ihm Schweigen. Ihre Verachtung für den jungen Mann, der dem Gott der Klarheit zu Gunsten des Christen-Gottes abgeschworen hatte, erlaubte nicht, dass sie sich mit ihm unterhielt. Zu mir gewandt sagte sie: «Es gibt Probleme mit Shukrys Kind. Es kommt nicht aus dem Mutterleib. Sie hat seit drei Tagen Wehen, aber das Kind kommt nicht. Es ist ein *yahu.* Die Ahnen haben entschieden, dass dieses Kind nicht geboren werden soll.» Ich rief: «Das kann doch nicht dein Ernst sein! Du wirst doch nicht einfach zuschauen wie Shukry stirbt?» Darauf erwiderte sie bestimmt: «Es ist der Wille Allahs!» «Das ist ja ungeheuerlich: Wir müssen etwas tun.» Ali meinte: «Ja, natürlich, aber es ist nicht einfach, meine *hoya* (Mutter), denn wenn die Geister der Ahnen beschlossen haben, dass jemand sterben muss, heisst das, das grösste *yahu* zu brechen, wenn wir uns ihnen widersetzen. Sie glauben, Shukry sei verflucht, und so ein Fluch kann niemand auflösen. Bitte, meine *hoya,* sei vorsichtig!!»

Ich ging in die Hütte zurück. Bantu-Frauen sind sehr zurückhaltend und scheuen den Blick Fremder. Aber Shukry war nicht in der Lage zu protestieren und so konnte ich meine Hände auf ihren Leib legen. Ich ertastete die Lage des Kindes. Es befand sich in einer Querlage, das bedeutet, das Kind lag quer vor dem Geburtskanal. Um es schnell entbinden zu können, musste ich es drehen. Ich hob die Schürze hoch und sah, dass die Frau fast komplett zugenäht war durch die Initiationsbeschneidung. Alle jungen Menschen machen das durch. Die Knaben werden beschnitten und die Mädchen verstümmelt: Die Klitoris wird abgeschnitten wie auch die beiden Schamlippen. Dann wird die Vagina fest zusammengenäht bis auf die Öffnung eines Kleinfingers. Alle neun- bis zwölfjährigen Mädchen müssen diese Operation ohne irgendeine Anästhesie über sich ergehen lassen. Sie ist das Zeichen der offiziellen Aufnahme in den Stamm. Es ist auch eine Mutprobe und der Beweis, dass sie Schmerzen ertragen können. Viele Kinder sterben an den Infektionen oder leiden ihr Leben lang unter anderen Komplikationen. Kein Wunder, dass die Frauen so nicht gebären können.

Ich wollte Shukry gerne ins Ambulatorium bringen lassen, denn dort habe ich gutes Licht und einen Gynäkologietisch. Es war jedoch schon spät und die alte Medizinfrau erlaubte es nicht, dass man die Frau aus dem Dorf entfernte. Die Zeit wurde knapp. Deshalb war ich entschlossen, es auf eine Konfrontation mit der Alten ankommen zu lassen und den Eingriff in der Hütte zu wagen. Ich richtete rasch das einprozentige Xylocaine für die lokale Anästhesie und zog die Spritze auf. Dann desinfizierte ich die narbige, dick verwachsene Haut und schnitt die Vagina wieder auf, öffnete sie für die bevorstehende Geburt. So konnte ich dann mit der Hand den bereits eröffneten Muttermund ertasten, was eine Voraussetzung für eine Wendung des Kindes ist. Von aussen konnte ich die Lage des Kindskopfes feststellen. Und dann gelang es mir mit beiden Händen, meinem Unterarm und meiner ganzen Kraft den Körper des Ungeborenen in einem kräftigen Ruck in die normale Geburtslage zu wenden. Weiter verlief die Geburt dann spontan die Wehen setzten wieder ein und verstärkten sich. Nach kurzer Zeit war die Tochter Khamar, der «Stern», geboren.
Ich war noch mit der Naht beschäftigt, als die Heilerin zurück kam. Misstrauisch prüfte sie, was ich tat. Dann betrachtete sie di

Mutter und das Kind. Schliesslich meinte sie: «Bilde dir nicht ein, dass du ein *yahu* brechen kannst! Es sind die guten Geister der Ahnen, denen ich meine beste Milchziege geopfert habe – für dich und das Leben von Shukry. Sie sind dir nun wohlgesinnt. Du bist im Dorf willkommen.» Sie reichte mir eine Kokosschale mit einem Stärkungstrunk und verschwand.

Merka, 14. April 2000

Das ist ein persönlicher Brief. Ich schreibe, weil ich fassungslos bin, mich nur mühsam zurechtfinden kann in dem, was ich hier neben der grossen Armut und Not erlebe.

Gestern kam der Nomade Abraham wieder einmal zu Besuch. Er war mit der Kamelherde unterwegs, von Argoi durch die Dornbuschsavanne, und über die Dünen kam er an Merka vorbei. Seitdem ich ihm 1994 bei der Geburt seines Kamelhengstes Nassib geholfen hatte, wurde es zur Tradition, dass er uns ein- bis zweimal pro Jahr bei seiner Nomadentour durchs Land besucht. Abraham ist Muslime und einer der seltenen Menschen, in denen mir Christus begegnet ist. Der offene Blick, die aufrechte Gestalt, vor allem aber die spürbare Ruhe seines Wesens und eine gewisse stolze Überlegenheit sind Zeichen der Unabhängigkeit und der Freiheit eines selbstbestimmenden Menschen, der die Verantwortung auf sich nimmt in den Stürmen der Wüste ebenso wie in entscheidenden Situationen des Lebens. Ich liebe diesen Menschen!

Heute Morgen begleitete ich Abraham ein Stück des Weges bis zu den Hügeln hinan, nachdem ich die Wunden einiger seiner Kamele versorgt hatte. Ich lief in einer Entfernung von ungefähr zehn Metern neben ihm her. Schweigend genossen wir die zau-

berhaften Farbnuancen und die Gerüche der Savanne im ersten Morgenlicht.
Im nächsten Augenblick lag er tot neben mir. Die Mine war an der Böschung explodiert. In einiger Entfernung schrie ein Hirtenjunge auf wie ein Wahnsinniger. Der Druck der Explosion schlug mich zu Boden. Als ich mich aufrichtete, mit Dreckschollen bedeckt, berührte ich eine warmnasse, scheussliche Masse. Es war ein Bild des Grauens. Der rechte Oberschenkel von Abraham war abgetrennt und völlig zerschmettert. Irgendetwas von Abbinden schwebte mir vor. Ich riss den Saum meines Rocks weg und wickelte die Fetzen von seinem *muskunti,* seinem Nomadenkleid, vor die blutende Wunde: Es dauerte einige Zeit, bis ich in meiner Verzweiflung realisierte, dass das alles sinnlos war, was ich tat. Abraham war bereits tot.

Mir wurde plötzlich übel, sodass ich aufstehen und etwas unternehmen musste. Erschreckte Leute kamen zu Hilfe, und ich lief weg – nur weg, weit weg von hier, dachte ich. Ich taumelte zurück auf den Weg zur Stadt, liess mich vom schwitzenden Strom der Armut auf der Strasse zur Stadt ein Stück mittreiben und bog dann in einen stillen Weg ab, der vom Schatten stehen gebliebener Fassaden und Ruinen erfüllt war. Irgendwo setzte ich mich auf einen Mauerrest. Das Schweigen der Trümmer ist der Friede der Kirchhöfe. Ich dachte: Ich darf nicht schweigen! Ich muss mehr berichten darüber, was ein Krieg bedeutet! Wir sind nicht geboren, um zu vergessen. Wir Pazifisten sind geboren, um uns zu erinnern! Nicht Vergessen, sondern Erinnerung ist unsere Aufgabe – und mir wurde wieder übel beim Gedanken an die Zeiten im März 1994, als ich gezwungen war mit anzusehen, wie professionelle Killer mit Maschinengewehrsalven Menschen in den Bauch schossen. Sie sehen alle gleich aus, die Mörder, die «Kriegshelden», alle gleich, nichts besonderes, alle gleich hässlich, ob Amis, Pakistani oder Franzosen, Helden und Feiglinge.

Abraham war nicht gebildet, konnte weder lesen noch schreiben und wusste kaum, wie man mit Geld umgeht. Aber was soll das? Er war ein Mensch, in dem mir Gott begegnete. Seine Weisheit hatte nichts mit dem Besitz von theoretischem Wissen zu tun. Er orientierte sich am Sonnenlicht, war tief verwurzelt im Kreislauf der Natur. Das genügte ihm. Besonders sein Morgengebet, sein Gesang auf den Hügeln der Dünen, über die Stadt, begleitete mich immer wieder in Situationen der Armut und Not.

Ich stand auf und lief wieder weg, immer weiter bis zur Piste. Dort hatte ich einen verschlafenen Flecken erreicht, der aus langen, niedrigen Mauerresten zu bestehen schien. Dort in der südlichen Gegend von Merka zieht sich parallel zur Meeresküste ein Streifen Land entlang, der die schwermütige Verlorenheit von Heide und Savanne zugleich atmet. Man sieht wenige kleine Siedlungen, verlassene Strohhüttengehöfte, vertrocknete Bachläufe, die dem Meer zufliessen oder unterirdisch versickern. Die Mittagshitze war flimmernd über der trockenen Savanne, der Weg staubig und steinig, manchmal kamen kleine Gruppen von Bäumen, viel Dorngebüsch. Ich sah keinen Acker.
Und erst jetzt bemerkte ich, dass ich eine ganze Zeit vor mich hingestarrt hatte. Ich war allein, müde und plötzlich sehr erschöpft. Der Rand des Weges war mit Gras bewachsen. Als ich mich hinsetzen wollte, entdeckte ich kaum hundert Meter entfernt eine Baumgruppe. In der schwülen Mittagshitze hatten sich Kamele nahe ans Gebüsch gedrängt. Ich setzte mich unter eine Zypresse und schlief sofort ein, wie tot. Ich schlief, bis mich ein gewaltiger Donnerschlag weckte. Gleichzeitig prasselte ein schwerer, warmer Regen auf mich nieder. Unsere Verbindung mit der Natur ist inniger, als wir selbst wissen.
Ich weiss nicht mehr, wie lange ich dort im Regen stand, es war kaum Bewusstsein in mir. Der Schock verhinderte alle meine Gefühle. Als ich wieder zu mir fand, spürte ich, dass ich weinte. Die

Schönheit des strömenden Regens, die kosmische Gewalt, die jeder Flüssigkeit innewohnt, schuf in meinem Wesen so etwas wie eine Parallele. Das Element des Lösenden, Fliessenden berührte mich. Ich weinte. Der ungeheure schmerzhafte Krampf der erlebten Brutalität war gelockert: Ich lebte wieder. Ich atmete wieder bewusst diesen herrlichen, süss feuchten Duft ein, der wie Wolken aus der Savanne steigt – und ich sehnte mich zurück an die Arbeit mit den MitarbeiterInnen – wieder zurück zu den Menschen, die mit mir zusammen weiterkämpfen gegen den Krieg und für eine Welt, wie sie sein könnte: liebevoll, zärtlich, gerecht und frei …

Merka, 19. April 2000

Heute Morgen kamen zwei Fahrer eines Lastwagens mit einer schwer verletzten jungen Frau. Die Frau war für ihre Tiere unterwegs gewesen, auf der Suche nach Gras und etwas Grünzeug. Entlang dem Flusslauf fand sie einen Streifen mit ziemlich hohem Gras. Als sie sich bückte, um es zu schneiden, wurde sie von einem Riesenkrokodil angefallen. Das Tier erwischte zuerst ihren Fuss und zermalmte ihn. Als die Frau auf den Boden stürzte, packte sie das Krokodil am Oberschenkel, zerbiss den Knochen und riss das ganze Bein mit sich. Die beiden Fahrer hörten die Schreie und rannten zu Hilfe.

Wir bestimmten die Blutgruppe, leiteten sofort eine Schocktherapie mit Plasma und Infusionen ein und telefonierten ins Bezirksspital. Die Frau war bewusstlos. Einen Transport auf dem Laster mit einer so schwer verletzten Patientin in der glühenden Hitze und auf unseren durchlöcherten Wegen muss man erlebt haben, das kann ich kaum beschreiben. Der Kopf der Frau lag in meinem

Schoss, so gut wie möglich ruhig gehalten. Eine Mitarbeiterin hielt die Infusionen in die Höhe. Das sind Momente, da wird jede Handlung zum Gebet.

Im Spital war alles vorbereitet dank dem Telefon, das wir nun endlich haben im Ambulatorium. Dr. Omar operierte, ich assistierte ihm. Die grosse Wunde am verbliebenen Stumpf bleibt offen. Falls die Frau den Unfall überlebt, wird Dr. Omar später versuchen, Gewebe vom Bauch oder vom anderen Oberschenkel zu transplantieren. Wir arbeiteten sieben Stunden lang bis alle Wunden versorgt waren. Beim Operieren wurde mir plötzlich bewusst, welchen Gefahren ich mich ausgesetzt hatte, als ich vor drei Tagen nach der Minenexplosion einfach weglief, hinaus in die Wildnis. Ich weiss nicht mehr, wie lange ich dort unter dem Baum geschlafen habe, ich weiss nur, welch grosses Glück mich behütet hat. Im Schock realisierte ich zwar die Umgebung, ja ich saugte all die Schönheiten, welche die Natur in sich birgt, in mich hinein. Es war so, wie wenn man in letzter Verzweiflung versucht, nach den Sternen zu greifen auf der Suche nach etwas Kostbarem und Beständigem, um es festzuhalten. Ich denke, es geht dabei um das Leben!

Die verletzte Frau ist Mutter von vier Kindern. Ihr Mann ist nach der Geburt des Kleinsten vor zwei Jahren verschwunden. Niemand weiss, ob er noch lebt. Der Vater von Hauwa, der Patientin, erzählte mir, dass er vor ungefähr drei Jahren die jüngste seiner Töchter, neun Jahre alt, auch durch ein Riesenkrokodil verloren habe; niemand konnte das Mädchen retten. Das war auch in der Dürrezeit, mitten auf einem Acker. Solche Unfälle sind keine Seltenheit hier im Land.

Merka, 1. Mai 2000

Zum Tag der Arbeit grüsst die Genossenschaft *New Ways* die ArbeiterInnen in der Schweiz und weltweit mit dem Somali-Gruss: *Salam, aleikum Salam!*

Wir sind mitten im Aufbau des ersten Gymnasiums von Somalia seit dem Krieg: Da war zuerst ein Missverständnis in Bezug auf den Bildungsweg in Somalia. Zuerst Grund- oder Primarschule bis zur fünften Klasse, dann kommen vier Jahre *Intermediary School* und anschliessend das Gymnasium, die *Secondary School*, als Vorbereitung auf Maturität und Studium an der Universität. Nun sind wir an den Vorbereitungen für fünf Gymnasialklassen mit je vierundzwanzig Schülern und Schülerinnen. Zwei Professoren von der Universität Mogadischu, Prof. Mahamed Auwe und Prof. Roble helfen uns bei der Auswahl von qualifizierten Lehrern und Lehrerinnen. Die beiden Professoren sind an den Vorbereitungen für die Examen.
Jeder Lehrer, jede Lehrerin mit Ausweispapieren der Universität muss zuerst diese Prüfung bestehen, bevor er oder sie in die engere Wahl fürs Gymnasium *New Ways* kommt, denn es gibt hier im Land ohne Regierung viele Schelme mit falschen oder gestohlenen Ausweisen.
Die beiden Professoren sind begeistert von unserer Arbeit hier in Merka. Sie wollen uns helfen, sodass die Stundenpläne und der ganze Aufbau des Gymnasiums mit dem Bildungsweg weltweit übereinstimmen. Ohne diese Mithilfe wären wir nicht in der Lage, ein Gymnasium zu organisieren. Ich freue mich sehr über das Engagement dieser Männer für ihr Land und ihre eigene Sache.

Im Ambulatorium kommen täglich viele Patienten zur Behandlung, am Samstag waren es wieder hundertacht Menschen. Es sind wirklich die Ärmsten der Armen, die zu uns kommen

Besucher von Nairobi sind jeweils tief betroffen. Sie sagen, ein Bild von solcher Armut, Verlorenheit und solcher Not hätten sie bisher noch nicht gesehen. Viele Menschen leiden unter der Malaria, und viele von ihnen sind resistent gegen die Behandlung mit Chloroquin, Fansidar oder Chinin. Viele Patienten leiden auch an Durchfällen und sind resistent gegen das Mittel Metronidazol, das wir hier zur Verfügung haben. Wir behandeln sie dann mit Tetracyclin; ich habe allerdings meine Bedenken – und frage mich, wie lange es gehen wird, bis die Leute auch dagegen resistent sein werden.

Die Genossenschaft ist weiter gewachsen: Wir haben nun zweiundachtzig Mitarbeiter und Mitarbeiterinnen und Mitglieder, dazu kommen noch die Tagelöhner. Neu haben wir für das grosse Buschdorf Qoryooley eine Gesundheitsgruppe angestellt. Dazu kauften wir einen weiteren Esel mit Karren. Die Leute säubern als Prävention gegen Cholera täglich den Markt und entsorgen den Abfall umweltgerecht.

Die Bauerngenossenschaft *Ambe Banaan* wartet auf Regen. Auch diese Mitglieder grüssen euch alle herzlich und danken für eure Hilfe.
Bei der letzten Ernte brachten sie wieder sechzehn Säcke Mais und sechzehn Säcke Bohnenkerne für die Armen im Ambulatorium. Ich staune immer wieder über den Eifer und den Ernst unserer MitarbeiterInnen. Sie sind nun wirklich ganz bei der Sache auf dem neuen Weg.
Gewiss, ich bin in den ersten Jahren auch etliche Male betrogen oder bestohlen worden. Aber heute zeigt sich, dass das Vertrauen die beste Medizin für die durch den Krieg verwirrten und verwahrlosten Menschen ist. Die Mitarbeiter wissen heute, dass sie durch Fehlverhalten sich selbst und die Genossenschaft schädigen und ihre eigenen Arbeitsplätze sowie ihre eigene Sache gefährden.

Das Vertrauen braucht in einem Land, das durch Krieg und Gewalt zerstört wurde, einen langen Atem.

Merka, 18. Mai 2000

Der orientalische weisse Gebäudekomplex unseres Gymnasiums *Iskashata New Ways* ist bis auf den Innenausbau fertig gebaut. Türen und Fenster sind in hellem Blau bemalt, wie das Meer in der afrikanischen Mittagssonne. Dieses Blau ziert alle Häuser der Genossenschaft und gibt dem Ganzen ein besonderes Gesicht. Wenn ich unser Ambulatorium und die Primarschule mit den neuen Gebäuden der Mittelschule sehe, dann meine ich oftmals, dass ich träume – bis mich dann die rhythmischen Gesänge der Bauarbeiter zurückrufen und mir zeigen, dass das Ganze Wirklichkeit ist. Dass alles in so kurzer Zeit realisiert werden konnte, war aber nur möglich dank der guten Zusammenarbeit in der Genossenschaft!

Ich habe allerdings immer noch meine Bedenken und zweifle daran, ob es richtig ist, wenn wir im September ein Gymnasium eröffnen:
Was für Chancen haben die jungen Menschen nach dem Abschluss dieser theoretischen Ausbildung? Diese Fragen quälen mich, wenn ich die Realität sehe. Ist das der richtige Weg, den wir gehen? Die Universität in Mogadischu ist zwar seit kurzer Zeit wieder eröffnet. Ein Studium ist allerdings nur für die reichen, gut situierten Töchter und Söhne möglich. Erreichen wir mit dem Gymnasium nicht gerade das Gegenteil von dem, was wir wollen und anstreben, nämlich gerechtere Verhältnisse und Brot für alle Menschen? Ich habe mir lange überlegt, was zu tun ist, um der Jugend hier in Somalia eine Zukunft zu ermöglichen. Mein Ent-

schluss stand fest: Hier im Land der Armut müssen wir uns mit den gegebenen Verhältnissen auseinander setzen und das Bestmögliche tun, um aus dieser Misere herauszukommen.
Ich wollte hier im Armenviertel so etwas wie ein Pilotprojekt, etwas ganz Neues verwirklichen: Eine Mittelschulausbildung, in der die Theorie mit der Praxis verbunden wird. Eine verlängerte Schule mit begleitender Berufsausbildung auf dem Feld, in der Schreinerei oder Weberei oder anderswo. In der Woche sollten drei Tage in theoretischen Fächern der Sekundarschule abwechselnd mit drei Tagen praktischer Arbeit unter Anleitung verschiedener GewerbelehrerInnen stattfinden. Natürlich müsste man den Schülerinnen und Schülern ein monatliches Gehalt für Werkzeuge und Essen auszahlen. So wären sie integriert in den Arbeitsprozess der Bevölkerung und nicht einseitig ausgebildet in Wissen, das sie nachher praktisch nicht werden anwenden können. Die Schüler wären nach Abschluss der verlängerten Mittelschule vorbereitet fürs Leben, in der Praxis hier in diesem Land heisst dies für das Überleben.

Ich selbst habe Professoren von Mogadischu beigezogen, um mir bei der Auswahl von qualifiziertem Lehrpersonal zu helfen. Die beiden Herren zeigten kein grosses Interesse an einer Ausbildung, die Theorie und Praxis verbindet. Sie waren aber von Anfang an sehr begeistert von der Idee, dass wir hier in Merka eine neue Schule eröffnen wollten! Sie verbreiteten daraufhin überall, auch in Mogadischu, die Nachricht, dass sie ein Gymnasium vorbereiten würden – bevor ich selber etwas davon wusste! Als ich dann hörte, dass sie die Stellen für dreizehn Mittelschullehrer für fünf Klassen ausgeschrieben hatten, da dämmerte es bei mir, und ich war sehr überrascht und im Moment unfähig zu argumentieren. Ich suchte fieberhaft nach Argumenten, und ich sah sie wieder vor mir wie in einem Film, die Gesichter der Waisenkinder in unserer Schule im Jahr 1995, als ich ihnen das erste Brot brachte. Ich erin-

nere mich gut. Mein Herz klopfte damals wie rasend und ich brach fast in Tränen aus beim Anblick der Kinder, wie sie das Brot kosteten. Damals hatte ich nur einen Gedanken – einen innigeren Wunsch gibt es nicht: Wir werden dafür sorgen, dass ihr alle Tage euer Brot bekommt, betete ich.
Nun, heute wünschen sich die Somalier aber sehnlichst ein Gymnasium, nichts anderes. Dieser Wunsch ist so gross, dass jede Diskussion mit dem Satz endet: «Aber wir wollen doch endlich ein Gymnasium, das Erste hier in Merka nach dem Krieg!»

Merka, 20. Mai 2000

Heute früh, um vier Uhr dreissig, bin ich in einem Lasterkonvoi der UNICEF mit einer Gruppe von Mitarbeitern des Ambulatoriums ins Katastrophengebiet mitgefahren. Die Dörfer Mombasa und Sheikh Banaaney liegen weit im Inneren des Landes am grossen Fluss Shebele, der in Äthiopien entspringt.
Durch heftige tropische Regengüsse ist das Wasser des breiten Stromes angestiegen, die reissende Flut hat den Damm in Mombasa durchbrochen. Das ganze, grosse Strohhüttendorf steht unter Wasser. Hunderte von Menschen sind auf die nahen Hügel geflohen. Sie leben dort in der Wildnis ohne Schutz, ohne Dach über dem Kopf, ohne Decken und Nahrung, sie haben nur gerade das, was sie auf dem Leib tragen. Das Schlimmste ist, dass es kein sauberes Wasser gibt. Die Familien sind den Stechmücken ausgesetzt, viele Kinder und Erwachsene leiden an Malaria und Durchfällen. Unsere Gruppe *New Ways* ist zum Glück gut ausgerüstet, und wir sind mobil für solche Katastrophen. Ali organisierte die Malaria-Tests sowie die Stuhl- und Urinproben für mich. Ich arbeitete den ganzen Tag am Solarmikroskop. Habiba war für Verbände, Injektionen und Impfungen zuständig, Rabaaca für die Dosierung und

Verteilung der Medikamente, für frisches Wasser, Milchpulver und die ORS-Behandlung für die unterernährten Babys und deren Mütter. Wir brachten das Verbandmaterial, die Medikamente und Infusionen mit. UNICEF sorgte für Zelte und Notunterkünfte und verteilte Hunderte von Decken und Moskitonetzen sowie Plastikunterlagen. Weiter errichteten sie sanitäre Nottoiletten und ein Zelt für Kranke mit medizinischer Betreuung. In einem der Lastwagen waren viele Säcke mit Mais, Bohnenkernen, Zucker und Vitaminöl für alle Betroffenen.
Ich staunte einmal mehr über unsere MitarbeiterInnen der Genossenschaft: Ohne viele Worte übernahmen alle ihre Aufgaben, und die Zusammenarbeit mit der Gruppe UNICEF war sehr gut.
In Mombasa war ein Ingenieur der UNICEF dabei, eine Gruppe von Männern zu organisieren, die den Damm so rasch wie möglich reparieren sollten. Er erstellte einen Plan und UNICEF lieferte die Sandsäcke. Grosse Bäume müssen für diese Arbeit am gebrochenen Damm gefällt werden. *New Ways* bezahlte tausend US-Dollar dafür. Der Ingenieur bleibt dort und leitet die Arbeit.

Das grosse Nachbardorf Sheikh Banaaney ist noch trocken, aber sehr gefährdet, sodass wir weitere tausend Dollar für die Verstärkung des Dammes mittels Bulldozern als Präventivmassnahme bezahlten. Ich denke, das Geld der «Neuen Wege» ist da gut eingesetzt. Wenn der Fluss weiterhin ansteigen würde, wäre ohne diese Massnahme die ganze untere Gegend mit vielen Weilern und Dörfern sowie Äckern und Feldern von den Überschwemmungen betroffen; darum ist Prävention momentan das Wichtigste.

Es ist halb drei Uhr nachts. Wir waren zehn Stunden unterwegs auf der Fahrt durch Savannen- und Buschgebiet und sind erst spät in der Nacht – aber doch gut – heimgekommen. Ich kann nicht schlafen. In Gedanken bin ich immer noch in der Wildnis draus-

sen bei den Menschen, die schutzlos Wind, Wetter und der Wildnis ausgesetzt sind und auf dem harten Boden liegen.
Das milde Licht des Mondes umgibt auch diese Familien sanft, dort in ihrer Not und Armut. Gott behüte sie alle! Gute Nacht.

Merka, 23. Mai 2000

Auf dem Weg in die Stadt begegnete ich einem seltsamen Gespann.
Ein Esel zog einen Karren. Auf dem Brett über den Rädern lag eine Riesenschildkröte wehrlos auf dem Rücken. Ihre Beine waren mit Stricken gefesselt und am Brett festgebunden. Der Kopf hing hilflos in der Luft nach unten. Ich stoppte das Gefährt und legte dem Tier ein zusammengefaltetes Tuch unter den Kopf. Dann fragte ich die begleitenden Fischer wütend: «Wohin wollt ihr mit dem kostbaren Tier?» «Auf den Fischmarkt. Das ist eine Delikatesse.» «Was kostet die Schildkröte», fragte ich weiter. «Hm – ah – etwa 300 000 somalische Schillinge», kam die zögernde Antwort. Das sind dreissig Dollar. Rasch entschlossen zog ich das Geld aus der Tasche. Bei einem Lebewesen handelt man nicht, dachte ich und übernahm sofort das Gespann. «Ich werde euch den Karren später ins Dorf zurückbringen. Verschwindet jetzt! Diese Tiere sind weltweit geschützt. Passt auf, dass das nicht wieder vorkommt, sonst melde ich es dem *Islamic Court!*» Die beiden jungen Männer schauten mich verwundert an, rannten dann plötzlich los und riefen mir noch zu: «Ja, ja, Verena, wir wissen es jetzt!»
Es war ein seltsames Gefühl, mit dem armen Tier allein unterwegs zu sein. Ich lenkte den Esel zurück zur Schule, wo wir rasch einen Lastwagen bestellten. Die Lehrer konnten schliesslich die schwere Schildkröte mit vereinten Kräften umdrehen. Dann fuhren wir langsam in Begleitung aller Kinder zum Strand hinunter. Die Was-

serschildkröte war ein Weibchen. Sie war so erschöpft vom Schrecken und der hilflosen Lage, dass sie sich nur mühsam und langsam dem Wasser zubewegte. Einige Male stand sie still, stützte den Kopf auf den Sand und verschnaufte. Wir trugen und zogen sie dann Schritt für Schritt sorgfältig dem Wasser entgegen, dabei gab sie merkwürdige zischende, kurze Laute von sich, es war, als ob sie weinte – vielleicht vor Freude über den Geruch und über das Rauschen des Meeres?
Als sie ihr Element, das Wasser, unter sich spürte, paddelte sie in letzter Verzweiflung wie wild los, den sich brechenden Wellen entgegen, und schwamm hinaus ins weite Meer. Hundert Kinderaugen begleiteten sie in ihre Freiheit und alle klatschten in die Hände und jauchzten in den Wind.
Eine Lektion unter freiem Himmel mit angeregter Diskussion und vielen Fragen folgte. Das war ein guter Tag mit den Kindern. Sie sind so unvoreingenommen frei und logisch im Denken.

Merka, 2. Juni 2000

Nächste Woche ist das Gymnasium fix und fertig gebaut. Die Gebäude stehen und sind bis dann eingerichtet.
Unser Gymnasium ist das Erste nach dem Krieg, und es wurde bereits zu einer Sensation. Die Leute kommen alle von weit her, vom Norden und Süden Somalias. Und viele NRO-Gruppen lassen sich extra für zwei Tage einfliegen, um unsere Genossenschaft und das Gymnasium zu sehen. Die Direktoren von UNICEF, der Engländer Dr. Jonathan und der Italiener Dr. Jean Franco, waren zwei Tage bei uns. Sie waren so begeistert von unserer Zusammenarbeit, dass sie uns spontan einen eigenen Brunnen mit Pumpwerk für alle unsere Gebäude und einen Generator für das gesamte Netz anboten. Sie werden die ganze Brunnenanlage mit Zement

ausbauen. Das ist ein enorm gutes Angebot für das ganze Armenviertel. Und für mich ist es wie ein Wunder, denn ich hätte nie gewagt, um etwas zu bitten.
Dr. Jean Franco sagte, unser Ambulatorium sei die bestfunktionierende medizinische Versorgungsstätte im Süden von Somalia. Wir wissen das natürlich auch, aber der Ausspruch freut uns und tut gut nach all den Jahren harter Arbeit und Auseinandersetzungen. Heute finden alle, dass es gut war, dass wir uns damals durchgesetzt haben, als wir beschlossen, unsere Arbeit im Slum zu beginnen und hier ein Ambulatorium zu eröffnen. Seither sind überall winzige Verkaufsstellen und Läden entstanden, kleine Früchtebars und Teehütten. Die BewohnerInnen haben in Fronarbeit auch die Strasse ausgebessert. Das ärmliche Viertel beginnt sich zu entwickeln. Die Menschen erwachen aus ihrer Kriegslethargie und ihrer Hoffnungslosigkeit, in die sie verstrickt und wie gefangen waren.

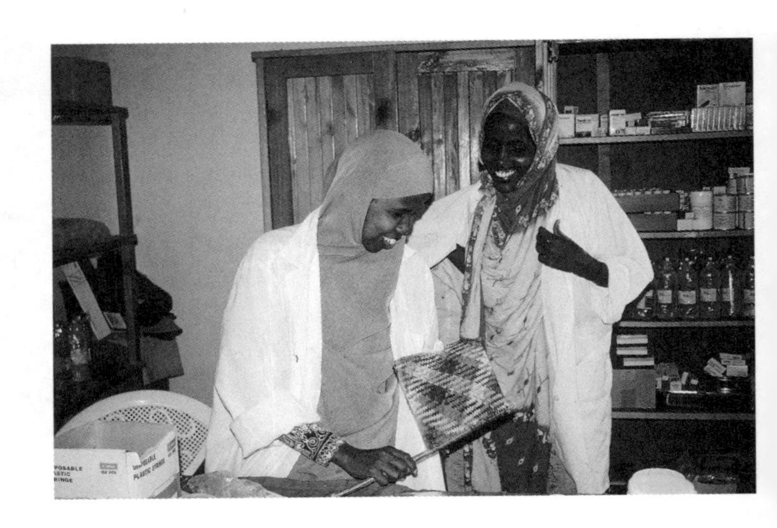

Vierzehnte Ausreise

Zürich, im September 2000

Ich bin im Juli nur für einige Tage in Somalia gewesen und musste dann wegen einer Entführung von zwei Mitarbeitern einer französischen Hilfsorganisation in Mogadischu das Land wieder verlassen. Ich berichte euch nun, was damals passiert ist.

Im Juli wurde die Flugpiste El-Ahmed in der Nähe von Merka wegen Unruhen und Schiessereien wieder geschlossen. Die amerikanische Fluggesellschaft UNCAS sowie die ECHO stellten ihre Flüge bis auf weiteres ein. Darum organisierte ich den Flug nach Somalia wieder mit einem Drogen-Transportflieger nach der Landepiste «Km 50».
Ich konnte nicht wissen, dass am 27. Juli, am selben Tag, als ich morgens um sechs Uhr ins Land einfliegen konnte, zwei Menschen in Mogadischu gekidnappt wurden. Ich hatte Glück: Die Mitarbeiter waren mit polizeilichem Schutz rechtzeitig im Busch zur Stelle, um mich abzuholen. Nach langer Fahrt bin ich doch gut angekommen in Merka, wo ich freudig empfangen wurde. Ich wurde informiert, dass alle Mitarbeiter der WHO, der COSV sowie UNICEF und UNESCO das Land verlassen hätten. Für mich war das nichts Neues, ich hatte keine Bedenken, weil unsere Genossenschaft ja ausserhalb von Merka in einem Gebiet der Armut und Not liegt und weil wir von den Somaliern akzeptiert und geachtet werden.

Am 28. Juli kamen dann die Verantwortlichen des *Islamic Court* zu einer Sitzung zu uns. Sie teilten uns mit, dass sie wüssten, dass wir keine Waffen in der Genossenschaft hätten, und falls es Unruhen gäbe, würden sie für unsere Sicherheit einstehen und uns beschützen.

Anschliessend prüfte ich mit dem Vorstand der Genossenschaft die verschiedenen Zweige der Buchhaltung: Die Auslagen des Ambulatoriums, der Schulen, der Farmergenossenschaft und die Ausgaben für die medizinischen Behandlungen im Gefängnis, dann natürlich die monatlichen Unterhaltskosten, welche die Berti Wicke-Stiftung für das Distriktspital Merka übernommen hat. Die Sekretäre haben das Budget sorgfältig verwaltet und keinen Dollar zuviel ausgegeben. Mit Freude sehe ich, wie sie ihre Sache mit Sorgfalt und Verantwortung verwalten.

Am Morgen des 31. Juli wurden wir bei der Arbeit im Ambulatorium von einer Gruppe bewaffneter Männer und einer Frau überrascht. Sie stürmten rücksichtslos herein und verlangten eine Besprechung. Ich wies sie an, ihre Gewehre draussen zu lassen und zu warten. «Wir behandeln hier kranke Menschen, die unsere Hilfe brauchen», sagte ich. Die Leute waren unhöflich, ja arrogant. Sie nötigten uns ins Büro, wo sie 200 000 US-Dollar Lösegeld von uns forderten für zwei Personen, die in Mogadischu gekidnappt worden waren. Weiter meinten sie, dass die Genossenschaft *New Ways* der grösste Arbeitgeber im ganzen Süden von Somalia sei und wir deshalb bezahlen müssten. Als ich erklärte, dass wir hier im Slum kein Geld hätten, sagten sie, es könnten auch 100 000 US-Dollar sein, sie seien bereit, mit uns zu verhandeln. Ich erwiderte: «Wir sind in dieser Gegend die einzige medizinische Versorgungsstätte, die ambulante Patienten behandelt. Ich persönlich werde nicht und mit niemandem über Geld verhandeln, hier geht es um Menschen in Not und Armut, um ihr Leben!»
Als die Mitarbeiter dann weiter mit ihnen redeten, zog mich ein Mann etwas beiseite und sagte leise: «Mama Verena, verschwinde

Kidnapper!» (Der Mann war mir irgendwie bekannt; später erinnerte ich mich daran, dass wir ihn vor Jahren gepflegt hatten.) Dann reagierten die Mitarbeiterinnen. Sie schrien laut hörbar: «Verena, komm rasch, eine Frau hat eine starke Blutung!» So konnte ich weg und mich in einer Strohhütte verstecken.

Später beschlossen die Genossen einstimmig, dass es besser sei, wenn ich das Land wieder verlasse. Zuerst war ich dagegen. Dann überlegte ich mir die Konsequenzen für die Genossenschaft, wenn mir etwas passieren würde. Vierundachtzig sichere Arbeitsplätze und das Einkommen sämtlicher beschäftigten TagelöhnerInnen wären gefährdet. So fuhren wir mit Geleitschutz vom *Islamic Court* am anderen Morgen um vier Uhr früh wieder in den Busch zur Piste «Km 50», wo wir aufs Geratewohl auf einen Drogen-Transportflieger hofften. Ich hatte wieder Glück: Es gab an diesem Tag nur einen einzigen Flug, aber ich konnte mitfliegen. So kam ich am späten Abend in Nairobi an und konnte einen Rückflug in die Schweiz organisieren.

Die Situation in Somalia hat sich nun wieder beruhigt. Die beiden Menschen, die entführt worden sind, sind endlich wieder frei, Gott sei Dank! Die vom Krieg gezeichnete Bevölkerung hofft und betet nach wie vor für Frieden und eine funktionsfähige Regierung.

Ich werde am 16. Oktober wieder ausreisen, und wir werden Anfang Januar unsere neue Schule eröffnen. Wir machen weiter und arbeiten an unserer Utopie für eine gerechtere Welt, wo alle Menschen Brot, Wasser und Lebensfreude geniessen können.

Fünfzehnte Ausreise

Merka, 21. Oktober 2000

Heute, frühmorgens um sieben Uhr, warteten wieder über zwanzig Frauen vor dem Ambulatorium auf mich. Einige kamen zur Schwangerschaftskontrolle oder zur gynäkologischen Untersuchung. Die meisten aber kamen wegen Hunger, Not und Armut. Manche waren viele Kilometer weit gegangen. Sie bettelten um eine Mahlzeit und Wasser. Zwei Frauen waren in einem schweren Erschöpfungszustand und so ausgetrocknet, dass wir ihnen zuerst eine Infusion mit den notwendigen Mineralien und Vitaminen machen mussten.
Für afrikanische Familien bedeuten viele Kinder so etwas wie eine Lebensversicherung für das Alter. Diese Ansicht hat aber Konsequenzen für die Frauen. Oft kommen noch junge Mütter zu mir in der festen Überzeugung, sie seien schwanger. Bei der Untersuchung und dem anschliessenden Gespräch stelle ich dann fest, dass eine eingebildete Schwangerschaft vorliegt. Die Ursache sind die Männer, denn diese wollen, dass ihre Frauen jedes Jahr ein Kind – möglichst einen Sohn! – zur Welt bringen.

Heute kam eine einundzwanzigjährige Mutter in äusserster Not zu mir. Sie hat bereits fünf Kinder geboren. Die letzte Geburt war im April 1999, und seither blieb eine Schwangerschaft aus. Die Frau wurde von ihrem Mann geschlagen und er drohte, sie zu verlassen. So werden die Frauen allein gelassen. Die Männer nehmen sich eine jüngere Frau. Die Mütter bleiben allein mit den Kindern und werden im Dorf als die «Unfruchtbare» verachtet. In solchen Fällen bin ich oft ratlos und überfordert. Meine Mittel sind begrenzt, so kann ich höchstens für ein paar Tage weiterhelfen. Das Einzige, was ich tun kann, ist zu versuchen, das Selbstbewusstsein der Frauen zu stärken. Aber was sind Worte? Was bedeuten gut gemeinte Ratschläge in einer solchen Situation? Nicht mehr als hohle Phrasen …

Merka, 3. November 2000

Immer wieder kommen Flüchtlinge nach Merka. Sie wissen, dass es auf dieser Welt keine Heimat gibt.
Es klopfte bei mir. Ein alter Mann stand vor der Tür. Er war viele Stunden durch die Trümmer der Stadt geirrt und hatte nichts bekommen. «Hunger!» Er blickte fragend auf das Brot, das noch auf dem Tisch lag, sah mich an. «Brot», sagte er, «mein Gott, wenn du mir etwas Brot geben könntest?» Das Wasser lief ihm im Mund zusammen, er schluckte es herunter und sagte noch einmal leise: «Brot.» Er nahm das Brot. «Danke!» Er brach schnell ein Stück davon ab. Sein Kinn zitterte, die Muskeln seines Mundes zuckten. Dann grub er die Zähne in die weiche Bruchstelle und ass. Das Brot war alt. «Es schmeckt süss», meinte er und die Tränen tropften ihm übers Gesicht, ohne dass er es verhindern konnte. Sie liefen einfach, sie rollten über die Falten seines Gesichts und tropften auf seine magere Brust. «Du hungerst schon lange?» Er nickte. «Danke», sagte er sehr leise, «vielen Dank», und ging.
Ich spürte plötzlich, wie mein Herz heftig klopfte, es liess nicht nach, ich musste immer an das Brot und an die vollgestopften Regale in den Läden der Schweiz denken, an die süssen Pfeffernüsse, Lebkuchen, Schokoladekläuse, die bereits Ende Oktober für das Weihnachtsgeschäft aufgeschichtet waren. Das Klopfen meines Herzens war wie ein sanftes, aber anhaltend schmerzhaftes Pochen in einer Wunde. Ein grosser wunder Fleck mitten in meiner Brust.

Ich ging zur Moschee und fragte den Imam nach dem Unbekannten. «Komm nicht dauernd mit den gleichen Fragen zu uns», wies er mich zurecht. «Wir wissen nichts, wir sind am Beten.» Die Tür schlug zu. Ich blieb lange stehen und versuchte irgendetwas zu fühlen, Hass oder Wut oder Schmerz, aber ich fühlte nichts. «Vielleicht bin ich tot», dachte ich, dann erwachte ich aber, als ich gegen die Türe trat und den Schmerz verspürte, den das Aufschlagen der Fussspitze mir verursachte. Ich konnte keinen Hass entdecken, auch nicht Wut, nur Schmerz und Ohnmacht und eine grosse Leere.

Merka, 4. November 2000

Mit den beiden Professoren von der Universität Mogadischu hatten wir verschiedene Sitzungen wegen der Berufsmittelschule. Wir sind nun bei den Aufnahmeprüfungen der Schüler und Schülerinnen, die sich für die Schule bewerben. Auch die zukünftigen Lehrer und Lehrerinnen müssen noch ihre Prüfungen bestehen. Durch meine Evakuierung hat sich das Ganze verzögert.
Die Mitglieder der Genossenschaft sind begeistert vom Pilotprojekt für Somalia, in dem die Theorie der Mittelschullektionen mit praktischen Lektionen und praktischer Arbeit verbunden sein wird. Die Professoren sind nun auch damit einverstanden. Im ersten Schuljahr wollen sie aber die Fächer des Gymnasiums vermitteln, um dann in dieser Zeit zu sehen, für welche praktischen Berufe sich die verschiedenen SchülerInnen interessieren und eignen. Im zweiten Jahr beginnt die praktische Berufsausbildung, die mit dem Stoff des Gymnasiums semesterweise abwechselt. Die neue Idee war eine harte Nuss für die intellektuellen Professoren hier. Sie haben harte Schädel, wenn sie etwas wollen, aber ich auch, wenns sein muss!
Die Mitarbeiter der UNESCO sind immer noch evakuiert in Nai-

robi. Sie haben uns die Lehrbücher und das Material versprochen. Es gibt aber Professoren in Mogadischu, die diese Bücher vor dem Krieg verschwinden liessen. Nun wollen sie damit Geld verdienen. Ich habe zwei Mittelschullehrer nach Mogadischu geschickt, um nach Lehrbüchern zu suchen und die Lehrmittel zu organisieren. Trotz der Schwierigkeiten halten wir aber daran fest und arbeiten dafür, dass die neue Berufsmittelschule im Januar 2001 eröffnet werden kann. Mein Gott, es wäre eine grosse Freude, wenn jemand von euch dabei sein könnte!!

Merka, 8. November 2000

Ich werde alt, bin oft ausgelaugt von der Hitze und der grenzenlosen Armut hier. Ja, ich bin oft überfordert und dabei habe ich meine Gefühle nicht unter Kontrolle.
Ich berichte, was mir gestern Abend passiert ist, als ich zurückkam von einer Zwillingsgeburt im Ambulatorium.
Vor dem Haus wartete ein somalischer Bandit auf mich. Er sprach perfekt Deutsch, spielte sich gross auf, war bewaffnet und forderte Dollars. Ich fragte ihn: «Wozu brauchst du die Knarre? Warum richtest du sie gegen mich? Wie du siehst, bin ich unbewaffnet.» Er grinste höhnisch, spuckte vor mir in den Sand und brüllte: «Um alten Weibern, wie du eines bist, einer barmherzigen Weissen, das Geld aus der Tasche zu holen! Er gab mir einen Stoss, sodass ich für einen Moment das Gleichgewicht verlor und gegen die Hauswand taumelte, wo ich mich wieder auffangen konnte. Ich verlor die Beherrschung, eine unbändige Wut packte mich. «Männer wie du sind muskulöse Schwächlinge. Du brauchst eine gepanzerte Weltanschauung wie eine dicke Person ein Korsett, weil du sonst zerfliessen würdest. Ich streite nicht mit dir. Du tobst, weil du

schwach bist!» Er spuckte mir wieder vor die Füsse. «Siehst du nicht, wie lächerlich du hier wirkst? Selbst in Zivil brauchst du eine Militäruniform, um aufrecht zu stehen, noch immer trägst du Stiefel, um auf anderen herumtrampeln zu können!» Ich fühlte plötzlich all den aufgestauten Hass in mir, die Verzweiflung über all das, was mit Militärstrukturen zu tun hat.
Und in dem Moment, als ich sagte, dass mich seine Stimme an Hitler erinnere, realisierte ich, dass meine Worte nicht besser waren, und ich spürte die grosse Schwäche, die sich sowohl hinter seinem Machtgehabe als auch hinter meinen hasserfüllten Worten verbarg.
Ich entschuldigte mich, bot ihm Wasser an und etwas zu essen, und die ganze Sache nahm eine Wendung: Wir wurden ruhiger und vernünftiger. Soziale Verteidigung ist die stärkste Kraft der Welt! Sie braucht keine Waffen! Sie schafft eine gerechte Verteilung der Güter und einen Arbeitsplatz für alle Menschen. Das sind die Voraussetzungen für den Frieden.

Merka, 13. November 2000

Eine Gruppe bewaffneter Banditen hat die Gebäude der neuen Schule gestürmt und die Räume belagert. Ich bin zwei Tage in meinem Zimmer geblieben und konnte das Haus nicht verlassen. Die Männer wollten Dollars. Heute kam Hilfe von Merka und Mogadischu. Die Leute wurden verhaftet. Es geht mir wieder gut. Wir arbeiten weiter.

Merka, 24. November 2000

Heute war ein guter Tag:
Die Hitze ist gross, auch in der Nacht, darum stehe ich frühmorgens um vier Uhr dreissig Somali-Zeit auf und laufe – heimlich ohne Wächter – ans Meer. Da setze ich mich auf den Hügel und geniesse es zu erleben, wie der Tag erwacht: Ich liebe die verhaltenen Farben der Dämmerung, wenn die ersten Rauchschwaden über den Kochstellen der Bantu-Hütten aufsteigen und die ganze Armut wie ein Schleier sanft umgeben. Wenn die ersten Webervögel mit ihrem Gesang beginnen, dann verfärbt sich der Indische Ozean langsam vom Tintenschwarz der Nacht in ein tiefes Blau.

Heute, Freitag, ist Muslim-Sonntag. Das Ambulatorium ist nur für Notfälle offen, aber die meisten Nomaden wissen das nicht. Weil es keinen Tierarzt gibt, bin ich immer wieder auch für kranke oder verletzte Tiere zuständig.
Heute kam der Nomade Abukar mit einem seiner Kamelhengste zu mir. Das Tier hat eine tiefe Wunde am Rücken. Durch die Last, die es befördern muss, ist eine Schürfstelle entstanden, die sich infizierte. Daneben bildete sich ein faustgrosser Abszess. Ich sah, dass ich diesen eröffnen musste, hatte aber Angst vor der Reaktion des Hengstes, darum gab ich ihm zuerst Wasser mit Bananen. Beim Füttern betrachtete mich das Tier gelassen. Abukar brachte es dann in liegende Stellung. Beim Reinigen und Desinfizieren der vereiterten Wunde tat es keinen Wank. Als ich dann mit dem Skalpell tief in den Abszess hineinschnitt, wendete es den Kopf zu mir und stöhnte einen Moment auf, es klang aber nicht wie ein Schrei, es schien mir eher ein Laut der Erleichterung zu sein. Erleichterung für das Tier und für mich! Es schaute mich an, und für einen kurzen Augenblick spiegelte sich das Sonnenlicht in seinen grossen Augen, winzige Lichtkringel blinkten auf wie kleine Sternschnuppen am Nachthimmel. Dankbar, dass alles so gut verlaufen

war, gab ich dem namenlosen Kamelhengst den Namen Hidig, das heisst Stern. Abukar war auch erleichtert und freute sich über den Namen. Stern bekommt nun täglich eine Spritze mit Penizillin-Procaïn und einen Verbandwechsel. Dazu gebe ich ihm natürlich vollreife Bananen und Datteln.

Am späten Nachmittag kam Bashir zu mir. Ich habe den Jüngling vor zweieinhalb Jahren behandelt. Er war am Verhungern, konnte nicht mehr stehen und hatte Malaria. Er war damals so schwach, dass er kaum etwas sagen konnte. Er blieb dann ungefähr vier Monate bei uns, bis es ihm besser ging. Ich habe ihn nun zwei Jahre lang nicht mehr gesehen. Heute stand er plötzlich vor mir, lachte und übergab mir geheimnisvoll ein Päcklein. Ich staunte: Sorgfältig in Kokosfasern eingewickelt kamen drei Äpfel zum Vorschein, ja, ja, richtige Äpfel! Ich fragte ihn: «Wo hast du denn diese Äpfel her? Das gibt es doch nicht in Somalia? Hier in Merka legt seit Monaten kein Schiff mehr an, alle NRO sind evakuiert.» Er lachte verschmitzt: «Ich habe die drei Äpfel von einem Matrosen in Mogadischu bekommen. Sie sind für dich. Morgen früh fahre ich zurück mit dem Zuckertransport-Laster, der mich mitgenommen hat.»
Ich denke an die beschwerliche und weite Reise bei dieser Hitze, hinten auf dem offenen Lastwagen, und an die Gefahren, die Bashir auf sich genommen hat, an sein strahlendes Lachen und seine Freude – Gott möge ihn begleiten!
Heute, am 24. November, ist mein Weihnachtstag. Ich geniesse den Duft dieser Äpfel und esse sie nur ganz langsam, mit Haut und Kernen. Wer weiss, vielleicht wächst ein Apfelbaum in mir?

Merka, 5. Dezember 2000

Gestern Morgen kamen achtundfünfzig Jugendliche, um sich für die Aufnahmeprüfungen einzuschreiben, die morgen stattfinden. Als ich die gross gewachsenen, aufrechten Gestalten durch das Tor der neuen Schule hereinkommen sah, da packte mich die Freude derart, dass mir die Tränen kamen. Ich dachte gerührt: Es ist wahr geworden! Hier, mitten in der Armut, ist tatsächlich eine Schule entstanden, hier werden junge Menschen unabhängig vom Klan-Wesen, ob arm oder begütert, miteinander lernen. Alle werden die gleiche Chance haben und sie werden sich gemeinsam mit der Not und Armut, die ein Krieg hinterlässt, auseinander setzen und dabei praktisch erleben, was es bedeutet, am Boden im Dreck geboren zu werden.
Als die Mädchen und Jungen in den Klassenräumen waren und der Lehrer Ahmed kam, sagte ein Sprecher der Schüler und Schülerinnen zu ihm: «Bevor wir beginnen, bitten wir dich, geh zu Verena und teile ihr mit, dass wir alle ihre Freudentränen gesehen haben. Sage ihr, dass wir mit ihr weinen, innerlich, vor Freude, dass wir hier in dieser Schule endlich auch die Gelegenheit haben, uns weiterzubilden.»

Ich denke zurück an die Anstrengungen und die Mühe, die wir hatten, damals vor fünfeinhalb Jahren, als wir die Primarschule für Waisen aufgebaut haben. Ich musste damals im Kriegsland ohne Läden jeden Papierfetzen von aussen organisieren. Es gab keinen Schreibstift, einfach nichts damals. Ohne die Bereitschaft der Piloten, welche die Qat-Droge einflogen, hätten wir keine Schule aufbauen können. Sie transportierten bereitwillig Kiste um Kiste zur Landepiste im Innern des Landes und die Mitarbeiter sorgten für den Transport bis hierher. Zuletzt war doch alles rechtzeitig zur Eröffnung am 1. Juli 1995 bereit, und die Freude siegte über die Mühe und alles Bangen.

Nun, eine Berufsmittelschule aufzubauen und zu organisieren, das ist eine viel kompliziertere Sache, obwohl wir nun Läden haben und wir das Material in Mogadischu bestellen können. Ich erlebe hier, dass die meisten intellektuellen Menschen Mühe haben, eine Sache praktisch anzupacken und das Begonnene durchzuziehen. Sie sind es nicht gewohnt zu arbeiten wie wir Frauen. Also, wirklich, Hebammenarbeit ist ein Fremdwort für Herren, die sich ständig für alles und jedes bedienen lassen! Das ist ein Grund mehr, warum wir in der neuen Schule bewusst die praktische Arbeit mit der Kopfarbeit verbinden wollen.

Manchmal, wenns ums Geld geht, komme ich mir vor wie eine streitsüchtige, alte Hexe.
Heute kam ein Transport mit Material und Farbe aus Mogadischu. Der Fahrer versicherte mir, dass er nur drei Büchsen Ölfarbe bekommen konnte, anstatt der acht, die ich bestellt hatte. Dazu verlangte er einen Preisaufschlag für die Fahrt von Merka bis zu uns in den Slum. Ich sagte: «Ich bezahle den vereinbarten Preis, nicht mehr! Für die Fahrt von Merka bis ins Niemandsland der Vertriebenen wirst du mir keinen Schilling mehr verrechnen. Was tust du für den Aufbau deines Landes? Ich meine deinen eigenen praktischen Beitrag?» Er schaute mich gross an, grinste dann und meinte: «Das ist nicht meine Sache.» Als ich die Lieferung bezahlte, machte ich ihn darauf aufmerksam, dass acht Büchsen der Ölfarbe auf dem Lieferschein aufgeführt waren, und kletterte auf den inzwischen leer geräumten Wagen, um zu kontrollieren. Hinter der Plane versteckt fand ich dann fünf Büchsen der teuer bezahlten Ölfarbe.
Ich hasse diese Kontrollen, aber das gehört wahrscheinlich einfach dazu, hier im Land ohne Regierung.

Professor Jeberow von Mogadischu hat vor dem Krieg die Lehrbücher des Gymnasiums rechtzeitig beiseite geschafft. Nun wollte

er damit *business* machen. Er verlangte sage und schreibe 150 Dollar pro Buch! Er wollte nicht mit mir persönlich verhandeln. Darum beauftragte ich den Ältestenrat, zwei wichtige Scheichs und Vertreter des *Islamic Court*, dass sie ihn zum Gespräch zu uns einladen sollten. Zuerst rühmte ich natürlich gebührend seine Weitsicht, dass er die Bücher rechtzeitig vor der Vernichtung gerettet hatte. Dann machten wir ihn vor den Versammelten auf seinen Beitrag für das Land aufmerksam. Die Konsequenz ist nicht die Stärke der Somalier – ich blieb aber hart, und so wurde es dann doch möglich, dass wir für die Bücher nur die Transportkosten bezahlen mussten.
Allham dulilla! Ich werde hart in diesem Land. Trotzdem verlange ich weiterhin, dass die Somalier ihren Beitrag leisten müssen für ihr eigenes Land!

Merka, 8. Dezember 2000

Heute, am Freitag, ist meine Arbeit auf Notfälle beschränkt. Wir hatten gestern eine Schiesserei, die drei Verletzte und einen Toten forderte. Eine Gruppe Banditen raubte im Armenviertel Sorghum und Kochtöpfe, einfach alles, was man stehlen kann, um es irgendwo auf einem Markt wieder zu verkaufen. Eine unserer Nachbarinnen wurde durch einen Streifschuss verletzt. Blutend und laut weinend rannte sie zu uns, weil ihr die beiden Kochgefässe, die sie von uns bekommen hatte, gestohlen worden waren. Wir bekamen Hilfe vom *Islamic Court*. Als dieser eingriff, gab es eine lange Schiesserei. Ich rannte mit der Frau auf den Dachboden und wir legten uns flach hin, damit uns niemand sehen konnte.
Ein Räuber starb auf dem Transport ins Distriktspital, ein anderer Mann hat einen Oberschenkeldurchschuss, und zwei erlitten Fleischwunden durch Streifschüsse. Die Männer sind jung und

gesund, nicht etwa unterernährt. Ich weinte über diese jungen Männer, als ich ihre Wunden versorgte, ja, eigentlich konnte ich meine Tränen nicht zurückhalten: Ich weinte wegen der verdammten Rüstungsindustrie, die skrupellos weiterhin ihre schmutzigen Geschäfte betreibt mit Ländern wie dem am Boden zerstörten Somalia, und das so der geringsten Chance beraubt wird, sich zu erholen und autonom aufzustehen, um sich selbst zu verwalten.
Die Männer kamen nachher ins Gefängnis, wo sie von uns weiter behandelt werden.

Merka, 9. Dezember 2000

Heute war ein guter Tag. Die Schülerinnen und Schüler kamen, um die Ergebnisse ihrer Aufnahmeprüfung zu erfahren.
Dreiundvierzig haben die Prüfung bestanden, siebzehn waren ungenügend. Ich konnte mich nicht abfinden mit dem Gedanken, dass wir diese siebzehn jungen Menschen einfach wegschicken sollten. Natürlich sind wir eine Mittelschule als Vorbereitung für ein Studium an der Universität, und wir müssen an einem gewissen Standard festhalten – aber ich bin mir nicht sicher, ob man in einem Land wie Somalia mit den gleichen Massstäben messen soll wie zum Beispiel in der Schweiz. Wir sind hier im von Kriegen und Katastrophen gepeinigten Somalia, wo die meisten Kinder gar keine Chance haben, eine Schule zu besuchen. Ich denke, dass es ein Fehler war, diese Prüfungen hier so durchzuziehen, das hat nichts mit Gerechtigkeit zu tun.
Nun, wir sind am Lernen – und haben nach zähen Auseinandersetzungen nun eine Lösung gefunden, sodass alle eine Chance haben.

Wir werden zwei Klassen machen: eine Klasse A mit den Schülern, die bestanden haben, und eine Klasse B mit einer Probezeit von sechs Monaten für die siebzehn, die nicht bestanden haben. Sie werden arbeiten und in diesem Prozess können wir dann sehen, wer sich für die Mittelschule eignet. Die Professoren bestehen darauf, dass sie dann nochmals eine Aufnahmeprüfung machen müssen, die Schüler sind einverstanden damit.

Wenn ich die jungen wachen Gesichter sehe und an ihre Lebenserfahrung denke, dann kommt mir immer wieder Paulo Freire mit seinen Büchern «Die Pädagogik der Unterdrückten» oder «Pädagogik als Praxis zur Freiheit» in den Sinn: Mit dem westlichen Schulsystem werden wir diesen jungen Menschen niemals gerecht, das ist mir schmerzlich bewusst. Wir müssen nach neuen Wegen suchen, um die Jugend und uns selbst ganzheitlich zu bilden. Tröstlich ist, dass wir aus unseren Fehlern lernen können. Mich freut, dass ausgerechnet ein Junge aus Afrika uns den Weg weist, der auf die Frage, was denn Entwicklungshilfe eigentlich bedeute, spontan sagte: «Entwicklung heisst das Erreichen der inneren und äusseren Freiheit, die uns erlaubt, selbst über unser Leben zu entscheiden.» (Dies habe ich im Buch «Afrika und wir» von Andreas Steiner gelesen.)

Merka, 30. Dezember 200

Diese Zeilen schreibe ich für diejenigen unter euch, die an unsere Arbeit in Somalia zweifeln. Der Zweifel ist natürlich berechtig nach all dem, was bisher im Namen der Entwicklungshilfe falsc gelaufen ist. Vor ungefähr zwei Jahren habe ich Andreas Steiner Buch «Afrika und wir» von meiner Tropenärztin geschenkt be kommen. Ich habe es gelesen und bin froh über Steiners Bericht

seine Erfahrungen und Gedanken über Entwicklungshilfe. Das Buch ist für mich eines der wichtigen Bücher unserer Zeit; ich hoffe, dass es viel gelesen und diskutiert wird.
Nun, wer vom religiös-sozialen Gedankengut her kommt, dem ist bewusst, dass Entwicklungshilfe, in der Art wie sie Steiner in Frage stellt und anprangert, nichts bringt. Das ist der Grund, warum ich mich von allem Anfang an entschieden gegen die Bezeichnung «Entwicklungshilfe» stellte. Wir sind kein Hilfswerk! Wir sind eine Genossenschaft! Gerade darum haben wir es oft schwer, uns bei den üblichen NRO durchzusetzen. Es gibt zum Beispiel in Somalia kein so genanntes «Hilfsprojekt», wo die Mitarbeiter und Mitarbeiterinnen über das gesamte Budget frei verfügen. Ich lege Rechenschaft ab über jeden Schilling, den ich persönlich brauche, so wie jeder andere Genossenschafter auch. Dass die Mitarbeiterinnen und Mitarbeiter ihre Sache gut machen, so gut wie wir in der Schweiz, das zeigt das Wachstum der verschiedenen Aufgaben der Genossenschaft und ihre Akzeptanz auch in der Bevölkerung.

Warum gerade in Afrika? Nun, wir könnten die Afrikaner wohl sich selbst überlassen in der ganzen Not und Misere, die wir mitverschuldet haben. Es wäre einfach – nur, ich persönlich glaube an die Möglichkeit einer Wiedergutmachung. Zuerst einmal müssten wir ihnen gegenüber allerdings die Fehler eingestehen, die wir gemacht haben. Das heisst ganz praktisch: Die Banken haben ihre Profite nun gemacht! Afrika ist uns nichts mehr schuldig! Dann müssten wir dem gepeinigten Volk zuerst einmal unsere Solidarität beweisen, nicht durch Hilfsprojekte, nein, indem wir bereit sind, mit den Afrikanern zusammenzuleben, mit ihnen das zu teilen, was sie brauchen, und von ihnen zu lernen.
Natürlich können wir die Hunderttausenden von toten Menschen, die durch unsere Rüstungsindustrie vernichtet wurden, nicht wieder lebendig machen. Wir können uns als Pazifisten aber vermehrt und ganz entschieden gegen den herrschenden Milita-

rismus und die Rüstungskonzerne stellen. Natürlich können wir nichts mehr tun für die Kinder und Mütter, die aus Hunger Erde gegessen haben und daran gestorben sind. Wir können aber die Güter, ich meine unseren Reichtum, so umverteilen, dass jedes Kind Brot und ein menschenwürdiges Leben hat. Die Bodenschätze, Gold, Diamanten, Erdöl, Kaffee oder Bananen, an denen wir uns bereichert haben, können wir Afrika niemals zurückgeben. Wir können aber in Zukunft dafür sorgen, dass die Plantagenarbeiter oder Goldschürfer den gerechten Preis für ihre Arbeit bekommen und damit eine sichere Existenzgrundlage haben.
Ich glaube an eine Wiedergutmachung.

Mit dem, was ich an Spenden einbringe, geben wir nur einen winzigen Anteil von dem zurück, was wir diesem Kontinent schulden. Damit meine ich natürlich nicht einseitig nur das Materielle, sondern ebenso denke ich an die Menschenwürde, die Achtung, den Respekt dem einzelnen Menschen gegenüber in seiner Andersartigkeit, seinen Traditionen, seiner Kultur, seiner Religion, seinen Riten und Bräuchen. Wir können uns ja nicht einfach von Afrika trennen, ausgerechnet von dem Kontinent, der uns so viel zu sagen hat: Ich denke dabei an das einfache Leben hier, an die Menschlichkeit und Lebensfreude.
Ich glaube an eine Völker versöhnende Wiedergutmachung, an neue Wege – *New Ways* – hin zu einer friedlichen Völkergemeinschaft.

Sechzehnte Ausreise

Merka, 4. Mai 2001

Die neue Berufsmittelschule, die wir im Januar eröffnen konnten, ist gut angelaufen.
Die Lehrer haben die Probezeit mit Erfolg hinter sich gebracht. Wir sind alle zufrieden. Wir haben mit zwei Klassen zu vierundzwanzig Schülern und Schülerinnen begonnen, die alle die Aufnahmeprüfung bestanden hatten. Den siebzehn KandidatInnen, die damals nicht bestanden hatten, haben wir eine zweite Chance gegeben. In einem viermonatigen Intensivkurs konnten sie sich nochmals für die Aufnahmeprüfung vorbereiten und nun haben Ende April sechzehn von ihnen die Prüfung mit Erfolg wiederholt. So haben wir nun bereits eine dritte Klasse, im Herbst werden es dann fünf Klassen sein.

Ich freue mich besonders über unseren Schulleiter Professor Mohamed Roble. Er ist in seinem Denken ein religiös-sozialer Mensch, der an das Gute im Menschen glaubt und jedem, auch dem schwachen, kriminellen Mitmenschen immer wieder eine Chance gibt, ihn fördern und zum Guten leiten möchte. Ich kann mir keinen besseren Schulleiter vorstellen und dankbar denke ich – trotz Kriegswirren, Hungersnöten und Katastrophen in Somalia – immer wieder daran, dass der Geist Gottes weht, wo er will. Und ich werde daran erinnert, dass es heute und immer wieder neu auch Wunder gibt, wie zum Beispiel einen Mahatma Gandhi, einen Martin Luther King, einen Leonhard Ragaz oder die Blumhardts. Inmitten von Ungerechtigkeit, Rüstungswahn und Profitgier gibt es Menschen, die an das Gute glauben und daran weiter arbeiten. Ich erlebe persönlich die Kräfte, die von diesen Menschen ausgehen.

Im Dezember 2000 gab es bei uns einen Zwischenfall, von dem ich euch noch nicht berichtet habe. Die Sache war bei meiner Abreise im Februar noch nicht geklärt, darum wollte ich euch und speziell meine Tochter und meinen Sohn nicht beunruhigen: Wie ihr wisst, hatten wir im Jahr 1997 einen Überfall mit drei Banditen, die unser damals neu erbautes Ambulatorium für drei Tage und drei Nächte besetzten und uns mit Maschinengewehren bedrohten. Zwei dieser Männer sind nun Genossen und gehören zu den besten Mitarbeitern unserer Genossenschaft.
Nun aber zum Zwischenfall mit Abdi.
Abdi kam, als wir damals, Anfang 1997, mit dem Neubau begonnen hatten, eines Tages mit dem Maschinengewehr im Anschlag auf mich zu und sagte: «Stopp diese Bauerei sofort, sonst erschiesse ich dich! Das ist mein Grund und Boden, da kannst du nicht bauen.» Wir gaben ihm dann Arbeit, und er schwor im Namen des Korans, dass er keine Waffe mehr in die Hände nehmen werde. Nach dreimonatiger Probezeit wurde er als Mitarbeiter aufgenommen und nach weiteren drei Monaten ein Mitglied unserer Genossenschaft.
Abdi hat uns aber seither immer wieder Schwierigkeiten gemacht. Er arbeitete nicht und wurde immer wieder verwarnt. Im letzten Dezember kam er plötzlich mit einer Schusswaffe in die Genossenschaft und bedrohte mich: «Ich will mehr Lohn, ich will viel Geld, falls du mir das nicht gibst, schiesse ich!» Ich ging auf ihn zu und versuchte ihn zu beruhigen, dann kamen mir die Mitarbeiter zu Hilfe. In einer Sitzung der versammelten Genossenschaft erhielt Abdi dann nochmals eine Chance. Er kam auf mich zu, entschuldigte sich mit Tränen, ja küsste mir die Hände, sodass ich dachte, dass mit diesem Mann etwas nicht stimme. Ich dachte das erste Mal daran, dass er an einem Kriegstrauma oder an irgend-

einer Krankheit leiden könnte. Nach wie vor arbeiten wir in unserer Genossenschaft ohne Waffen.

Als ich nun aus der Schweiz nach Somalia zurückkam, stellte ich fest, dass Abdi nicht arbeitete. Ich stellte ihn zur Rede und sagte ihm, dass ich für Nichtstuer keinen Lohn habe. Und dabei wurde mir plötzlich bewusst, dass dieser Mann gefährlich war. Er rannte weg und ich ahnte, dass er mit einer Waffe wiederkommen würde. In der Nacht des 1. Mai holten mich um Mitternacht die Mitarbeiter. Sie hatten ein Auto organisiert, das mich wegfuhr, denn Abdi hatte, zusammen mit einem anderen Mann, die Wächter des Ambulatoriums mit Gewalt aus dem Haus getrieben, das Ambulatorium verbarrikadiert und besetzt. Am Morgen, als ich zurückkam, drohte er, das Haus in die Luft zu sprengen. Der *Islamic Court* kam und die Ältesten von Merka und Hafrussia mit der Intellektuellengruppe GAIM. Das Ambulatorium blieb geschlossen, und ich durfte das Haus nicht verlassen. Am späten Nachmittag dann gelang es dem *Islamic Court*, die Männer zu bewegen, dass sie das Ambulatorium endlich verliessen. Nun hat Abdi einen Brief an die Ältesten und den *Islamic Court* geschrieben. Darin sagt er, dass das Land und das neue Gebäude des Ambulatoriums sein Besitz seien. Ich, Verena Karrer, müsse ihm das Land abkaufen und eine monatliche Miete von einigen hundert Dollar für das Haus bezahlen. Es ist aber klar, dass unsere Gebäude alle auf öffentlichem Gemeindeboden gebaut wurden.
Morgen werden die verschiedenen Gruppen tagen und über Abdi ein Urteil sprechen. Ich bin traurig, denn dieser Mann leidet wirklich an etwas Unabgeklärtem. Es ist eine traurige Geschichte von Verwirrtheit und Verlorenheit in einem Land, wo Kriege, Hunger und andere Katastrophen die Seelen der Menschen zerstören. Uns bleibt nur die Hoffnung auf bessere, gerechtere Zeiten.

Am Schluss noch etwas Gutes: Im Gebälk über mir nisten die Schwalben. Ich freue mich täglich über die winzigen Jungen und denke: Es ist ein gutes Haus, die neue Schule, wenn die Vögel darin nisten.

Merka, 8. Mai 2001

Ich konnte nun mit Abdi allein reden. Er erzählte mir, dass er im Auftrag eines uns bekannten Mannes gehandelt habe. Dieser habe ihm gesagt, er sei dumm, wenn er für lumpige 700 000 Somali-Schillinge arbeite. Er solle das Haus besetzen und sagen, dass Grundstück und Gebäude sein Besitz seien. So könne er viel Geld verdienen und brauche nicht mehr zu arbeiten. (Es gibt eben auch in Somalia Eifersucht und Neider.)

Abdi hat eine Familie mit Kleinkindern. Eine Gruppe vom *Islamic Court* und die Ältesten von Merka wollten die beiden Männer verhaften und ins Gefängnis abführen. Ich dachte, das würde die Sache auch nicht besser machen. Darum habe ich vorgeschlagen, dass wir Abdi als Wächter in die Berufsmittelschule aufnehmen, wo der clevere Mann die Chance hat, sich weiterzubilden, Englisch zu lernen und sich nützlich zu machen. Ahmed, der andere Besetzer, soll im Ambulatorium beschäftigt werden, wo er sich auch weiterbilden kann. Es gehört doch zur Friedensarbeit, dass wir den Mitmenschen immer wieder eine Veränderung anbieten, damit sie erstarken können. Nun haben Abdi und Ahmed ein von mir verfasstes Dokument unterschrieben, in dem sie erklären, dass das Land und sämtliche Gebäude der *New Ways* der Genossenschaft gehören und für die Bevölkerung genutzt werden müssen. Auch *Islamic Court* und der Ältestenrat von Merka haben unterzeichnet. Die Angelegenheit hat Gott sei Dank ein gutes Ende genommen, und die beiden Männer haben im Namen des heiligen Korans versprochen, dass sie in Zukunft ihre Hände von den Waffen lassen werden: Sie sind froh, dass sie nochmals eine Chance bekommen haben.

Im Nachhinein denke ich, dass es gar nicht so schlecht ist, solche Erfahrungen zu machen, gerade auch immer wieder für unsere Genossenschaft. Wir arbeiten ja ohne Waffen und das Beispiel der Gewaltlosigkeit soll auch praktisch immer wieder sichtbar werden, überall da, wo Auseinandersetzungen stattfinden.

Merka, 11. Mai 2001

Heute, Freitag, ist Muslim-Sonntag.
Ich hoffe, dass es etwas ruhiger zugehen wird als letzten Freitag, an dem ich zu einer schweren Geburt geholt wurde.
Ich kenne die Frau, Saadija, seit Jahren. Ich hatte ihr bereits früher bei zwei Geburten geholfen. Nun war sie schwanger mit dem achten Kind, und das Tragische ist, dass ihr Mann im Februar, kurz vor meiner Abreise in die Schweiz, auf dem Weg nach Mogadischu von Banditen ausgeraubt und erschossen wurde. Am Begräbnis versprach ich der noch jungen Mutter finanzielle Hilfe und eine Arbeit für die Zeit nach der Geburt. Am letzten Freitag kam nun ihre Tochter Shukry und sagte: «Diesmal stimmt etwas nicht mit meiner Mutter, komm rasch, beeil dich!» Das elfjährige Kind weinte. In der Hütte angekommen, traf ich eine völlig erschöpfte Frau an. Saadija hatte eine Wehenschwäche und meinte, dass sie jetzt sterben müsse. Ich gab ihr zuerst etwas frische Kamelmilch zur Stärkung und sagte dazu: «Mit Allahs Hilfe wird es wohl gut gehen.» Der Muttermund war vollständig offen, der Kopf des Babys aber zu gross und das Becken der Mutter zu eng, sodass das

Kind nicht durch den Geburtskanal austreten konnte. Ich vermutete, dass es einen Wasserkopf (Hydrocephalus) hatte, und so erklärte ich der Mutter, dass es für einen Kaiserschnitt zu spät sei und dass ich einen Eingriff (Kraniotraxie) machen müsse, um ihr Leben zu erhalten, dabei werde das Kind aber sterben. Saadija war sofort einverstanden mit diesem Eingriff. In Somalia arbeite ich in solchen Situationen in der Geburtshilfe wie die Hebammen in der Schweiz vor hundert Jahren. Gott sei Dank habe ich aus der Schweiz die notwendigen guten Instrumente.

Es ist alles gut gegangen, das Kind hatte einen Wasserkopf und wäre hier in somalischen Verhältnissen nicht überlebensfähig gewesen. Es war die neunte Kraniotraxie, die ich in den achteinhalb Jahren in Somalia machen musste. Ich bin jeweils nachher erschöpft, aber froh und dankbar, ja ich fühle mich wie neu geboren, wenn alles gut gegangen ist. Nach der Beerdigung des Kleinen hat die elfjährige Shukry für uns am Feuer Bananen geröstet, und dazu gab es Hirsebrei, auf Bananenblättern serviert. Ich blieb bis am späten Abend, um die Mutter wegen der Blutung zu überwachen.
Auf dem Heimweg begleitete mich das sanfte Leuchten des Nachthimmels. Er war übersät mit Tausenden von Sternen. Es funkelte und glitzerte so zauberhaft, wie es eben leuchtet am Himmel, wenn ein Kind geboren wird – und nun scheinbar auch, wenn ein Kind stirbt.
Ich denke, es sind die Kräfte des Himmels, die uns begleiten, damit wir die Freude und auch den Schmerz des Lebens besser verkraften können.

Auch der darauf folgende Samstag war kein ruhiger Tag.
Der Samstagmorgen ist immer der strengste Tag, weil das Ambulatorium am Freitag geschlossen oder nur für Notfälle geöffnet ist.

Nach dem Mittagessen um halb drei kamen fünf Frauen, junge Frauen, die vor der Heirat stehen und denen ich mit Hilfe einer Lokalanästhesie die durch die frühere Beschneidung verschlossenen, vernarbten Geschlechtsteile wieder öffnen, also aufschneiden muss. Was ich da jeweils zu sehen bekomme, ist unglaublich: Die Frauen sind verstümmelt, die Klitoris und die Schamlippen sind weg. Die Vagina ist zugenäht bis auf eine winzige, kleinfingergrosse Öffnung. Deshalb leiden die Frauen ständig an aufsteigenden Infektionen, Nierenkoliken und anderem mehr, bis sie sich dank der Informationen meiner Mitarbeiterinnen für den Eingriff bei mir entschliessen. Wegen der Tradition in der Bevölkerung muss dieser Eingriff immer heimlich geschehen. Die zukünftigen Ehegatten müssen sich allerdings in einem Gespräch mit mir damit einverstanden erklären.

Samstagabend:
Um sieben Uhr kam dann noch eine Frau mit tiefen Schnittverletzungen an zwei Fingern der linken Hand. Ich sah, dass die Wunden vernäht werden mussten. Es war wieder einmal kein Arzt auffindbar. Zuerst spritzte ich der Frau das Tetanus-Serum und dann telefonierte ich Frau Dr. Sigg in der Schweiz. Ich wollte ihren Rat und eine ärztliche Verordnung. Mit Hilfe einer einprozentigen Leitungsanästhesie konnte ich dann die beiden Wunden vernähen, verbinden und die beiden Finger auf einer kleinen festen Kartonschiene ruhig stellen. Die Patientin erhielt die von Dr. Sigg verordnete Dosis Antibiotika und die notwendigen Schmerzmittel. Dank täglichem Verbandwechsel verheilen die Wunden gut, nur das Endglied des linken Zeigefingers ist nicht mehr so beweglich wie vorher – vielleicht war die Sehne durchschnitten oder die Gelenkkapsel verletzt? Es wäre eine grosse Hilfe, wenn eine somatische Ärztin oder ein zuverlässiger Arzt hier wäre.

Die Frau war tapfer, wie alle somalischen Frauen hier. Es sind die Frauen, die das Wasser täglich von weit her schleppen, es sind die Frauen, die das Holz in der Wildnis zusammensuchen müssen, es sind die Frauen, welche die Kinder gebären, es sind die Frauen, die für die Männer und Kinder sorgen, trotz Kriegen, Hungersnöten und Katastrophen:
Die Frauen tragen das Land auf ihren Schultern. Ich bewundere sie und ihre aufrechte Haltung. Ich bin froh darüber, dass ich für diese Frauen und Kinder unterwegs sein kann.

Merka, 1. Juli 2001

Der Dollarkurs ist gestiegen wie niemals zuvor. In Somalia droht deswegen wieder eine erneute Hungersnot. Die Lebenskosten sind hier ebenfalls bis ins Unerschwingliche gestiegen.
Gestern sind viele hungernde Menschen von weit her zu uns ins Ambulatorium gekommen. Alle sind sie unterernährt. Eine Frau kam mit zwei Kleinkindern. Das eine trug sie auf dem Rücken, das andere hatte sie vor die Brust gebunden, und ihre älteste Tochter trug auch ein kleines Schwesterchen auf dem Rücken. Die zwei Kleinkinder sind dann bei uns gestorben – an Malaria und Hunger. Das Kind, das die grössere Schwester trug, war schon eine ganze Zeit vorher tot. Das ist nur ein Beispiel unter vielen.

Ich hatte Probleme mit einigen Mitarbeitern der Genossenschaft. Wir haben achtundneunzig Löhne zu bezahlen. Im Jahr 1999 erhielt ich für 20 000 Franken noch 17 800 Dollar. Jetzt gab es für die 20 000 Franken nur noch 10 810 Dollar. Wir wollten die Löhne für jeden Mitarbeiter um 100 000 Somali-Schillinge erhöhen, aber das war zu wenig. Die Mitarbeiter hatten 1999 noch einen guten

Monatslohn, und sie waren zufrieden; damals war der Gegenwert noch siebzig Dollar, heute sind es nur noch fünfunddreissig Dollar.
Nun haben wir gerechnet und gerechnet, und schliesslich konnten wir die Löhne um 200 000 Schillinge pro Monat erhöhen. Eine Gruppe von Mitarbeitern liess sich aber von aussen beeinflussen. Sie riegelten das Ambulatorium am Morgen früh ab, sodass kein Patient und keine Patientin hineinkonnte, und auch wir nicht. Die alten GenossenschafterInnen sind aber alle zu mir gestanden. Die neunzehn Streikenden verlangten den gleichen Lohn, den die Angestellten der verschiedenen NRO – die nun nach monatelanger Abwesenheit zurück sind! – beziehen.
Wir organisierten eine Generalversammlung.
Ich erklärte, dass ich selbst für ein Streikrecht einstünde, dass aber der Weg, den sie nun eingeschlagen hätten, unrecht sei: Erstens können wir die PatientInnen nicht auf der Strasse draussen liegen lassen und zweitens sei unsere Situation doch völlig anders als diejenige von COSV, UNICEF oder UNESCO, die ihr Geld von der EU und anderen Staaten bekommen. Diese NRO müssen die Finanzen nicht erarbeiten mit Vorträgen oder für die notwendigen Medikamente von Fabrik zu Fabrik rennen, wie ich es tue.

Ich erzählte ihnen, wie ich nach Somalia kam und wie es mein erstes Ziel war damals, in dieser Misere und Hungersnot so rasch wie möglich Arbeitsplätze zu schaffen, dass sie ihren Lohn in all den Jahren, seit ich hier bin, ausnahmslos jeden Monat am vierundzwanzigsten des Monats bekommen hätten, dass ich auch nicht gewusst hätte, dass der Dollar so steigt, und dass sie eigentlich wissen müssten, dass ich mit ihnen leide, wenn sie unter dem Existenzminimum leben müssen. Zum Schluss konnten wir die Gruppe gemeinsam wieder überzeugen. Später kamen die Leute einzeln zu mir und entschuldigten sich für ihr Tun. Alle erzählten, dass sie sich von einem Mann hatten beeinflussen lassen.

Ich denke mir, dass es eigentlich fast normal ist, wenn es mit so vielen Mitarbeitern hin und wieder Konflikte gibt. Sicher ist, dass die Löhne den heutigen Verhältnissen angepasst werden müssen. Ich werde dafür alles tun, was mir möglich ist.

Nun hat sich die Situation wieder beruhigt. Wir sind wieder an der Arbeit. Es ist allerdings ein trauriges Bild: Jeden Tag stehen Menschenschlangen vor dem Ambulatorium. Viele kommen von weit her, durch Steppen und Savanne, erschütternd die Frauen, Männer und Kinder in ihren zerfetzten Lumpen, barfuss mit wund gelaufenen Füssen und am Ende ihrer Kräfte. Wir geben ihnen etwas Geld für eine warme Mahlzeit und sind dabei, wieder eine Notküche zu organisieren. Das Welternährungsprogramm hat uns Mais versprochen.

In der Berufsmittelschule läuft alles gut. Die Schüler sind aus den ersten Semesterferien zurückgekommen. Alle sind gesund und munter, auch die Lehrer. Ich spüre, dass diese Schule besonders geschätzt wird. Die Bevölkerung von Merka ist begeistert und stolz auf ihre *High School*, wie sie die Schule nennen.
Prof. Roble und ich sind daran, die praktischen Semester für das nächste Jahr mit den verschiedenen Lehrmeistern zu organisieren.

Den siebzehn MitarbeiterInnen, die täglich den Markt säubern und den Abfall umweltgerecht entsorgen, will ich nun einmal ein besonderes Kränzlein winden. Sie setzen sich bewusst für Prävention gegen Cholera und andere Seuchen ein. Das ist harte und dreckige Arbeit. Sie tun dies seit Jahren und mit Erfolg: Die Cholera ist zurückgegangen. Alle haben sie 1993/1994 die drei Intensivkurse für Pflegerinnen mit Erfolg abgeschlossen. Ich denke, dass sich eine Kollegin in der Schweiz wohl nicht so ohne weiteres für diese Arbeit entschliessen könnte. Diese Frauen und Männer schätze ich ganz besonders; sie sind überzeugt von dem, was sie tun.

In der Bauerngenossenschaft wachsen Mais und Bohnen. Wir hoffen auf eine gute Ernte.
Alle Mitarbeiterinnen und Mitarbeiter sowie alle Schüler, klein und gross, schicken euch ihre Grüsse und danken für die Spenden!

Ich will den Brief heute mit meiner Eselin Bioley selbst ins Städtchen bringen. Ich hoffe, sie macht mit. Ich habe ihr bereits zwei Bananen gegeben, doch sie ist ein eigenwilliges und störrisches Tier. Aber vielleicht brauche ich das, dass ich manchmal etwas *gschupft* (gestossen) oder «gebremst» werde in meinem Alter.

Merka, 16. Juli 2001

In Mogadischu ist wieder Krieg: Hunderte von Toten und unzählige Verwundete, davon viele unter der Zivilbevölkerung, viele Kinder.
In Merka wurden am Donnerstag drei Männer und vorgestern einer vom *Islamic Court* hingerichtet. Vor zehn Tagen kam eine Delegation der neuen Regierung von Mogadischu, um mit den Rebellen oder Regierungsgegnern zu verhandeln. Es waren ungefähr hundertzwanzig Gegner, die sich mit Banditen zusammengetan hatten. Viele Banditen sind geflohen, einige wurden eingekerkert, und nun gelang es der Delegation, zu verhandeln und einen Waffenstillstand zu erreichen, der seit gestern in Kraft ist.
Mein Gott, wie bin ich erleichtert, dass endlich der Donner der schweren Geschütze aufgehört hat!

Als heute Morgen um elf Uhr vier Militärwagen mit schwer bewaffneten Soldaten und auf den Kombiwagen montierten *technicals* (Kanonen) vor dem Ambulatorium vorfuhren, rannte ich verzweifelt hinaus, hinderte die Männer am Eintreten und rief: «Wir

sind hier ein Gesundheitszentrum und wir sorgen für die Gesundheit der Bevölkerung. Ich dulde keine Waffen hier! Waffen und Gesundheit passen nicht zusammen! Wendet eure Wagen mit diesen *technicals* weg vom Platz, ihr könnt anderswo parkieren!»
Ich hatte keine Ahnung, dass das die Eskorte der Regierungsdelegation von Mogadischu war, die uns besuchen wollte, und ich staunte nicht wenig, als die Soldaten widerstandslos ihre Waffen ablegten und ihre Autos wendeten, um an einem anderen Platz zu parkieren.
Es kamen sechs Männer, die sich für die verschiedenen Bereiche der Genossenschaft interessierten. Ein Gesundheitsminister, ein Erziehungsminister und ein Agronom waren dabei. Sie besichtigten das Ambulatorium, staunten über die vielen Laborbefunde, die wir täglich machen, sowie über unsere Apotheke. Sie befragten die MitarbeiterInnen und PatientInnen sowie unsere Lepra-Kranken, wie sie hier versorgt würden. Nachher besuchten sie die Schulen und redeten mit den Schülern und SchülerInnen und den Lehrern. Als ich um zwei Uhr vom Ambulatorium kam, waren sie immer noch da. Ein Radioteam und das Fernsehteam *Horn of Africa* interviewte und filmte. Zum Schluss bedankte sich der Gesundheitsminister bei mir für die Arbeit und wünschte: «Sagen Sie nun auch etwas!»
Ich bedankte mich bei den Mitarbeiterinnen und Mitarbeitern für ihre Arbeit und sagte: «Das, was Sie hier sehen, die verschiedenen Gebäude und Zweige unserer Genossenschaft, ist entstanden dank meinen somalischen Mitarbeiterinnen und Mitarbeitern. Dies war allerdings nur möglich, weil wir ohne Waffen leben und arbeiten.» Einige der Minister lächelten und verabschiedeten sich; der Gesundheitsminister und der Agronom blieben zurück und fragten ernsthaft: «Ist das wirklich möglich?» Die MitarbeiterInnen sagten: «Natürlich ist das möglich, sie sehen es.»
Und ich dachte bei mir: Es ist wirklich so, wie es geschrieben steht: Wir können Berge versetzen, wenn wir nur wollen! Diesen Mo-

ment, als die Soldaten ihre Maschinengewehre bereitwillig ableg-
ten und die Militärwagen wendeten, um anderswo zu parkieren – diesen Moment werde ich wohl nie vergessen! Da spürte ich in mir eine überwältigend grosse Freude warm aufsteigen. Ich kann das Gefühl nicht beschreiben, es ist eine neue, gesunde Lebenskraft, die mich beseelt.
Es geht mir wieder gut, wir machen weiter so und bleiben dran!

Merka, 28. Juli 2001

In Kismaayo ist wieder Krieg.
Hier in Merka sind seit drei Tagen die Geschäfte geschlossen. Es gibt keinen Zucker für den Tee, kein Mehl für Brot, einfach nichts, weil ganze Banden von Banditen das Städtchen überfallen haben. Auf dem Markt wurden elf Menschen durch Schüsse zum Teil schwer verwundet. Der *Islamic Court* ist machtlos, weil nur wenige zurückblieben, um das Gefängnis zu bewachen und die Gefangenen zu betreuen. Der Grossteil der Gruppe wurde nach Mogadischu abgerufen, um die Regierungspolizei zu verstärken. Die *warlords* wollen ihre Macht nicht abtreten und das Fatale ist, dass sie mit Amerika und den Saudis zusammenarbeiten. Die Situation wird von den Banditen ausgenützt. Das Leben in Merka ist mit diesem ständigen Terror wirklich nicht einfach.

Seit acht Tagen unterrichte ich wieder mein Lieblingsfach Biologie an unserer Berufsmittelschule. Ihr könnt euch wohl kaum vorstellen, was das für mich bedeutet. Biologie, «die Lehre vom Leben» zu vermitteln in einem Kriegsland, wo ringsum geschossen wird, das ist wirklich eine besondere Chance. Ich bin mir bewusst: Es ist sicher das letzte Mal in meinem Leben, dass ich diese Gelegenheit habe, darum packe ichs noch einmal mit all meiner Energie, In-

tensität und Freude an, denn ich setze all meine Hoffnung für Frieden auf die Jugend. In den Anatomie- und Physiologiestunden will ich die Schüler und Schülerinnen in die Geheimnisse unseres Organismus einführen, will ihnen das Zusammenwirken der verschiedenen Organsysteme näher bringen und etwas vertrauter machen. Diese von Kriegen traumatisierten Jugendlichen sollen staunen lernen über ihr Leben.
Natürlich haben wir auch einen kleinen Baum im Klassenzimmer und das Mikroskop darf nicht fehlen. Ich denke, durch den Sauerstoff-Kohledioxyd-Austausch mit der Pflanzenwelt, den Bäumen leben wir in inniger Verbundenheit und Abhängigkeit voneinander, sodass wir die Bäume als Leben spendende Partner respektieren und ihnen Sorge tragen müssen.
Wir haben uns heute im Mikroskop auch das weisse und das rote Blutbild angeschaut, die Erythrozyten, die den Organismus ernähren und ihm den notwendigen Sauerstoff und unter anderem auch das Eisen zuführen. Weiter staunten wir über unser wunderbar funktionierendes Abwehrsystem: die verschiedenen Leukozyten mit den verschiedenen Aufgaben gegen eindringende Bakterien oder andere Mikroorganismen. Ich selbst staune jedes Mal wieder neu über die wunderbare Zusammenarbeit und Vielfalt unserer Blut- und Körperzellen.

Merka, 29. Juli 2001

Heute hatten wir einen Einblick in unser Nervensystem mit den Neuronen, Dendriten und Synapsen, die für die Sinnesorgane wie auch für unsere Haut und unsere ganze Sensorik verantwortlich sind.

Man kann dagegen sein, dass wir hier in Afrika unterrichten. Es kommt aber natürlich darauf an, wie wir das tun. Ich unterrichte nicht sinnentleert, sodass die Schüler bloss auswendig lernen und die Zusammenhänge nicht verstehen können. Das bedeutet nur «fressen» von fremdem Wissen, mit dem man später nichts anfangen kann.
Wir befassen uns mit unserem Leben! Ich denke, dass gerade die kriegstraumatisierte Jugend hier das Recht hat, durch diese Informationen zu staunen und sich selber etwas näher zu kommen. Wer einen Einblick in die Wunderwelt der Biologie und Physiologie bekommen hat und davon ergriffen ist, der wird sich vielleicht – so hoffe ich! – zweimal überlegen, was er tut, wenn er zur Waffe greift. Wenn ich den jungen Menschen nur etwas von diesem Staunen mitgeben könnte! Ich bitte darum, sie lernten das Leben lieben! In all unserem Streben nach Geld, Versicherungen, Komfort und Macht haben viele Menschen in der so genannten «zivilisierten» Welt das Staunen verlernt. Wir müssten uns bewusst werden, dass jeder, der eine Waffe gegen einen anderen richtet – und wir alle sind dazu fähig! –, sie letztendlich auch gegen sich selbst richtet, denn er tötet seine eigene Empfindsamkeit, seine Seele.
Lebensschule ist Teil der Friedensarbeit. Daher geniesse ich diese Stunden mit der Jugend so sehr. Ich setze alle meine Hoffnungen für eine friedliche Welt in die Jugend, es kommt nun allerdings darauf an, wie wir mit ihr umgehen.

Siebzehnte und letzte Ausreise

Merka, 16. Januar 2002

Zum ersten Mal nach neun Jahren Arbeit in Somalia wurde ich am Flugplatz Kenyatta in Nairobi von jemandem abgeholt, nämlich von Therese und ihrem Sohn Kwame. Ich war so überrascht und gerührt: Ich realisierte plötzlich, wie viel mir das bedeutet, dass ich auf meiner umständlichen Reise nach Somalia an einem sicheren Ort absteigen kann: Es ist ein Geschenk! Die ganze Last der Verantwortung für die Löhne meiner MitarbeiterInnen ist somit für die Dauer meines Aufenthalts in Kenia von mir genommen.
Therese Schärer lebt seit Jahren in Nairobi: Sie doziert Geschichte an der Universität und unterrichtet auch am deutschsprachigen Gymnasium. Therese kennt sich in Nairobi gut aus, was für mich eine grosse Hilfe ist, denn ich merke, dass ich alt werde. Zudem spare ich damit die Hotelspesen.

Ich war zwei Tage in Nairobi. Am Freitag vor der Abreise nach Somalia gingen wir am Morgen noch zusammen einkaufen – und ich genoss meinen letzten Salatteller.
Am Nachmittag fuhren wir gemeinsam mit Kwame hinaus in den Park Kenias, in die Wildnis, auf Safari. Wir sind verschiedenen Tieren begegnet. Ich staunte über die Beobachtungsgabe von Kwame. Der Junge verfügt bereits über ein grosses Wissen über die Tiere Afrikas. Eine Giraffe stand nahe am Weg. Sie war nicht scheu wie die Giraffen im Innern Somalias, sondern betrachtete uns gelassen. Wir freuten uns an den bunten Vögeln der Savanne und den verhalten schimmernden Farben der Rebhühner und staunten über die graziösen Sprünge der Antilopen. Wir begegneten

auch einer Nashornmutter mit ihrem Jungen. Mich faszinierte die Landschaft, die zauberhaften Farbenspiele der afrikanischen Steppe im Wechsel des Tageslichts. Die Silhouetten der Akazien in der Wildnis mit den wechselnden Farbtönen der Gräser in der unendlichen Weite im Abendlicht.
Zum Abschluss des Tages lud mich Therese mit Kwame zu einem feinen Nachtessen ein, einfach unvergesslich!

Ich hatte grosses Glück bei der Gepäckkontrolle für die Weiterreise nach Somalia. Mein Rucksack wurde total ausgeräumt und alles wurde kontrolliert; zum Glück hatte ich rechtzeitig vorgesorgt und das ganze Geld vorher in der Toilette umgeladen, in einen doppelten Plastiksack vom Duty-free-Shop, wo ich vorher Kaffeepackungen und Schokolade eingekauft hatte, um darunter die Tasche mit den Dollars zu verstecken.
Ihr seht, tausend Engel begleiten mich!

Nun bin ich bereits wieder seit anderthalb Wochen in Somalia und habe wie immer alle Hände voll zu tun.
Am Sonntag kamen über vierzig Kriegsverwundete zur Begrüssung ins Ambulatorium. Es war ein ergreifendes Bild: Die noch jungen Männer mit amputierten Beinen, ohne Hände, zum Teil am Boden kriechend kamen sie, manche von weit her. Es ist grauenhaft, was so ein Krieg anrichtet! Als ich die verstümmelten Menschen wieder vor mir hatte, kamen mir die Tränen vor Wut und Verzweiflung, ich konnte sie nicht zurückhalten. Einzig der Gedanke, dass wir dran bleiben und ja nicht dem Fatalismus verfallen sollen – niemals! –, hielt mich aufrecht. Dazu behandelten wir an diesem Tag hundertdreiundzwanzig Patienten.

Zur politischen Situation:
Die Amis kontrollieren alles in Somalia. Ich wurde bereits am Flughafen Kenyatta in Nairobi von zwei Männern angehalten und

ausgefragt, als sie sahen, dass ich die einzige weisse Person war, die mit nach Somalia flog. Sie wollten alles über meine Arbeit wissen. Ich war kurz angebunden mit diesen CIA-Leuten und sagte nur: «Wenn ihr ein echtes Interesse an den Menschen in Somalia habt, dann kommt und helft mit im Land der Armut und des Elends.» Und weiter: «Terroristen gibt es übrigens überall auf der Welt, in Europa, in der Schweiz, in Deutschland wie in Amerika. Und was ihr anrichtet in Afghanistan wegen Bin Laden ist nicht nur stupid – denn ihr sucht einen Floh auf einem Elefanten! –, es ist auch Terror gegen das Volk!»

In Somalia angekommen, wurde ich sofort wieder von einem Amerikaner angerufen, der Auskunft über meine Person haben wollte. Ich fragte ihn nach seiner Tätigkeit. Er versicherte mir, dass er im Büro für Sicherheit von Somalia arbeite und den Auftrag habe, nach Terroristen zu suchen. Ich machte ihm keine Angaben zu meiner Person und gab keine Auskunft über unsere Arbeit, dazu bin ich als Gastarbeiterin einzig den Ältesten und der Regierung Somalias gegenüber verpflichtet.
Ich kann wirklich sagen, dass alle meine Mitarbeiterinnen und Mitarbeiter ebenso wie viele Menschen in Merka und der weiteren Umgebung über das Geschehen am 11. September 2001 traurig sind, denn sie sind gegen den Terror. In Somalia gibt es keine Ausbildungszentren für Terroristen, das Land ist flach, die einzigen Berge sind die Sanddünen. Ich denke, die Suche nach Bin Laden hier ist ein Vorwand: Das Interesse der Grossmacht Amerika an Somalia gilt einzig und allein den Erdöl- und den Erdgasvorkommen. Das Land könnte reich sein, aber die arme Bevölkerung verfügt nicht über die finanziellen Mittel, die notwendig wären, um Bohrtürme aufzubauen.

Merka, 23. Januar 2002

Es gibt nun ein UN-Büro für Sicherheit hier in Merka. Wir wurden zusammen mit den Ältesten des Distrikts zu einem Treffen eingeladen. Der Leiter der Delegation erklärte: «Wir sind wegen eurer Sicherheit gekommen. Wir wollen von euch hören, wie die Lage hier im Bezirk *Lower Shebele* ist. Schildert uns eure Situation!» Es war still, keiner sagte etwas, die Menschen sind alle durch die Bombendrohungen der USA gegen Somalia verängstigt. Sie sind auch misstrauisch, nach allem, was sie durch die USA erlitten haben.

Niemand sagte ein Wort. So stand ich auf und begann:

«Somalia ist nach wie vor eines der ärmsten Länder der Welt. Durch die Kolonialherrschaft bis 1962, durch das korrupte Regime von Siad Barre, durch Katastrophen wie die Regenkatastrophe vom November 1997 und durch die selbstsüchtigen *warlords*, die – zusammen mit den Grossmächten – nur Eigeninteressen vertraten, hat die arme Bevölkerung keine Chance gehabt, eine eigenständige Regierung aufzubauen. Die heutige Situation in diesem Land ist das Resultat einer andauernden Fremdbestimmung. Unsere Probleme sind Armut, Hunger und Arbeitslosigkeit. Wir brauchen hier kein UN-Sicherheitsbüro, wir brauchen die Hilfe der reichen Staaten. Wir brauchen eine gerechtere Verteilung der Güter auf dem Weltmarkt. Wir brauchen aber nicht den Überschuss von eurem genmanipulierten Mais, denn dies hat verheerende Konsequenzen für unsere Bauern: Sie können ihren Mais nicht mehr verkaufen und damit ist ihre Arbeit wertlos. Was die Bauern brauchen, ist finanzielle Unterstützung, damit sie die Kanäle der Bewässerungssysteme wieder aufbauen können. Somalia ist ein fruchtbares Land. Und wenn die Wasserversorgung gewährleistet ist, kann es sich durchaus selbst versorgen.

Und zur Sicherheit: Ich lebe nun seit neun Jahren hier in Somalia Es gibt immer wieder Überfälle von Banditen. Die Kriminalität is gross. So gross wie zum Beispiel in den Slums und Ghettos der Grossstädte in Amerika. Das ist ein soziales Grundproblem. Wo Hunger und Ungerechtigkeit herrschen, gibt es Überfälle. Ihr sucht die Terroristen hier in Somalia. Es gibt Terroristen weltweit in jedem Land, auch in Amerika. Terrorismus hat etwas zu tun mit Armut, Not, Ungerechtigkeit und Ignoranz. Wir alle hier sind entsetzt und traurig über das grausame Drama vom 11. September. Ich arbeite mit über hundert Mitarbeiterinnen und Mitarbeitern von ganz verschiedenen Stämmen zusammen. Seit Jahren arbeiten wir ohne Waffen. Unsere Mitarbeiter haben ihre Maschinengewehre abgegeben, vernichtet, und wie Sie sehen: Ich bin noch am Leben!»

Einer der Amerikaner rief in arrogantem Ton, ja, er herrschte uns geradezu an: «Wir glauben nicht, was hier erzählt wird. Wir sind besser informiert über euch alle, als ihr glaubt! Wir wissen alles über Somalia! Was in diesem Land geschieht, ist Terror, das nennen wir Krieg. Warum ist der Flugplatz El Achmed geschlossen? Warum sind alle NRO evakuiert?»
Mohamed, einer aus der Gruppe der Intellektuellen, fragte: «Seit wann sind Sie hier? In drei Tagen können Sie nicht informiert sein … wir leben hier!»
Er wurde unsanft und in rechthaberischem Ton vom Leiter der Truppe unterbrochen: «Hier sind wir es, die Fragen stellen!»

Mir wurde ganz kalt. Ich erinnerte mich plötzlich an meine Kindheit zurück. Es war Krieg. Wir hatten einen Professor aus Tübingen bei uns aufgenommen. Er war Jude. Drei Polizisten kamen vom Dorf und kontrollierten unser Haus. In der Not versteckten wir den alten Mann im Schrank des Kinderzimmers im ersten Stock … Plötzlich hörte ich sie wieder, die Stimmen der Polizisten, ihren Befehlston, wie sie meinen Vater anschrien. Ich roch den Geruch der auf Hochglanz polierten schwarzen Stiefel und ich sah ihn wieder vor mir, nach all den Jahren, den zitternden Greis, der um sein Leben bangte.

Mohamed liess sich nicht abschrecken. Mit ruhiger Stimme sagte er: «Es waren die amerikanischen Truppen, die Anfang Januar 1993 den Krieg in Mogadischu anzettelten. Sie schossen in eine Friedensdemonstration der Bevölkerung hinein und trieben die Menschen brutal auseinander. Es wurden Kinder erschossen dabei, unschuldige Kinder.» (Es stimmt, was er sagte, ich war damals selbst in Mogadischu, gerade angekommen, und die Amis nannten diese Aktion «Neue Hoffnung»!)
Mohamed fuhr fort: «Verschont uns mit euren Bomben, wir brauchen eure Sicherheit nicht. Wir sind endlich dabei, eine Regierung aufzubauen. Ihr seid jederzeit willkommen bei uns, aber kommt nicht im Namen der Hilfe, denn dahinter stecken ganz andere Interessen. Wir kennen eure Interessen! Bitte lasst uns in Frieden!»
Einer der Truppe stand auf und sagte: «Wir wollen keine Vorträge. Beantwortet unsere Fragen!»
Diesmal blieb ich sitzen. «Die Frage nach dem Flugplatz El Achmed kann ich euch beantworten. Ein einzelner Mann, ein Irrer, hat auf ein UNCAS-Flugzeug geschossen. Nichts ist dabei passiert, zum Glück. Der Mann wurde von den Somali sofort festgenommen. Das Flugzeug flog weiter. Über BBC wurden die NRO im Land und die Welt ganz anders informiert. Es wurde von Krieg gesprochen, wie übrigens immer, wenn hier etwas passiert. Die NRO verliessen wieder einmal das Land und flüchteten in ihre Hotels in Nairobi, für Monate. Diese Situation kenne ich seit Jahren. Die Genossenschaft *New Ways* ist zum Beispiel zweieinhalb Jahre lang für den ganzen Unterhalt des Distriktspitals Merka aufgekommen, weil die COSV, eine NRO-Gruppe, die von der EG finanziert wird, wegrannte. *New Ways* hat immer wieder Löhne für die sechsundsechzig Lehrer der COSV bezahlt, die monatelang ohne Lohn arbeiten mussten. Was für eine Misere wurde durch falsch

Berichterstattung angerichtet! Auch heute sind die NRO wieder weg. Die Genossenschaft hilft, wo sie kann. Wir bezahlen wieder für sechsundsechzig Lehrer einen Lohn. Sie alle hungern und arbeiten trotzdem weiter, damit die Kinder in der Schule und nicht auf der Strasse sind. Die wenigen, die einen Arbeitsplatz hätten und für den Unterhalt einer Grossfamilie aufkommen könnten, werden infolge falscher Berichterstattung brotlos. Damit muss es ein Ende nehmen!»
Mana, eine Somalierin, sagte: «Ich bin verärgert über euch Amerikaner. Wir brauchen eure Sicherheit nicht. Die Bevölkerung hat Angst vor euren Bomben!»
Dann wurde das Meeting abgebrochen.

Hunderte von Frauen, Kindern und Männern demonstrierten draussen gegen die Sicherheit der Amerikaner und für den Frieden. Und die Kinder, klein und gross, sangen im Chor: «Wir sind die Kinder von heute – und wir sind die Minister von morgen. Wir lernen Konversation für den Frieden – verschont uns mit euren Bomben!»

Die Truppe zeigte kein Interesse an all dem, was die Somali erarbeitet hatten. Sie verliess uns und raste weiter, schwer bewaffnet, sodass die Frauen, die auf den Strassen und am Wegrand sassen, vor Schreck laut schreiend auseinander stoben.

Merka, 25. Januar 2002

ch realisiere, dass die Zusammenarbeit mit mir in der Genossenchaft für neue Mitarbeiter nicht einfach ist. Es sind immer die euen Mitarbeiter, die nach einiger Zeit Probleme machen. Wahrcheinlich überfordere ich sie. Mir ist bewusst, dass ich grosse Ansprüche stelle in Bezug auf Solidarität und soziales Handeln. Mit einfachen Menschen habe ich die nötige Geduld, mit den Intellektuellen nicht. Ich appelliere ständig an die Vernunft, daran, was alles möglich wird, wenn wir lernen, die ganze Situation zu sehen und das, was wir haben, zu teilen, sodass es auch den anderen besser geht. Wahrscheinlich bin ich ungerecht – aber wo kommen wir denn hin, wenn jeder nur für sich schaut?

Die Mittelschullehrer verlangten mehr Lohn. Die Genossenschaft zahlt doppelt so hohe Löhne wie zum Beispiel die EU oder UNICEF. Momentan sind diese NRO wieder evakuiert. Die Schulen sind aber offen, weil wir nicht wollen, dass alle Kinder auf der Strasse sind. Die Genossenschaft bezahlt wieder für die sechsundsechzig Lehrer der COSV-Schule je fünfundvierzig Dollar, sodass sie wenigstens ihre Miete bezahlen können und etwas zu essen haben.
Ich erklärte unseren Lehrern, dass sie mit ihrem Lohn zwar keine grossen Häuser bauen könnten, dass sie aber mit ihren Familien mit diesem Geld hier gut leben könnten, viel besser als alle andern Lehrer im Land. Wir beschäftigen nun bereits neun neue Lehrer. Die Schule hat seit Januar hundertzwanzig Schüler und Schülerinnen, nächstes Jahr werden es hundertfünfzig sein …

Es ist interessant: In dem Moment, als der Schulleiter Prof. Roble an einem Workshop in Hargeysa war, kamen sie in corpore mit diesem Anliegen. Nach dem Gespräch erschienen alle nach fünf Minuten wieder gemeinsam bei mir im Ambulatorium. Sie erklärten, dass sie nun alle miteinander die Schule verlassen wollten. Ich sagte kurz entschlossen: «Gut, dann geht! Wir halten niemanden zurück!» Dann wandte ich mich wieder den Patienten zu und arbeitete weiter.

Später kam Abdullahy und beschimpfte mich aufs Übelste. Er schrie: «Warum hast du dem Kinderarzt mehr gegeben? Warum, he?» Er schüttelte mich, packte meine Schultern und herrschte mich an: «Du bist eine ungerechte Alte!» Dann kamen die Mitarbeiter der Genossenschaft und brachten ihn weg. Ich erklärte später den Lehrern, dass es falsch und von uns allen nicht gut überlegt gewesen sei, als wir den Lohn des Kinderarztes beschlossen hatten. Dass uns aber die Ältesten im Städtchen und die Leiter des Spitals angefleht hätten, dem Arzt mehr Lohn zu geben, damit wir endlich in Merka einen Kinderarzt hätten. Nur einmal sind wir dem Genossenschaftsgedanken nicht treu geblieben, und schon sind die Probleme da! Nun, schliesslich kamen die Lehrer nach kurzer Zeit wieder zurück und entschuldigten sich für ihr Verhalten. Sie haben ja keine andere Chance! Ich denke aber, das Problem ist nicht gelöst: Wir werden eine Vollversammlung einberufen und in Ruhe darüber reden und diskutieren müssen.
Der Lehrer Abdullahy ist ein extravertierter Mensch. Ich hatte als Einzige meine Bedenken, als er bei uns aufgenommen wurde. Er war der Anstifter dieser Aktion – mal sehen, wie es weitergeht. Ich sehe erst jetzt: Wir müssen die neuen Mitarbeiter besser einführen und vertraut machen mit dem Gedankengut der Genossenschaft, auch die Intellektuellen. Ich habe etwas erwartet von ihnen, was offenbar nicht selbstverständlich ist.

Leider gab es auch Probleme mit dem neuen Kinderarzt.
Dr. Abdi war nicht zuverlässig. Er arbeitete nur sporadisch. Als ich in der Schweiz war, blieb er wochenlang aus. In einem langen Gespräch am Telefon versicherte er mir, dass er sofort nach Merka gehen und nun Tag und Nacht für das gute Werk arbeiten wolle. Er rühmte unser Labor und begeisterte sich fast überschwänglich für unsere Zusammenarbeit in der Genossenschaft. Er blieb dann aber immer wieder wochenlang aus. Im Dezember war er keinen Tag hier im Ambulatorium. Die Mitarbeiter sahen ihn aber mehr-

mals im Städtchen. Er richtete sich dort eine Privatpraxis ein. Als ich ankam, war er plötzlich wieder da und verlangte den Dezemberlohn. Er erklärte, dass er schwer krank in Mogadischu gelegen habe, mehr als einen Monat lang! Die Ältesten der Stadt kamen und warnten mich. Sie meinten, dass mit diesem Mann etwas nicht stimme.
Nach Absprache mit den Mitarbeitern entliess ich ihn. Er wurde aggressiv und verlangte den Dezemberlohn. Weil er sagte, er sei krank gewesen, zahlte ich ihn aus und sagte: «Die Genossenschaft ist da für kranke Leute, gewiss – aber sie ist nicht da für Faulenzer!» Im Ambulatorium stellte ich dann fest, dass wichtige Instrumente fehlten.

Gestern Abend bin ich mit der Eselin Bioley in die Stadt gefahren, direkt in die Praxis von Dr. Abdi. Er war dort. Ich forderte ihn auf, mir die Instrumente, die er hatte mitlaufen lassen, wieder zurückzugeben. Als er erstaunt ablehnte, drängte ich mich in die Praxis, öffnete den Schrank, und siehe da, da waren die Instrumente. Ich nahm mit, was der Genossenschaft gehörte, und es war nicht wenig. Abdi rief mir nach: «*I am sorry, Verena – I am very sorry!*» Er hätte später alles zurückgegeben … Aber die Eselin trabte vergnügt mit mir nach Hause, und die Instrumente schepperten auf dem Karren dazu.
Heute Morgen rief mich Dr. Abdi bereits dreimal an und entschuldigte sich; er versicherte mir, dass er Tag und Nacht für uns arbeiten wolle, wenn wir ihn wieder aufnehmen würden. Ich vermute, dass er hier mit seiner Praxis keine Chance hat; die Bevölkerung ist viel zu arm. Aber für mich kommt ein zweiter Versuch nicht in Frage.

Wir haben das Kinderspital nun umfunktioniert in eine kleine Klinik mit vorläufig zehn Betten, wo wir auch erwachsene Patienten stationär aufnehmen können, zusätzlich zum Betrieb im Ambulatorium. Dr. Omar Dhere, unser langjähriges Genossenschaftsmitglied, wird nun jede Woche zwei Tage bei uns mitarbeiten. An den anderen Tagen operiert er im Bezirksspital. Die COSV ist ja immer noch evakuiert, und so hat er wenigstens den Verdienst bei uns.

Ich bin seit drei Wochen hier. Es geht gut so, die Mitarbeiter sind zufrieden. Ich habe ein Abkommen mit Omar: Bei schwierigen Operationen helfe ich ihm, auch in der Nacht sowie in der Geburtsabteilung – wie übrigens seit Jahren. Er musste sich dafür verpflichten, dass wir ihn rufen können, auch nachts bei schweren Notfällen.
Sonst geht es mir gut, die Mitarbeit in der Genossenschaft macht mir Freude und ich bin zufrieden.

Merka, 31. Januar 2002

Ich bin am Meer. Es ist noch Nacht. Ich habe die Petroleumlampe bei mir, aber eine Windböe vom Indischen Ozean hat die kleine Flamme ausgelöscht. Die letzten Sterne verblassen am Himmel, sanft und leise beginnt die Dämmerung, und die Schatten der Nacht verflüchtigen sich wie die Diebe bei anbrechendem Tageslicht, und ich kann jetzt ohne Taschenlampe schreiben. Ich liebe diese Zeit, wenn der Tag erwacht. Es tut gut, von sich weg in die Weite zu schauen, für einen Moment alles hinter sich zu lassen, um die wechselnden Farbspiele der Natur zu geniessen und die Kräfte der sich brechenden Wellen auf sich einwirken zu lassen. Allein in der Natur finde ich mich immer wieder zurecht. Das Alleinsein unter vielen Menschen ist aber etwas ganz anderes. Die Einsamkeit mit einer Idee für etwas Ganzes und Umfassendes wie zum Beispiel Friede und Brot für alle

Menschen, dieses Alleinsein ist oft unerträglich kalt, ja, so kalt wie der Tod. – Ich habe gelernt, allein zu sein in Afrika, und es ist gut so und wichtig für mein Leben.

Jetzt kommt die Sonne! Auf diesen Moment warte ich. Es ist wie eine Geburt: Dunkelheit weicht dem Licht – neues Leben, neue Farben – und ich spüre bereits die Wärme auf der Haut. Das Wasser verfärbt sich in zauberhafter Vielfalt verschiedener graublauer und grüner Farbnuancen. Leichte Rauchschwaden steigen bei den Bantu-Hütten auf. Der Tag beginnt. Ich werde dort vorbeigehen. Sie werden mir *schai,* ihren Tee, anbieten, in Kokosschalen, heiss und süss.

Dann zurück an die Arbeit. Bevor ich im Ambulatorium beginne, werde ich die beiden Lehrer Shury und Abdullahy wegschicken. Manchmal ist eine Trennung besser als endlose Probleme. Sie eignen sich nicht für die Genossenschaft. Shury meint, ich sei eine verwirrte Alte mit verrückten marxistischen Ideen, eine weisse Rassistin, die gegen die intellektuellen Schwarzen ist. Gewiss, ich bin alt, aber ich bin nicht zu alt, um diesen Herren die Stirn zu bieten – noch nicht!

Gestern sind wieder zwei Amerikaner aus Mogadischu zu mir gekommen. Sie redeten von Sicherheit. Ich hielt ihnen einen Vortrag über soziale Verteidigung und lud sie zum Essen ein. Unverständnis war auf ihren Gesichtern geschrieben.
Also fuhren wir auf die Farmergenossenschaft, ich zeigte ihnen die verschiedenen Zweige unserer Aufbauarbeit und stellte ihnen unsere Wächter – ehemalige Banditen – vor: «Das ist soziale Verteidigung, alle Menschen haben das Recht auf Arbeit, Brot und ein würdiges Leben!»
Ich bin nicht sicher, ob ich das, was ich meine, verständlich genug weitergeben kann. Sie schienen aber zufrieden.

Und die Kinder unserer Schule singen weiter, immer wieder: «Wir sind die Kinder von heute – und wir sind die Minister von morgen. Wir lernen Konversation für den Frieden – verschont uns mit euren Bomben – nie wieder Krieg! Kein zweites Vietnam! Wir sind die Kinder von heute …»

Es ist eindrücklich, wie unsere Kinder, kleine und grosse, mit ernsten Mienen singen. Ihre Leidenschaft ist spürbar. Es sind die Kinder der Kriege von gestern. Sie wissen, wofür sie bitten.

Merka, 15. Februar 2002

Seit Jahren war hier kein Flugzeug mehr zu hören, nun kreisen die Amerikaner von Zeit zu Zeit über Merka und dem ganzen Süden des Landes. Sie suchen angeblich Terroristenzentren. Die Bevölkerung ist wegen den Bombendrohungen von Bush tief besorgt und verängstigt. Die Menschen hier haben die Drohungen der Amerikaner vom Dezember 1994 nach der gescheiterten Somalia-Mission nicht vergessen. Damals verluden die Amerikaner sämtliche Computer und Maschinen in ihre Schiffe, kamen zurück und drohten: «Ihr werdet nicht imstande sein, eine eigene Regierung zu bilden. Wir warten ab. Ihr könnt sicher sein, wir kommen zurück!» Bevor sie dann abzogen, übergossen sie sämtliche Container mit Benzin und zündeten die wertvollen Waggons an. Es war, als ob ganz Mogadischu brannte – die obdachlosen Flüchtlinge schrien und weinten verzweifelt. Hunderte hätten einen sicheren Unterschlupf gehabt.
Die Amerikaner zeigen nun weltweit einen Film, *Black Hawk Down*, über Somalias Barbaren. Sie verbreiten die Nachricht, dass im Krieg 1993 gegen die Amis damals achtzehn Amerikaner gestorben seien. Dieser Film ist eine Rechtfertigung für das, was sie nun

vorhaben. Kein Wort darüber, dass damals in kurzer Zeit über dreitausend Somali durch die Bombenangriffe der Amerikaner starben; und die Kriegsverletzten haben auch keine Namen …
Ich habe einen Film eines somalischen Journalisten über die damaligen Ereignisse gesehen. Das Grauen packte mich, ich konnte in der Nacht darauf keine Minute zur Ruhe kommen. Ich werde euch diese Kassette mitbringen. Es ist ein wichtiges Dokument zur traurigen Geschichte Somalias.

Seit die deutschen Kriegsschiffe vor der Küste stationiert sind, sterben Tausende, ja Abertausende von Fischen entlang der weiten Küste von Mogadischu bis Kismaayo. Grosse Schwertfische liegen überall an den Stränden. Die Fischmärkte sind zusammengebrochen, die Fischer sind arbeitslos und hungern.

Die Genossenschaft *New Ways* betreut zurzeit vierunddreissig Lepra-Patienten in Merka, die zum Teil schwer verstümmelt sind. Täglich behandeln wir neue, unterernährte, vom Hunger gezeichnete Kleinkinder. Zuerst mit Infusionen, später träufeln wir ihnen mit Hilfe einer Injektionsspritze stündlich etwas Reisschleim mit verdünnter Geissenmilch ein.
Somalia ist wirklich eines der ärmsten Länder der Welt. Wir brauchen jede mögliche Hilfe!

Das Klagelied der Nomadin Shamuro:
Heute Nacht hat Shamuro ihr neuntes Kind geboren. Die Frau ist erschöpft und voller Ängste wegen der Bombendrohungen von Präsident Bush. Die Geburt war dementsprechend schwer.
Als der kleine Ibrahim endlich geboren war, verlangte Shamuro das Kind, nahm es in die Hände, hob die Arme und segnete es: Sie spuckte feine Speichelspritzer rings um das Neugeborene auf den Boden, setzte sich dann und begann mit ihrem Klagelied:

Du bist mein letzter Sohn.
Höre, was deine Mutter sagt!
Ich habe dir mein Blut gegeben,
du hast die Säfte und die Kraft meines Lebens in dir,
meine Milch ernährt dich.
Ich sage dir im Namen Allahs,
du bist ein Sohn des Nomaden Abukars,
ein stolzer Nomade.
Du wirst niemals eine Feuerwaffe in deine Hände nehmen
so wie die weissen Krieger!
Hörst du? Niemals!
Alle Tiere sind uns gestohlen worden im Krieg.
Die Soldaten haben unsere Gottesgabe geschlachtet.
Dein Vater hat beide Beine verloren.
Dein grosser Bruder ist gestorben durch eine Feuerwaffe,
der zweite ist nie zurückgekommen, sicher auch tot,
und deine Schwestern starben an Hunger und Cholera …
Niemals wirst du ein Krieger werden!
Hörst du die Stimme deiner Mutter?
Niemals!
Allahu akbar! – Gott ist gross!

Shamuro hat weitergesungen, mir schien es ein endloses Klagelied über ihr ganzes Leben, ein Lied von Krieg, Tod, Hunger und Tränen … Qadija, eine Mitarbeiterin, war heute Nacht dabei. Sie hat das Klagelied übersetzt und für euch aufgeschrieben.

Ein Hoffnungsschimmer für die brotlosen Hafen- und Plantagenarbeiter: Muhamar al Qaddafi von Libyen bezahlt nun die Arbeiter für einige der grossen Plantagen der *Somali Fruit Company*. Er will Bananen von Somalia importieren. Nach dem Abzug der Amerikaner 1994 wurde der Markt von Somalia sukzessive lahmgelegt. Die Italiener boykottieren bis heute die Bananenausfuhr.

Auch der Hafen von Merka ist stillgelegt, Hunderte von Arbeitern sind bis heute brotlos. Sämtliche von der EU finanzierten Hilfswerke sind lahm gelegt. Auch im Spital haben die Mitarbeiter keinen Lohn.

Die Politik der EU ist mir schleierhaft! Es ist klar, dass sie mit den Amerikanern zusammenspannen. Was haben denn die Deutschen mit ihren Kriegsschiffen hier zu suchen? «Sucht doch die Terroristen in eurem eigenen Land!»
Ich habe mich begeistert für die Idee der EU eingesetzt. Wenn nun diese Europa-Gemeinschaft aber zur egoistisch orientierten Eigentumsgesellschaft verkommt, dann distanziere ich mich entschieden von dieser Sache.

Am Freitag, den 22. Februar 2002, starb Vre Karrer in Merka.

Mayas Brief

Zürich, im Juni 2002

Liebe Vre
Nun sitze ich da und blicke zurück auf unser gemeinsames Leben. Sechsunddreissig Jahre haben wir miteinander verbracht. Dir, liebe Vre, einen letzten Brief zu schreiben, bricht mir fast das Herz. Es ist mir noch nie so schwer gefallen, Worte zu finden. Wir haben zwar bisweilen über deinen Tod gesprochen, aber eigentlich habe ich dieses Thema immer verdrängt. Jetzt habe ich keine Chance mehr, es zu verdrängen.
Du warst kämpferisch, gradlinig, sozial, radikal. Aber genau das habe ich an dir geliebt. Natürlich hattest du auch andere Seiten: Wenn du dir einmal etwas in den Kopf gesetzt hattest, warst du so was von stur – und nicht mehr davon abzubringen.

Wir haben am Donnerstag, den 21. Februar, am Abend vor deinem Tod, noch zweimal miteinander telefoniert und Verschiedenes besprochen. Wir haben gemeinsam die Wochen gezählt, bis du wieder nach Hause kommen würdest – und wir hatten noch so viele Pläne ... Hätte ich gewusst, dass ich deine Stimme zum letzten Mal höre ...

Ich habe unzählig viele schöne Erinnerungen an Ereignisse oder auch nur kurze Momente mit dir, die einfach unvergesslich sind und die, wie ich meine, für mich auch prägend waren.

Ich ging in die fünfte Klasse in Zürich-Affoltern, und ich gehörte nicht zu den Besten in unserer Klasse. Zuerst hatte ich eine sehr

gute und verständnisvolle Lehrerin, die mir sogar privat noch Unterricht gab. Aus irgendeinem Grund verliess uns diese Lehrerin, und wir bekamen eine Lehrerin, die die guten Schüler förderte und die schwächeren, also auch mich, einfach auf der Strecke liess. Die Probleme waren vorprogrammiert. Nach etwa vier Wochen mit der neuen Lehrerin kam ein Brief nachhause: Du wurdest zu einer Besprechung geladen.
Die Besprechung war am Nachmittag nach Schulschluss, und ich wartete vor dem Klassenzimmer. Du bist ins Klassenzimmer gegangen, hast aber die Türe hinter dir nicht ganz geschlossen, sodass ich vor der Türe das Gespräch mithören konnte.
Die Lehrerin sprach kurz über meine schlechten Leistungen und davon, dass sie mich nicht mehr fördern könne: Ich sei eine Belastung für die ganze Klasse. Zum Schulpsychologen sollte ich gehen – und dann in eine Sonderschule überwiesen werden!
Du hast die Lehrerin aussprechen lassen und dann ganz ruhig gesagt, dass du nicht einverstanden seiest mit ihrem Vorschlag und es unverantwortlich fändest, mich noch eine Minute länger in ihrer Klasse zu lassen. Du hast meine restlichen Schulsachen zusammengepackt und, bevor du das Klassenzimmer verlassen hast, noch gesagt: «Meine Tochter ist intelligent und nicht dumm. Sie ist etwas langsamer als andere Kinder. Aber dies können Sie nach lediglich vier Wochen überhaupt nicht beurteilen.»
Wir sind zusammen nachhause gegangen, und du hast zu mir gesagt, ich müsse keine Angst haben. «Wir finden eine Schule mit einer guten Lehrkraft.» Nach kurzer Zeit fanden wir tatsächlich eine andere Schule, und ich bin wieder mit Freude zur Schule gegangen.

Dieses Erlebnis hat mir sehr viel gezeigt über dich, Vre. Es war dir nie wichtig, was meine Schulleistungen waren oder wie gut ich war in der Schule, sondern du hast mich als Mensch ernst genommen und bist IMMER zu mir gestanden.

Gerade jetzt, da ich selber Mutter von zwei Kindern bin, bist du für mich das Vorbild einer Mutter.

Ich habe dich immer bewundert und mich oft gefragt, wo du all deine Kraft hernimmst, die du brauchtest. Du hast immer in jedem Menschen das Gute gesucht und auch gefunden. Es spielte keine Rolle, ob es eine drogensüchtige Frau oder ein vorbestrafter Ausländer war. Alle fanden Zuflucht bei uns zuhause.
Du hast dich ausgegeben für uns und all die andern, die es gebraucht haben. Für dich hast du am wenigsten gesorgt. Ich weiss noch, wie du im letzten Herbst von Somalia zurückkamst, erschöpft und krank, und wie sehr ich kämpfen musste, dass du dir endlich einen warmen Mantel und warme Schuhe kauftest. Lieber hättest du etwas für meine Kinder gekauft. Es brauchte lange, bis ich dich überzeugt hatte. Aber dann konnte ich sehen, wie gross deine Freude über die neuen Sachen war!

Ja, meine Kinder …
Du warst sehr stolz auf deine Enkelkinder, und zu meinem Sohn Alain hattest du eine ganz spezielle Verbindung.
Als Alain zur Welt kam, warst du in Somalia. Ich konnte gerade vom Gebärzimmer in mein Zimmer wechseln, als das Telefon läutete und du mich aus Somalia anriefst. Ich fragte dich, woher du gewusst habest, dass mein Sohn diese Nacht zur Welt gekommen war. Und du sagtest: «Ich habe es einfach gespürt.»
Bei der Geburt meiner Tochter warst du zuhause und wolltest auf Alain aufpassen, solange ich im Spital war. Du warst vor der Geburt genauso nervös wie ich, aber eine Hausgeburt wollten wir alle beide nicht.
Mein Frauenarzt wollte aus irgendeinem Grund die Geburt nicht einleiten, obwohl ich meinen Termin bereits überschritten und ständig Wehen hatte. Da hast du kurz entschlossen die Situation selber in die Hand genommen. Du hast mich untersucht und sofort gesehen,

dass meine Tochter quer in meinem Bauch lag und so gar nicht zur Welt kommen konnte. Ich habe dir natürlich vertraut. Und du hast mit «fachfrauischer» Sicherheit meine Tochter gewendet. Am gleichen Abend ging ich ins Spital und meine Tochter Céline kam ohne weitere Probleme zur Welt. Ich weiss noch, wie du dann mit Alain ins Spital kamst und sagtest: «Diese Männer haben manchmal schon keine Ahnung vom Gebären: Das ist wirklich Frauensache!»

Es ist nun schon mehr als vier Monate her, seit du erschossen worden bist, aber es ist für mich immer noch unfassbar. Dein ganzes Leben lang hast du gegen Waffen gekämpft und jetzt bist du genau durch diese verdammten Waffen gestorben.

Deine Freundin Bigna hat mir geschrieben:
«Kugeln können Menschen töten, jedoch nicht Ideen, Gedanken und Worte.»

Deine Ideen und Gedanken leben weiter in deinem Lebenswerk in Somalia, und ich werde alles daran setzen, dass die Genossenschaft mit all ihren Arbeitsplätzen erhalten bleibt.

Am Abend des 22. Februar 2002, als ich von der Arbeit nachhause kam, blühte eine einzige und erste von vielen Osterglocken in meinem Garten. Ich habe sie bewundert und mich gleichzeitig gefragt, was dies wohl zu bedeuten habe. Kurze Zeit danach bekam ich die Nachricht von deinem Tod. Für mich war es ein letztes Zeichen von dir.

Ich habe mit dir nicht nur meine Mutter verloren, sondern auch meine vertraute Freundin. Dir konnte ich einfach alles erzählen und dich konnte ich alles fragen. In meinem einfachen Leben mit meinen Kindern Alain und Céline hinterlässt du eine sehr grosse Lücke: Du warst eine Stütze.

Ich bin heute sehr froh, dass ich dich nachhause geholt habe, in meine Nähe, und dein Grab nicht in Somalia oder Kenia ist. All die Jahre haben wir dich bei deiner Rückkehr jeweils am Flughafen abgeholt. Und dieses Mal habe ich nur noch die Tasche mit deiner Urne abgeholt. Aber so hatte ich wenigsten die Möglichkeit, mich von dir zu verabschieden.

Du hast einmal geschrieben:
«Veränderung hilft uns, beweglich zu bleiben – Bewegung ist Weiterentwicklung und gehört zum Leben, sonst funktionieren wir wie Marionetten und versäumen zu leben.»

Ich muss mich jetzt auch verändern und weiterentwickeln, denn ich muss weiterleben ohne dich.
Ich vermisse dich …

In Liebe
deine Maya
oder – wie du immer so schön gesagt hast – Mayuschka

Vre Karrer – Ein Lebensbild

Verena Büchli

Kindheit, Jugend und Ausbildung

Verena Martha Karrer wurde am 6. Oktober 1932 in Zürich geboren. Die Mutter Margareta Forster (1908–1998), genannt Gret oder Gretel, stammte aus München und kam als junges Dienstmädchen in die Schweiz. Der Vater Gustav Karrer (1900–1991), Gusti genannt, war gelernter Bäcker, später Landschaftsgärtner und zuletzt beim Städtischen Wasserwerk angestellt. Das Ehepaar hatte bereits einen Knaben Gustav, später kam noch ein jüngerer Bruder Christoph dazu.

Vre Karrer ist in einer pazifistischen Familie aufgewachsen. Von 1933 bis 1935 lebten die Karrers in einer Kommune, die einen Bauernhof in Rüschlikon, Kanton Zürich, bewirtschaftete. Der «Werkhof» im hinteren Längimoos gehörte dem Diakoniewerk «Nidelbad». Die jungen Pächter waren beeinflusst vom «Bruderhof» in der Rhön, Deutschland, wo Menschen nach dem Vorbild der ersten Christen zusammenlebten, in Gütergemeinschaft und gemeinsamem Arbeiten und Trachten. Die meisten der jungen Leute auf dem «Werkhof» kamen aus der sozialistischen Jugendbewegung, der Freischar. Sie gehörten zur religiös-sozialen Bewegung und setzten sich ein für Gerechtigkeit, Frieden und einen sorgfältigen Umgang mit der Schöpfung. So beherbergten sie auf dem «Werkhof» Strafentlassene, Behinderte und jüdische Flüchtlinge aus Deutschland. Die Gruppe betrieb biologischen Landbau aber ausser einem Bauern, der sich der Gruppe angeschlossen hatte, verfügte niemand über Erfahrung in der Landwirtschaft: Die Arbeit war streng – etwa zwanzig Kühe –, der finanzielle Ertrag

gering, auch das Ringen um den richtigen Weg anspruchsvoll. Als die Pacht wegen Eigenbedarf nach fünf Jahren 1935 gekündigt wurde, musste das Experiment abgebrochen werden. Karrers zogen darauf zuerst nach Adliswil-Sood ins Sihltal, später nach Leimbach.

Als überzeugter Pazifist verweigerte Gusti Karrer den Militärdienst und musste deshalb mehrmals während neun Monaten ins Gefängnis. Für seine Familie waren das schwierige Zeiten, denn die Umgebung hatte wenig Verständnis für diese Anliegen.

«Mein Vater war Dienstverweigerer und wurde dreimal zu mehreren Monaten Gefängnis in Regensdorf verurteilt. Als er das erste Mal von uns fort musste, war ich achtjährig. Das war während des Krieges.
An jenem Morgen wartete meine Freundin nicht wie gewohnt bei der Hütte auf mich. Also machte ich mich allein auf den Schulweg. Es war dunkel und kalt. Erstmals freute ich mich nicht am Knirschen auf dem gefrorenen Schnee unter meinen Holzböden

(Schuhe mit Holzsohlen), auch nicht über die Sterne am Morgenhimmel. Beim Weiher stürzten einige Buben auf mich und schrien: ‹Zuchthäusler! Zuchthäusler!› Auch meine Freundin war dabei. Ich wunderte mich, was damit gemeint sein könnte. Als mir dann der grosse Hirtlibueb mit seinen Fäusten entgegenkam, wurde mir angst und bang, und plötzlich hatte ich sehr kalt. Meine Arme und Beine wurden schwer. Wie ich den Rest des Weges zur Schule zurücklegte, weiss ich nicht. Aber ich weiss, dass ich noch zwei Stunden später, in der Schulbank sitzend, gefroren habe.
Nach dem Unterricht schlich ich schleunigst davon. Im Bäckerladen, wo ich Brot holen sollte, standen ein paar Frauen und schwatzten. Als ich hereinkam, wurde es still. Ich schaute die Bäckersfrau an, in dem eisigen Schweigen Hilfe suchend. Da sagte sie, mich mit ihren guten Augen durch die Drähtlibrille hindurch anblickend, mit fester Stimme: ‹Brot ist für alle da! Oder, Vre?› Ich würgte meine Tränen hinunter, stürzte nach vorn, umfasste den warmen Laib Brot mit meinen Armen, presste ihn an mich und verbarg mein Gesicht hinter der knusprigen Kruste, aller Trost der Welt schien in diesem Geruch zu sein.» (S. 9)[1]

Das Thema Brot zieht sich wie ein roter Faden durch Vres Leben. Sie hat häufig selber Brot gebacken, eine Waage brauchte sie dazu nicht, sie hatte es im Gefühl, ob der Teig gut war. Sie freute sich an seinem Aufgehen und der Duft des frischen Brotes war ihr eine Hilfe in schwierigen Situationen. Wenn in Somalia jemand Schwierigkeiten machte, hat sie die Lage manchmal entschärfen können, indem sie ihm Brot anbot. Brot oder Zopf hat sie oft als Geschenk mitgebracht, es war für sie etwas Festliches. «Brot für alle Menschen», dafür hat sie gekämpft.

«Die Mutter hat geputzt und gewaschen im Dorf. Sie hat monatelang die Familie allein durchgebracht, weil der Vater im Gefängnis war. Zudem war er immer wieder arbeitslos. Dann machte er, wo

es ging, Gelegenheitsarbeiten bei Bauern. Trotzdem ging er am Abend nach Zürich zu den Parteiversammlungen der Sozialdemokraten.» (S. 20)
«Die Menschen der religiös-sozialen Bewegung sind lebensfrohe, lebensbejahende Leute. Unvergesslich sind für mich die Sonntage, die ich als Kind erlebte mit anderen Familien zusammen, wenn sich Freunde in unserer Bauernstube getroffen haben. Es wurde gesungen und gespielt und diskutiert. Es gab oft Gerstensuppe mit Gemüse oder *Öpfelchüechli* (Apfelküchlein) oder *Wähe* (Fruchtkuchen).» (S. 110)

Wie die Mutter eine endlich gefundene Stelle schon nach einem halben Tag wieder verliess, beschreibt Vre in einem undatierten Brief an ihre Mutter:
«Ich erinnere mich, wie du nach langer Arbeitssuche (Vater war im Knast wegen Militärdienstverweigerung) endlich eine Arbeit in der ‹Werkzeug›-Maschinenfabrik Oerlikon gefunden hattest. Freudig, im Glauben, dass Werkzeuge hergestellt würden, bist du gegangen. Am ersten Tag warst du mittags schon wieder zuhause. Nachdem dir der Vorarbeiter Vorsicht geboten hatte, dass eine Patrone in deinen Händen explodieren könnte, hast du kurz entschlossen deine Schürze abgelegt und gesagt: ‹Munition? Kriegsmaterial? Nein! Das kann ich als Frau nicht verantworten. So ein Geschoss kann meine Kinder oder andere treffen. Das ist schlechtes Brot für meine Kinder!› Du bist aufrecht weggegangen.»

Vre kannte die Armut aus ihrer Kindheit. Oft halfen Karrers bei den Bauern, auch die Kinder, allen voran der älteste Bruder Gusti. Für die Hilfe bei der Apfelernte bekamen sie Äpfel. Dann waren sie angewiesen auf das Ährenlesen, wie es den Armen zustand, und auch auf das Suchen von Kartoffeln auf dem Acker nach der Ernte.
Schwierig war für Vre die Zeit, als sie während eines Gefängnis-

aufenthalts des Vaters für einige Monate bei einer Pflegefamilie in Hombrechtikon im Zürcher Oberland untergebracht war; sie war damals in der dritten Primarklasse. Sie gehörte dort nicht richtig zur Familie und litt darunter, fühlte sich auch nicht so ernst genommen, wie sie es von zuhause gewohnt war, denn:
«Ich bin in einer Arbeiterfamilie aufgewachsen. Mein Vater war in der sozialdemokratischen Arbeiterbewegung aktiv, und zugleich war er Mitglied der religiös-sozialen Bewegung. Auch meine Mutter war Parteimitglied und auch in der religiös-sozialen Bewegung tätig. So lebte ich schon als Kind ständig mit den politischen Gesprächen. Seit ich denken kann, hab ich die lebhaften Auseinandersetzungen mitbekommen. Und das Entscheidende war, dass ich schon als Kind mitreden durfte.» (S. 11)

Bei einem Besuch im «Gartenhof», dem Haus an der Gartenhofstrasse im Kreis 4 in Zürich, wo Leonhard Ragaz seine Bildungsabende abhielt, war die kleine Vre dabei.
Ragaz war bereit zum Anfangen, aber Vre musste noch zur Toilette. Sie ging also zu ihm hin und bat ihn, auf sie zu warten. Der ernste Mann sicherte ihr das zu, sagte aber, sie solle sich beeilen. Wie vereinbart wartete er auf das Kind. Das hat ihm Vre nicht vergessen. Ragaz war eines ihrer grossen Vorbilder, auch Clara Ragaz und Johann Heinrich Pestalozzi gehörten dazu, Paulo Freire, Jean-Paul Sartre, Ernesto Cardenal, Simone Weil und Rosa Luxemburg.

Vreneli war ein phantasievolles Kind: Als es einmal mit der Freundin Dorli allein zuhause war, spielten die beiden «Frau Holle», und die von der Arbeit heimkehrende Mutter wurde mit «Schnee» aus den aufgeschlitzten Kissen überrascht.
Vre liebte das Landleben, das Arbeiten in der Natur, das Leben mit den wechselnden Jahreszeiten. Der Umzug von Leimbach in die Stadt, nach Oerlikon, fiel ihr schwer. Das zwölfjährige Mädchen fand Trost beim Klavierspielen. Trost, den die musikalische Vre in

Somalia später schmerzlich vermisste, wie auch die blühenden Apfelbäume, die sie besonders liebte.

Nach dem Besuch der Oberstufe in Oerlikon stand ein Musikstudium zur Diskussion; Vre war aber auch gestalterisch begabt und besuchte später eine Zeit lang die Grafikklasse der Kunstgewerbeschule in Zürich. Sie hat zeit ihres Lebens immer wieder gezeichnet. Zunächst machte Vre jedoch eine Lehre als Damenschneiderin und arbeitete noch einige Monate bei der Lehrmeisterin.
Dann entdeckte sie ihre Berufung: Sie wurde Krankenschwester. Nach der Lehrzeit 1956 bis 1959 an der Schwesternschule des Roten Kreuzes absolvierte sie noch verschiedene Zusatzausbildungen, so zur Operationsschwester, zur Notfallschwester und zur Hebamme. Auch den Kurs für Tropenmedizin in Basel hat Vre besucht. Aus ihrem Dienstbüchlein, das jede Rotkreuz-Krankenschwester obligatorisch bekam, geht hervor, dass sie 1959 im Rotkreuz-Spital angestellt war, ein Jahr später im Kantonsspital.

1961 finden wir Vre in London, zunächst als Au-pair-Mädchen, dann als Operationsschwester und Hebamme in einem Spital im Armenviertel von Soho.

Ehe und Familie

Am 6. Oktober 1962, an ihrem dreissigsten Geburtstag, heiratete Vre Karrer den Mechaniker Rudolf Markwalder in der alten Kirche Witikon. Kennen gelernt hatten sie sich im Kirchenchor.
Das junge Paar plante zunächst eine Tätigkeit in Kerala, in Südindien, wo die evangelische Kirche tätig war. Als Vorbereitung hatte sich Vre mit Tropenmedizin befasst. Aber aus verschiedenen Gründen kam es dann doch nicht dazu: eine grosse Enttäuschung für die junge Frau. Auch mit der Pfingstmission, der ihr Ehemann angehörte, konnte sie sich auf die Dauer nicht anfreunden: Diese Frömmigkeit war allzu weit entfernt vom politischen Christentum ihres Elternhauses. Während einiger Zeit gab Vre dort Sonntagsschule, fiel aber durch unkonventionelle Lektionen unliebsam auf.

Die Familie wohnte in Neuaffoltern in einem grossen Haus mit Garten, auch Vres Eltern lebten einige Zeit bei ihrer Tochter. Vre war mehrmals schwanger, einmal erlitt sie eine Fehlgeburt, ein Knabe starb bei der Geburt. Vre verfügte also über eigene schmerzliche Erfahrungen, dass bei einer Geburt nicht immer alles glatt geht. Umso mehr freuten sich die Eltern über ihre beiden gesunden Kinder, den Sohn Urs (1963) und die Tochter Maya (1965).
Wenn auch Vre während ihrer Ehe nicht im engeren Sinn berufstätig war, konnte sie doch ihre erworbenen Kenntnisse vielfältig einsetzen. Vre setzte die Tradition ihrer Eltern fort und nahm Menschen in Schwierigkeiten bei sich auf. So war Bill Iley, ein Deserteur aus dem Vietnamkrieg, längere Zeit bei Vre zur Unter-

miete. Und wenn in der Umgebung ein Unfall passierte, holten die Anwohner Vre, damit sie erste Hilfe leiste. Auch die vielen italienischen Gastarbeiter, die bei der BBC arbeiteten und in der Nähe in Baracken wohnten, wandten sich häufig Hilfe suchend an sie, da sie den Arztbesuch scheuten. Vre sprach ein wenig Italienisch und war auch zu abenteuerlichen Hilfsaktionen bereit, etwa zu einer legendär gewordenen halsbrecherischen Fahrt ins Unispital mit dem Auto des zunehmend nervös werdenden Vaters, der nicht mehr in der Lage war, selber zu fahren, und dies, obwohl sie seit langem keine Praxis mehr hatte im Autolenken. Im Spital sorgte sie dann dafür, dass die Frau ein Bett bekam, obwohl sie nicht zur Geburt angemeldet war. An Weihnachten zeigten sich die Italiener jeweils mit Naturalgaben aus ihrer Heimat erkenntlich.
Freude bereitete Vre das kleine Ferienhaus in Feldis, bei dessen Bau sie selber Hand angelegt hatte. Es erinnerte sie an die Alphütte aus Johanna Spyris «Heidi», einer Geschichte, die im Leben der Familie wichtig war.

In den 1970er-Jahren gab es zwischen den Eheleuten immer häufiger Konflikte, zu verschieden waren ihre Herkunft und ihre Lebensziele. Schliesslich verliess Rudolf Markwalder die Familie und Vre verlangte die Scheidung. Beide Kinder wurden der Mutter zugesprochen. Die Scheidung wurde 1979 rechtskräftig: Vre hiess wieder Karrer.

Wiedereinstieg in den Beruf

Vre war nun gezwungen, berufstätig zu sein und ihre Kinder und sich selber durchzubringen. Das schöne Haus an der Binzmühlestrasse musste die Familie nach der Scheidung räumen, und die

Wohnungssuche gestaltete sich für die allein erziehende Mutter schwierig. Es war die Tochter Maya, die dann die Wohnung an der Baumackerstrasse fand. In diesem Haus in Zürich-Oerlikon blieb Vre bis zu ihrem Tode wohnhaft.
1977 besuchte sie einen Kurs des Roten Kreuzes, um sich zur Lehrerin für Krankenpflege ausbilden zu lassen.

Ab April 1976 unterrichtete sie zunächst während vier Jahren Gesundheitslehre und Krankenpflege an der Hauswirtschaftlichen Fortbildungsschule, wo auch die im Kanton Zürich damals für alle Mädchen obligatorischen Hauswirtschaftskurse stattfanden – die so genannte «Rüebli-Rekrutenschule» –, die von vielen nur sehr widerwillig besucht wurden. Vre hatte aber ein ausgesprochenes Talent, die Schülerinnen zu motivieren. Sie war eine begeisterte Lehrerin, die ganz auf die ihr anvertrauten jungen Menschen einging. Auch von ihrem Stoff war sie überzeugt, was sich natürlich auf das Klima in ihren Klassen auswirkte. Sie verstand es, schwache Schülerinnen zu ermutigen und war bestrebt, alle zu selbstständigem Denken anzuregen. Ihre Methoden waren oft unkonventionell. Dies wurde von den jungen Leuten sehr geschätzt, die Kolleginnen und die Schulleitung hingegen begegneten dieser Lehrerin oft mit Misstrauen und Ablehnung.

Eine Kollegin und Freundin von Vre, Yvonne Linsi, schreibt:
«Ich habe oft darüber nachgedacht, warum du mit all deinen Begabungen immer wieder angeeckt bist und deinen Arbeitsplatz mehr oder auch weniger freiwillig verlassen musstest. In der Hauswirtschaftlichen Fortbildungsschule waren wir für kurze Zeit Kolleginnen, es mag nun schon gut dreissig Jahre her sein. Ich denke, du warst deiner Zeit ganz einfach ein Stück weit voraus. Vordenker gab und gibt es immer, sie haben aber nie einen einfachen Stand. Frontalunterricht war dazumal üblich. Du hieltest schon damals nicht viel davon. Du konntest mit deinen Schülerinnen am Boden

im Kreis sitzen und selbst gebackenes Brot essen, um damit bewusst Werte weiterzugeben und ein gesundendes Gespräch zu beginnen, zum Beispiel über Konfliktlösung, eines deiner Lieblingsthemen. Heute wird der Frontalunterricht allgemein in Frage gestellt. Damals warst du in den Augen der meisten Kolleginnen mit deinen eigenständigen Ideen eher ein komischer Vogel.
Wie ein roter Faden zog sich deine Bemühung, Respekt vor der Autonomie und Eigenwürde des Mitmenschen vorzuleben und zu lehren, durch deine Unterrichtsstunden. Das war für dich eine Grundlage für Gesundheitslehre.
Deine Unterrichtsart, deine Wandtafelbilder, deine Arbeitsblätter, der Blumenstrauss auf dem Pult – alles war originell, künstlerisch gestaltet, einfach, schön und nie banal. Die Mädchen liebten und verehrten dich. Du hattest keine disziplinarischen Schwierigkeiten, dafür immer wieder neue Ideen. Ja, diesen Qualitäten standzuhalten forderte von deinen Kolleginnen ein gutes Stück Toleranz und Selbstwertgefühl, sonst konnten schon Unverständnis und wohl auch so etwas wie Neid und Missgunst aufkommen.»

Von April 1980 bis Mai 1981 erteilte Vre Unterricht am Schulungszentrum des stadtärztlichen Dienstes, wo sie auch als Klassenlehrerin eingesetzt wurde. Es war die Zeit der Jugendunruhen in Zürich. Vre war bei den Schülern und Schülerinnen sehr beliebt, von den Arbeitskollegen wurde sie aber gemobbt. Und die Schulleitung wies sie darauf hin, dass sie nicht an Protestdemonstrationen teilnehmen dürfe und gleichzeitig vom Staat Arbeit und Brot in Anspruch nehmen! Vre hatte sich nämlich entschieden für die Anliegen der Jungen stark gemacht und bei den Etablierten um Verständnis für die Jungen geworben.
In der Folge sah sie sich gezwungen, diese Arbeitsstelle aufzugeben.

Ihre Schülerin und Freundin Gabrielle erinnert sich:
«Meine ersten Erinnerungen an dich sind wie eingebrannt. Deine Worte, die du an die Klasse richtetest, in der ich als achtzehnjährige Pflegeschülerin sass, haben mich wie ein Blitz getroffen. Du zitiertest Pestalozzi: ‹Und wenn morgen die Welt unterginge, so würde ich noch heute einen Baum pflanzen.› Hoffnung war zeit deines Lebens deine treibende Kraft weiterzumachen. Du hast uns Anatomie und Physiologie als lebendige, warme Materie vermittelt, so, als würdest du selbst immer wieder über dieses Wunder staunen. ‹Das Blut ist rot und warm und lebendig …›, erklärtest du mit leuchtenden Augen. Mir schien, als ob deine Gestalt das Zimmer mit Licht füllte. Die Bewegungen deiner Hände haben deine Worte wie Bilder umrahmt. Die Art, wie du deinen Körper bewohntest, habe ich nur bei afrikanischen Frauen gesehen. In ganzer Fülle, aufrecht und stark, geschmeidig und voller Energie …
Deine Stellung als Klassenlehrerin in der Krankenpflegeschule war bereits vor der aufbrechenden 1980er-Jugendbewegung gefährdet. Du hast schon zu Beginn deiner Anstellung viele grundsätzliche und kritische Fragen gestellt. Das Aufnahmeverfahren, dem sich die zukünftigen SchülerInnen unterziehen mussten, und die psychologischen Beurteilungen (durch eine Fachperson) haben dich erschreckt. Es lag auf der Hand: Das Menschenbild der Schule war mit dem deinigen nicht kompatibel. Und das Leitbild, falls es denn eines gab, sah nicht vor, die PflegeschülerInnen zu eigenem Denken anzuregen. Dein Unterricht (egal in welchem Fach) hat unser Bewusst-Sein wachgerüttelt. Das war suspekt. Nicht nur die Schule, auch die Krankenheime und die Spitäler brauchten angepasste PflegerInnen, welche fraglos die von der Gesellschaft abgeschobenen Alten pflegten. Ich bin mir heute sicher, auch die Kraft deiner sinnlichen Sprache hat die Schulleiterin eingeschüchtert, und deine Kreativität in der Gestaltung des Unterrichtes war wie Sand im Getriebe der veralteten Strukturen. Obwohl du dich

selbst nie als solche bezeichnet hättest, du warst eine Reformerin – deiner Zeit weit voraus. …
Du hast dann selber gekündigt. Mobbing ist schwer nachzuweisen und war damals als Begriff noch nicht in aller Munde. Die Dozentinnen versuchten, so rasch als möglich zur Tagesordnung überzugehen. Dein Weggehen hat mich zornig gemacht. …
Du warst nach deiner Kündigung zwei oder drei Monate arbeitslos. Erst als dir eine Stelle an einer anderen Krankenpflegeschule angeboten wurde, hast du deine ursprüngliche Kraft wiedergefunden.»

Vre kannte die Angst der Arbeitslosen und schreibt:
«Als ich arbeitslos war und für meine Kinder aufkommen musste, habe ich etwas von dieser Angst vor dem Ungewissen erfahren. Angst wirkt lähmend und macht mutlos. Angst ist ein unbeschreibliches Gefühl von Alleingelassensein und Verlorensein. Angst ist kalt und kann tödlich wirken. Ich erlebte diese Kälte, wenn ich mit Gewalt oder Brutalität konfrontiert wurde, ich habe dann meine Glieder kaum mehr empfunden und habe gefroren in meiner Hilflosigkeit, bis ins Herz hinein. Ich glaube, es ist die Beziehungslosigkeit, die mich so frieren lässt.
Im Grunde bin ich kein ängstlicher Mensch. Ich liebe Risiko und Auseinandersetzungen, ich liebe Veränderungen.» (S. 63)

Für kurze Zeit war sie an einer anderen Schule tätig. 1982/1983 arbeitete sie dann während anderthalb Jahren im Stadtspital Waid, zuerst als Praktikantin für die Lehrtätigkeit, dann in der Ausbildung von Pflegepersonal auf der chirurgischen Abteilung.
Vre war auch für einige Zeit Lehrerin in einem Heim für vorbestrafte junge Frauen. Es war Vre wichtig, auch mit diesen Schülerinnen etwas zu unternehmen, was ihnen gut tat, was sie freute. Dabei ging sie bewusst auch Risiken ein, nicht blauäugig, sondern mit Herzklopfen. Sie war zeitlebens bereit, Vertrauen zu schenken.

Und auch wenn sie mit jemandem schlechte Erfahrungen gemacht hatte, gab sie ihm eine neue Chance. Gelegentlich wurde ihr Vertrauen missbraucht. Das machte sie traurig, aber es war für sie kein Grund, nicht doch immer wieder auf Vertrauen zu setzen. Sie sah sich nie bloss als Gebende, immer fühlte sie sich ebenso als Lernende und Beschenkte, auch beim Unterrichten:
«Es ist entscheidend, dass wir einsehen: Unterrichten heisst Lernen, und Lernen heisst Unterrichten. Schule verlangt von allen ein wechselseitiges Geben und Nehmen. Um jemanden unterrichten zu können, muss ich zusammen mit ihm und von ihm lernen. Die Spaltung dieses Prozesses in Unterrichten und Lernen ist aufgehoben.» (S. 34)

«In den Schulhäusern begegnete ich der Angst immer wieder, genauer in den Lehrerzimmern. Da gab es keinen Gedankenaustausch. Keiner weiss vom andern, was er denkt. …
Politik gehört nicht in die Schule, hört man immer wieder. Schmerzlich erlebte ich das zur Zeit der Jugendbewegung, als auf den Strassen demonstriert wurde. Immer wieder versuchte ich ein Gespräch oder eine Auseinandersetzung herbeizuführen. Ich sagte: ‹Was ist los mit uns? Wir reden nicht über das, was die ganze Stadt bewegt. Das ist doch unsere Jugend, das sind doch unsere Kinder, die wir geboren haben, die auf die Strasse gehen, um gegen erstarrte Strukturen anzurennen, weil sie keine Änderungsmöglichkeiten sehen, die sich wehren für ein Lebensgefühl, das uns abhanden gekommen ist.› Ich kann nicht begreifen, dass wir darüber schweigen. Wir können doch aus diesen Vorgängen etwas lernen, wenn wir uns fragen, wo haben wir Fehler gemacht? Wenn wir bereit sind, dies unserer Jugend einzugestehen, dann ist eine Solidarität möglich.» (S. 64)

Als Mutter war Vre engagiert und grosszügig. Um für den Sohn Urs ein Cello kaufen zu können, leistete sie zusätzlich Nacht-

dienst. Und als die Tochter Maya mit sechzehn Jahren zuhause ausziehen und mit ihrem Freund eine Wohnung teilen wollte, liess Vre sie ziehen. Im Gegenzug hatten ihre Kinder später auch Verständnis, dass Vre trotz Gefahren in Somalia etwas aufbauen wollte und nicht einfach in der Schweiz die Enkel hüten konnte. Sie befürworteten Vres Einsatz und unterstützten sie darin.
In der Zeit nach ihrer Ehe hat sich Vre zunehmend in der Öffentlichkeit engagiert. Sie war aktives Mitglied in der Kirchgemeinde Neuaffoltern. 1976 machte die religiös-soziale Vereinigung einen neuen Anfang und traf sich wieder häufiger; Vre gehörte zu den Verantwortlichen. Dieser Kreis um die Zeitschrift «Neue Wege» blieb bis zu ihrem Tod ihre geistige Heimat. Eine Zeit lang war sie Mitglied der Sozialdemokratischen Partei, in die aktive Politik wollte sie jedoch nicht einsteigen. Vre engagierte sich aber am Abstimmungskampf der GSoA für die Abschaffung der Armee.
1989 überwies sie ihre Bundessteuer dem Frauenhaus und schrieb eine ausführliche Begründung ihres Schrittes ans Steueramt, in der sie unter anderem die horrenden Militärausgaben, Polizeigewalt und das Opfern von Bäumen und Wiesen für den Automoloch anprangerte.

Im Jahre 1983 erfolgte nochmals eine Neuorientierung in Vres Leben. Zunächst zog sie in ihrem Buch «Subversive Liebe» die Bilanz ihrer Erfahrungen und liess ein breites und interessiertes Publikum daran teilnehmen. Vre wurde zu Lesungen und Vorträgen eingeladen, ihr Buch verschiedentlich besprochen und gut verkauft.

Eine Schulstelle hatte sie nun nicht mehr, aber sie bewarb sich in der Praxisgruppe «Plaffenwatz» in Zürich um eine Stelle als Arztgehilfin.

Bigna Rambert und Berthold Rothschild erinnern sich:
«Wir kannten sie zunächst als Krankenschwester im ‹Plaffenwatz›, dem langjährigen alternativen medizinischen Kollektiv am Zücher Waffenplatz. Wie alle andern, die dort arbeiteten, war Vre engagiert und ebenso stur überzeugt, dass man es mit Kranken und Leidenden, aber auch mit schwangeren Frauen, besser machen könne. Das Bessere bei ihr war jedoch nie technisch oder rein fachbezogen zu verstehen, sondern unmittelbar – von Mensch zu Mensch, von Frau zu Frau, von mir zu dir. Und sie konnte zäh und stur sein, mein Gott!, unbeirrbar und unerschrocken, wenn sie etwas für richtig hielt. Manchmal nervte sie mit ihrer stillen Besserwisserei, mit ihrer ungestümen Geduld, mit diesem Durch-die-Mitte-Gehen, um ihr Ziel zu erreichen. Sachzwänge oder institutionelle und konventionelle Schranken waren für sie kein Hindernis, vielmehr ein Grund, die engagierte Zähigkeit zu erproben und – wenn auch nicht immer – am Schluss doch Recht zu behalten, sich durchgesetzt zu haben. Aber es ging ihr nicht um das Rechtbehalten oder ums Besserwissen, es ging um ein inneres Programm der Gerechtigkeit, genährt von einer Synthese aus Christentum, Sozialismus und Zivilcourage. Da sassen wir im Verwaltungsrat der Paracelsus AG und in Kommissionen, debattierten und stritten uns endlos. Sie konnte mit dem abgehobenen Geschwätz und den ideologischen Spiegelfechtereien nichts anfangen, wollte immer nur wissen, was dies denn praktisch heisse, was es für die beteiligten Menschen bedeute. Sie suchte keine Allianzen mit einzelnen von uns, wollte immer nur wissen, was denn Sache sei, und sie irritierte uns immer wieder mit dem direkten Gutseinwollen, ohne Haupt- und Nebenwidersprüche. Nur liess sie uns dann bald einmal zurück, weil sie die Dinge anpackte und geleitet von ihrem kompromisslosen Engagement meistens wusste, was zu tun, nicht was zu verhandeln war. Der ‹Plaffenwatz› zerbrach an seinen Widersprüchen – Vre machte weiter, orientierte sich sogleich anderswo, wo sie handeln und den Menschen

helfen konnte. Autoritäten und Machtträgerinnen waren ihr nicht wegweisend, waren sie aber für ihre Ziele störend, so konnte sie bockig sein und gab auch dann nicht nach, wenn man ihr drohte. Misserfolge, Rückschläge und Kränkungen waren nie Grund dafür, sich resigniert zurückzuziehen, im Gegenteil, jetzt hiess es weitermachen, wenn nötig anderswo und anderswie.»

Sie arbeitete dann in diesem genossenschaftlich organisierten Team bis zur Auflösung der Genossenschaft, die sich von 1987 bis 1989 hinzog. Die politisch links stehende Gruppe hatte viele randständige Patienten und Patientinnen wie Clochards, betreute Drogenabhängige im Methadonprogramm und machte auch Schwangerschaftsabbrüche, bei denen Vre zu assistieren und mit den Frauen Informationsgespräche zu führen hatte. Vre befürwortete die Eigenverantwortung der Frauen und unterstützte ihre Emanzipation. Für ihre Tätigkeit in Somalia war die «Plaffenwatz»-Zeit von entscheidender Bedeutung. Hier arbeitete sie in einer Genossenschaft mit gleichem Lohn für alle, und hier konnte sie auch Erfahrungen sammeln mit den Problemen, die sich aus dieser Form der Gesellschaft ergaben. Ebenfalls als Arztgehilfin arbeitete dort Magda Frey, die später Nur Shekdon, einen Somalier aus Merka, heiratete. Ihr ist es zu verdanken, dass sich Vre dann entschloss, ausgerechnet nach Somalia auszureisen und ihre Arbeitskraft zusammen mit der Freundin in diesem armen Land einzusetzen.

Nachdem das Experiment «Plaffenwatz» gescheitert war, machte sich Vre selbstständig und eröffnete Ende 1988 eine eigene medizinische Beratungsstelle für Frauen «Von Frau zu Frau». In ihrem Prospekt schrieb sie: «Ich berate Dich bei Fragen zur Verhütung (für Mann und Frau), zur Schwangerschaft, natürlichen Geburt und Säuglingspflege, zur Sexualität und Selbstbestimmung, zur Selbstuntersuchung und zum Körperbewusstsein, zu Kinderkrankheiten und zur Kinderpflege.»

Weiter bot sie Kurse an über natürliche Heilmittel und Kräuter, Medizin als Frauenkultur, Pubertät, erste Hilfe sowie zu den Wechseljahren der Frau und des Mannes.
Das Wissen über die Heilkräuter verdankte sie zum Teil ihrer Grossmutter väterlicherseits, Elise Karrer aus Stallikon. Vre betrachtete die Medizin als alte Frauenkultur und formulierte ihr Unbehagen am technisierten Gesundheitswesen. Die natürliche Hausgeburt stellte sie als Hebamme der Spitalgeburt gegenüber.
Die alternative Medizin spielte für Vre später auch in Somalia eine Rolle, wo sie von Heilkundigen lernte und damit teure Medikamente durch natürliche Mittel, zum Beispiel durch Kerne der einheimischen Papayafrucht, ersetzen konnte.

Von ihrer Beratungsstelle leben konnte Vre freilich nicht. Von April bis September 1990 machte sie daher Nachtwache in der Senioren-Pension «Höfli» in Wallisellen. Von Juli 1990 an war Vre Leiterin des Pflegedienstes im Städtischen Alters- und Pflegeheim Unteraffoltern «Wolfswinkel».
Die Stelle im «Wolfswinkel» gefiel ihr zuerst sehr gut: Sie fand es sinnvoll, ihre letzten Berufsjahre den alten Menschen zu widmen. Sie hatte hier wie schon an ihren früheren Arbeitplätzen einen sehr guten Kontakt zu den Menschen. Kritisch wie sie war, sah sie aber auch Missstände und sie engagierte sich kompromisslos, wie üblich, um diese zu ändern. Sie wehrte sich gegen eine Behandlung der alten Menschen, die ihr entmündigend vorkam und die ihnen nicht ihre Würde beliess. Sie setzte sich für ausländische MitarbeiterInnen ein und deckte Unregelmässigkeiten auf, die sich das Leiterehepaar zuschulden kommen liess. Es kam zum Konflikt. Vre reichte Beschwerde ein gegen das Leiterehepaar bei der Vorsteherin des Sozialdepartements, Stadträtin Lieberherr.
Ohne dass Vre je angehört worden wäre, erhielt sie im November 1992 die Kündigung; sie war gerade sechzig Jahre alt geworden.

Dass die Beschwerde aber nicht abwegig gewesen und die Kündigung somit unrechtmässig erfolgt war, zeigte die Strafuntersuchung, die in der Folge gegen das Heimleiterehepaar eröffnet wurde.

Somalia

Auf diese Weise wollte Vre aber nicht aus dem Berufsleben ausscheiden. Sie hatte das Bedürfnis, noch etwas Wichtiges zu tun, und sie entschloss sich, im Februar 1993 mit Magda Nur nach Somalia zu reisen. Sie verabschiedete sich von ihren Freundinnen und Freunden in der Schweiz mit den Worten: «Wenn man mich da nicht braucht, dann eben dort, wo ich noch etwas zur medizinischen Versorgung der Bevölkerung beitragen kann.»
Die finanziellen Mittel für ihre Ausreise nach Somalia stammten aus ihrem Pensionskassen-Guthaben, das sie freudig dafür einsetzte. In den folgenden Jahren fanden sich dann immer Freunde, die ihre Arbeit unterstützten, mit grossen und kleineren Beträgen, nach ihren Möglichkeiten und zum Teil unter persönlichen Opfern. Auch ihre Familie half mit durch das Führen der Buchhaltung, das Verdanken von Spenden und die ideelle Unterstützung. Nach dem Tod der Mutter setzten sich Maya und Urs tatkräftig für das Fortbestehen der Genossenschaft in Merka ein.

Die beiden Krankenschwestern aus der Schweiz sollten bei der Wiedereröffnung des Distriktspitals von Merka mithelfen. Im Land herrschte aber Krieg, die Besetzung durch die Amerikaner – und die vorgesehene Arbeit war nicht möglich wie geplant.
Zu Beginn arbeiteten Vre und Magda gemeinsam im Ambulatorium der Italienerin Annalena Tonelli im Zentrum von Merka. Später trennten sich ihre Wege. Vre wollte im Slum wohnen und

arbeiten und sie bestand darauf, alles genossenschaftlich zu organisieren. Sie war radikal und kompromisslos und angesichts des grossen Elends drängte sie auf schnelle Veränderungen. Magda Nur wohnte mit ihrer somalischen Familie im Westen der Stadt und baute dort ein neues Ambulatorium auf.

Nur wenige Tage vor ihrem Tod hat Vre Magda Nur und ihre Familie zu einem Frühstück eingeladen, und beide Frauen waren erleichtert, sich wieder versöhnt zu haben. Die somalischen Adoptivkinder der Nurs waren an Vres Todestag am Nachmittag noch bei ihr zu Gast, wo ihnen Vre den «Heidi»-Videofilm zeigte. Bevor es dunkel wurde, machten sich die Kinder auf den Heimweg, und kurze Zeit später bekam Magda Nur die Nachricht, dass Vre tot war.

Was Vre in den neun Jahren in Somalia zusammen mit ihren MitarbeiterInnen aufgebaut und erlebt hat, kann in ihren Briefen und in der Projektbeschreibung im Anhang nachgelesen werden.

Dieses grosse Werk in dieser kurzen Zeit war aber nur möglich durch einen aussergewöhnlichen Einsatz. Vre hat sich dabei wenig um ihre Gesundheit kümmern können; nur wenige aus ihrem Freundeskreis wissen, wie oft und wie gefährlich sie in dieser Zeit krank war. Ausser der schweren Malaria im Jahr 1995 hatte sie gravierende Rückenprobleme, musste eine Darmoperation machen lassen, einen Armbruch ausheilen und einen Schlangenbiss verkraften, nicht zu reden von Prellungen, Erkältungen und so weiter. Sie war oft totmüde nach den anstrengenden Geburten auf dem Boden. Aber das Ziel «Brot für alle Menschen» beflügelte sie immer wieder aufs Neue.
Alles, was sie in ihrem Leben gelernt hatte, all ihre gemachten Erfahrungen konnte sie hier brauchen: Die medizinische Ausbil-

dung, die Erfahrungen als Lehrerin, als Mutter, als Beraterin von Frauen, als Arbeitslose, als Genossenschafterin, als Friedensfrau. Sie hatte eine Aufgabe gefunden, die sie ganz ausfüllte und ganz forderte. Auch wenn sie in der Schweiz auf Urlaub war, dachte sie meistens an Somalia. Sie sammelte Geld für die nächste Reise und berichtete über ihre Arbeit, holte Rat ein, entschied aber dann selbst, kaufte Medikamente und pflegte die Kontakte zu den Spendern. Sie genoss die heimatliche Landschaft und das vertraute Essen, aber vor allem natürlich die drei Enkel: die beiden Kinder von Maya, Alain (1994) und Céline (1997), und die Tochter von Urs, Daria (1994). Die Schweizer Konsumgesellschaft ertrug sie dagegen nur noch schlecht.

Die Ermüdungserscheinungen führten dazu, dass sie sich nach einer Nachfolgerin, einem Nachfolger umzusehen begann. Es fand sich aber niemand, der ein so gefährliches und strenges Leben auf sich nehmen wollte.
So machte sie weiter: Sie hing ja auch an ihrer Arbeit.
Anfang Januar 2002 reiste sie ein letztes Mal nach Afrika aus. Die politische Lage war, wie in ihren letzten Briefen zu lesen ist, sehr angespannt. Sie fühlte sich dieses Mal nicht sicher; so sagte sie am Telefon: «Falls etwas passiert, werden euch die Ältesten informieren.» Und: «Ich zähle die Tage, bis ich nachhause kommen kann.» Dazu kam es nicht mehr.

Am Freitag, den 22. Februar 2002, um fünf Uhr abends Ortszeit, klopfte es an die Türe der Mittelschule, wo Vre im letzten Jahr wohnte. Der unbewaffnete Wächter fragte, wer draussen sei, und öffnete die Türe, als der Name eines Mannes genannt wurde, der Vre gelegentlich besuchte. Als er jedoch sah, dass zwei fremde Männer Einlass begehrten, versuchte er die Türe wieder zu schliessen.
Aber schon stürmten die Männer herein und einer schoss auf den

Wächter und verwundete ihn. Der andere rannte in Vres Zimmer; diese versuchte sich im Badezimmer einzuschliessen, der Schlüssel steckte aber aussen an der Türe: Sie wurde von mehreren Schüssen niedergestreckt und starb rasch.
Die beiden Frauen, die Vre den Haushalt besorgten, waren auch im Gebäude und konnten den Hergang erzählen.

Grosse Trauer herrschte in Merka, viele Menschen waren auf der Strasse, als Vres Sarg durch die Stadt gefahren wurde, sie riefen nach Verena und viele weinten. Eine Delegation von GenossenschafterInnen begleitete Vre zum Flugplatz «Kilometer 50»; es sollen auch Vertreter der provisorischen Regierung dabei gewesen sein, für die sich Vre stark gemacht hatte. Magda Nur flog mit nach Nairobi, wo Vre im Hindutempel kremiert wurde. Europäische Freunde aus Nairobi, Somalier und Schweizer Botschaftsangehörige waren dabei, der katholische Pater Meienberg leitete die Zeremonie.
Auf dem Friedhof «Schwandenholz» in Zürich-Seebach wurde Vres Asche dann beerdigt.
Am 9. März fand eine Gedenkfeier in der evangelischen Kirche in Oerlikon statt, an der gegen dreihundert Leute Abschied nahmen von einer mutigen Frau.
In Merka wurden für Vre die islamischen Totengebete gesprochen von der grossen Frauengruppe, mit der Vre in ihren Friedensbemühungen zusammengearbeitet hatte, obschon im Islam nicht vorgesehen ist, dass diese Gebete für Nicht-Moslems gesprochen werden. Diese Ökumene passt aber gut zu Vres Offenheit, die als Vorbereitung auf die Arbeit in Somalia den Koran studiert hatte.

Trotz intensiven Ermittlungen und einigen Verhaftungen ist es bis heute nicht gelungen, die Hintergründe des Mordes aufzudecken.

Woher ich komme –
Die Mutter trug mich durch den Wald
und über die Äcker.

Dahin kehre ich zurück.
Wo ich niederfalle,
wachsen Bäume, Buchen und Eichen
mit weiten Kronen,
und Gras, wildes Gras
wächst auf Betondächern der Fabriken,
Moos setzt sich an
in den Hochdruckröhren der Turbinen
und am Wegrand blühen Kerbel und Salbei.

Ich wurde fertiggemacht
und wieder fertiggemacht,
aber wo ich niederfalle,
werden wieder Rosen sein –
und um Herzen aus Stein
grüne Büsche ihre Arme schlagen.

Vre Karrer, Pfingsten 1976

[1] Alle zitierten Texte mit Seitenangaben stammen aus Vre Karrers 1983 erschienenem Buch: Subversive Liebe. Fachverlag AG/ed.extra, Zürich.

Vre Karrer – Die religiöse Sozialistin

Willy Spieler

Vre Karrer beruft sich in ihren Briefen immer wieder auf den Religiösen Sozialismus als Quell ihrer Motivation für Gerechtigkeit und Frieden, auch auf den Genossenschaftsgedanken als sozialethisches Prinzip der religiös-sozialen Bewegung, und auf die «Neuen Wege», die Zeitschrift des Religiösen Sozialismus, die der Genossenschaft *New Ways* in Merka den Namen gab, oder auf den «Gartenhof» als örtliches und geistiges Zentrum der religiös-sozialen Bewegung in der Schweiz. «Ich bin in der religiös-sozialen Bewegung aufgewachsen», schreibt Vre Karrer in ihrem Buch «Subversive Liebe». Und: «Schon als Kind war ich bei den Diskussionen dabei. Durch das Beispiel meiner Eltern und der Bewegung habe ich gelernt, mich radikal auf die Seite der Schwachen zu stellen.» Diese Bewegung des Religiösen Sozialismus gibt es in der Schweiz seit 1906. Sie ist zeitgleich mit der – bis heute monatlich erscheinenden – Zeitschrift «Neue Wege» entstanden.
Die Theologie des Religiösen Sozialismus wurde massgeblich von Leonhard Ragaz (1868–1945) entwickelt. Er hatte 1921 seine Theologieprofessur in Zürich aufgegeben, um sich für den Rest seines Lebens ganz der Friedensbewegung und der Arbeiterbewegung zu widmen. Ragaz' Theologie atmet den Geist der viel später in Lateinamerika entstandenen Befreiungstheologie. Im Zentrum steht das «Reich Gottes und seine Gerechtigkeit» als Verheissung für diese Erde. Das Reich Gottes ist zwar «nicht *von* dieser Welt» (Joh. 18.36), aber es ist eine Verheissung *für* diese Welt. Die Menschen können es zwar nicht aus eigener Kraft verwirklichen, aber sie sind dennoch aufgerufen, ihm den Weg zu bereiten. Ragaz schreibt dazu in «Die Bibel – eine Deutung»: «Schon das Kommen des Reiches ist auch Sache des Menschen. Es ist gerüstet, es wird

angeboten, aber es kommt nicht, wenn nicht Menschen da sind, die darauf warten, die darum bitten, die für sein Kommen arbeiten, kämpfen, leiden.»

Vom «Reich Gottes» her werden auch die politischen Bewegungen, insbesondere die sozialistischen Parteien, beurteilt. Das Ragaz-Wort zur Unterscheidung der Geister lautet: «Gott kann sehr wohl bei den Sozialisten sein, die ihn leugnen, und kann bei den Christen, die ihn bekennen, nicht sein. Gott ist da, wo seine Gerechtigkeit ist, wo seine Sache vertreten wird, nicht da, wo man ihm Tempel baut und Gottesdienste feiert.»

Vre Karrers Eintreten für einen genossenschaftlichen Sozialismus hat in dieser Theologie seine Wurzeln. Die Gerechtigkeit des Reiches Gottes heisst hier fundamental «Genossenschaftlichkeit». Die Genossenschaft ist für Ragaz der «Urtypus des Reiches Gottes», wie er in der «Eid-Genossenschaft» der Stämme Israels (zur Zeit der Richter) Gestalt annimmt und wie er in der Urgemeinde von Jerusalem wiederkehrt. Genossenschaftlichkeit ist nicht eine bestimmte Rechtsform, sondern allgemeiner und grundsätzlicher ein sozialethisches Prinzip der Teilhabe und der Teilnahme: der Teilhabe der Menschen an den Gütern, die sie benötigen, und der Teilnahme an den Entscheidungen, die sie betreffen. Aus Wirtschaftsuntertanen sollen Wirtschaftsbürger und -bürgerinnen werden. Es geht bei diesem Genossenschaftssozialismus um eine doppelte Alternative: einerseits zur Alleinherrschaft des Kapitals, anderseits zur Alleinherrschaft einer sozialistisch sich nennenden Partei, zum Staatssozialismus überhaupt.

Für Vre Karrer war nicht entscheidend, ob diese «Genossenschaftlichkeit» im Trend liegt, sondern dass sie der Ethik und Verheissung des Reiches Gottes entspricht. 1922 schrieb Ragaz Sätze, die vielleicht erst heute ihre volle Aktualität erlangen: «Wir erkannten im Sozialismus ein wunderbares Auftauchen der alten Gottesreichsgedanken. Wir betrachteten ihn im Lichte unserer religiösen Hoffnung. … Und wenn alle vorhandenen sozialistischen Programme

falsch wären und alle sozialistischen Parteien zusammenbrächen, wir würden nun, nachdem wir diese Wahrheit einmal geschaut haben, trotzdem und erst recht im Namen Gottes und Jesu Christi den Sozialismus verkündigen.» Das wäre auch eine Erklärung, warum Christen immer noch Sozialisten, Christinnen immer noch Sozialistinnen sein können und vielleicht sogar sein müssen.
Diese ethische Grundüberzeugung war jedenfalls wegleitend für Vre Karrer. Der Genossenschaftsgedanke zieht sich wie ein roter Faden durch ihr Lebenswerk – von der Praxisgruppe «Plaffenwatz» in Zürich bis zur Gründung der landwirtschaftlichen Kooperative in Merka. Darum Vre Karrers stolzes Wort: «Wir sind kein Hilfswerk, wir sind eine Genossenschaft!» Wer, wenn nicht sie, durfte noch sagen: «Der Sozialismus ist nicht gestorben. Überall, wo sich eine Gruppe gleich gesinnter Menschen zusammenfindet, um miteinander zu arbeiten und zu teilen, da ist ein winziges Stück gerechtere soziale Welt möglich – vielleicht könnte man dem auch ‹Reich Gottes› sagen.» Wo, wenn nicht in der Aufbauarbeit von Vre Karrer wurde Sozialismus konkret?
Zur religiös-sozialen Herkunft von Vre Karrer gehört sodann der Pazifismus. Widerstand gegen Krieg und jede Form von Gewalt prägt ihr Leben und nicht zuletzt ihre Arbeit in Merka. Noch in einem ihrer letzten Briefe schreibt sie: «Es ist grauenhaft, was so ein Krieg anrichtet! Als ich die verstümmelten Menschen wieder vor mir hatte, kamen mir die Tränen vor Wut und Verzweiflung. Einzig der Gedanke, dass wir dran bleiben und ja nicht dem Fatalismus verfallen sollen – niemals! –, hielt mich aufrecht.» Die Alternative lautete: *Put the gun and get the pen!*
Diese Haltung steht im Einklang mit der Friedensethik des Religiösen Sozialismus. Für Leonhard Ragaz ist der Antimilitarismus die Konsequenz «der Ehrfurcht vor der Würde und Heiligkeit des Menschen und des Glaubens an ein Reich der Gerechtigkeit und Menschlichkeit, zu dem der Friede gehört». Ragaz arbeitet am Ersten wie am Zweiten Testament die Grundlinien eines biblischen

Pazifismus heraus. Gegenüber dem fundamentalistischen Suchen nach Bibelstellen wird betont: «Keine einzelne Stelle des Evangeliums verbietet ausdrücklich den Krieg, aber das ganze Evangelium verbietet ihn, und ein einzelnes Verbot ist unnötig, weil an die Möglichkeit, dass ein Jünger Christi Krieg führe, gar nicht gedacht ist.» Das gilt schon für die Propheten des Alten Testaments: «Weil sie an Gott glauben, … glauben sie nicht an die Waffen.»
Ragaz richtete auch an seine sozialdemokratischen Genossinnen und Genossen die visionären Worte: «Wenn der Kapitalismus sich mit der Gewalt verbindet, so entspricht dies seinem Wesen, aber wenn der Sozialismus es tut, so ist es Abfall von sich selbst; es ist Untreue und Untreue ist Selbstauflösung. Sozialistischer Mörtel, der mit Gewalt angerührt wird, hält schlecht.»
Vre Karrer beruft sich nicht zuletzt auf Clara Ragaz-Nadig (1874–1957), die ihrem Mann Leonhard im Bekenntnis zu einer Welt ohne Waffen voranging. In Clara Ragaz kamen Friedensbewegung und Frauenbewegung zusammen. Ein «Programm der Frauenbewegung» hat die religiöse Sozialistin schon 1919 verfasst. Im Rahmen der Internationalen Frauenliga für Frieden und Freiheit entwickelte sie auch erste Ansätze zu einem feministischen Pazifismus.
Gerechtigkeit und Frieden müssen vor allem der jungen Generation vermittelt werden. Als Mutter zweier Kinder und als Lehrerin von angehenden Krankenschwestern liess Vre Karrer sich leiten von Leonhard Ragaz' «Pädagogischer Revolution», aus der sie zitierte: «Wir müssen unsere soziale Ordnung ändern, damit wir unsere Jugend recht erziehen können, und wir müssen unsere Jugend recht erziehen können, damit eine neue soziale Ordnung möglich sei.» In Merka sagte sie sich: «Ein Land ohne Schule, ohne Ausbildung, ist ein Land ohne Hoffnung.» Vre Karrer legte auch darum Wert auf die genossenschaftliche Struktur der von ihr gegründeten Einrichtungen, um damit zum Aufbau einer neuen sozialen Ordnung in Somalia beizutragen.

Vre Karrer hat ihre Spiritualität und politische Überzeugung in engem Austausch mit der Zeitschrift «Neue Wege» entwickelt. Nicht weniger wichtig war in ihrer Biographie der «Gartenhof», das Haus der Familie Ragaz an der Gartenhofstrasse 7 in Zürich, das Drehscheibe und Schnittstelle der Lebensgeschichten der meisten religiös-sozialen Persönlichkeiten wurde und wo sich noch heute die religiös-soziale Bewegung trifft, wo auch der Schweizerische Friedensrat und die Frauenstelle für Friedensarbeit des cfd/Christlicher Friedensdienst ihr Büro haben. Als in den 1930er-Jahren bei staatlich verordneten Verdunkelungsübungen die Verharmlosung des Krieges eingeübt werden sollte, haben die Bewohnerinnen und Bewohner dieses Hauses zivilen Ungehorsam geübt und durch ihre hell erleuchteten Fenster ein trotziges Licht auf die Stadt Zürich geworfen. Ohne diese und viele andere prophetische Zeichen, die vom «Gartenhof» ausgingen, etwa im Umgang mit jüdischen Flüchtlingen während des Zweiten Weltkriegs, hätte die Geschichte der Opposition in unserem Land ein anderes Gesicht.
Im Religiösen Sozialismus hatte Vre Karrers Engagement ein Fundament, das nie fundamentalistisch war. Die religiös-soziale Bewegung verstand sich stets als eine offene Ökumene des Reiches Gottes. Sie vereinigte und vereinigt Menschen unterschiedlicher weltanschaulicher, religiöser oder konfessioneller Herkunft. Mit dabei waren vor allem auch Jüdinnen und Juden wie die Schriftstellerin Margarete Susman (1872–1966) oder der Religionsphilosoph Martin Buber (1878–1965). Worauf es ankam und noch immer ankommt, ist der Glaube, dass eine andere Welt möglich sei. Vre Karrers Umgang mit Musliminnen und Muslimen berechtigt zur Hoffnung, dass diese Ökumene des Reiches Gottes auch im Islam fruchtbaren Boden finden könnte.

Die Genossenschaft *New Ways* in Merka

Zusammengestellt von Elisabeth Bäschlin

Vre Karrer arbeitete die erste Zeit im Ambulatorium des Distriktspitals von Merka.
Bereits im Oktober 1993 schrieb Vre von ihrem Wunsch, eine Hebammenschule zu eröffnen. Im Januar 1994 war es soweit: In der Schule für Pflegeberufe wurden zwölf Schülerinnen und Schüler in drei Intensivkursen ausgebildet für die Mitarbeit im Ambulatorium und vorbereitet für Gesundheitslehre in der Bevölkerung. Solche Ausbildungskurse hat Vre in der Folge regelmässig durchgeführt.
Schon bald reifte bei Vre auch der Plan, ein Ambulatorium für die ärmste Bevölkerung zu eröffnen. So beschlossen sie und ihre somalischen MitarbeiterInnen am 5. März 1994, während des Aufstandes der Bevölkerung gegen die UNOSOM, als Zeichen des Friedens den Aufbau eines Ambulatoriums *New Ways* im Armenquartier Hafrussia, mitten unter den ärmlichen Hütten der Kriegsflüchtlinge: Im Oktober konnte ein kleines Haus als Ambulatorium eröffnet werden.
Gleichzeitig wurde die erste Bauerngenossenschaft in Bhuufow gegründet mit sechs Familien aus verschiedenen Klans; Ende 1994 wurde die Genossenschaft auf zwölf Familien erweitert.

Das Ambulatorium und die Bauerngenossenschaft sowie alle späteren Projekte wurden als selbst verwaltete Genossenschaft *New Ways* geführt.

Im Laufe des Jahres 1994 gelang es Vre, den somalischen Chirurgen Dr. Omar Dhere nach Merka zu holen. Der Freundeskreis «Neue Wege» bezahlte dessen Lohn, ebenso den Lohn des Kinderarztes von Merka. Im Jahr 1995 wurde die Schulgenossenschaft

New Ways gegründet, und am 1. Juli 1995 eröffneten die GenossenschafterInnen eine Schule für Strassenkinder: Hundertzwanzig Kinder, darunter viele Kriegswaisen, wurden aufgenommen. Das alte Haus, in dem die Schule untergebracht ist, war von einer Somalierin zur Verfügung gestellt worden und wurde mit Hilfe von Lehrern und SchülerInnen instand gestellt.

Ende 1995 wurde eine zweite Bauerngenossenschaft in Ambe Banaan gegründet. Bauern und Nomaden aus verschiedenen Stämmen taten sich zusammen, rodeten zwölf Hektaren Buschland und bauten Bewässerungskanäle. Jeweils zehn Prozent der zukünftigen Ernteerträge sollten an das Ambulatorium abgegeben und unter den armen Leuten verteilt werden.

Das erste Ambulatorium in Hafrussia wurde bald zu klein. Vre und ihre Genossenschaft konnten dann eine grosse Ruine neben der Schule *New Ways* und der Moschee übernehmen, wo 1997 ein neues Ambulatorium erstellt werden konnte, ein grösseres Gebäude mit mehreren Räumen und einem grossen Eingangsbereich als Warteraum. Dreiundzwanzig Mitarbeiterinnen und Mitarbeiter behandelten da täglich hundert bis hundertzwanzig Menschen, darunter viele Kinder. Es wurden die üblichen Tropenkrankheiten (wie Malaria, Bilharzia und so weiter) behandelt, aber auch Lepra und Tuberkulose sowie Krankheiten, die durch Fehl- und Mangelernährung bedingt waren; zudem gab es gynäkologische Abklärungen und Geburtshilfe.

Im Herbst 1998 finanzierte die Genossenschaft den Wiederaufbau einer Brücke über eine tiefe Schlucht, die das Städtchen in zwei Teile trennt. Ohne Brücke waren die Leute zu einem beschwerlichen und gefährlichen Abstieg in die Schlucht gezwungen, um in die Stadt zu gelangen. Eine zweite Brücke konnte im Dezember 1999 eingeweiht werden.

Die Genossenschaft wuchs. So waren im August 1999 sechsundsechzig MitarbeiterInnen fest angestellt: Dreizehn MitarbeiterInnen in der Schule *New Ways*, zweiundzwanzig in Ambulatorium und Labor, sechzehn in der Bauerngenossenschaft *Ambe Banaan* und fünfzehn im Gesundheitsvorsorge-Team. Dazu kamen die verschiedenen Gruppen von Tagelöhnern, die je nach Bedarf eingesetzt wurden, sei dies in der Katastrophenhilfe oder bei notwendigen Aufbauprojekten wie zum Beispiel beim Brückenbau.
Die Arbeit der erwähnten MitarbeiterInnen des Gesundheitsvorsorge-Teams bestand darin, täglich den Markt von Merka zu säubern und den Abfall umweltgerecht zu entsorgen als Prävention gegen Cholera und andere Seuchen: Eine harte und dreckige, aber für das Armenviertel sehr wertvolle Arbeit, die diese Männer und Frauen seit Jahren machten!

1999 übernahm die Genossenschaft *New Ways* abermals, wie schon in früheren Jahren, die Kosten für das Bezirksspital, für die Elektrizität, die Löhne des Pflegepersonals und die Medikamente, da das italienische Hilfswerk COSV Merka wiederum verlassen hatte.
Ausserdem wurden während zweier Monate hundertfünfzig Arbeitsplätze geschaffen im Rahmen eines Gesundheitsprogramms als Prävention gegen Cholera-Epidemien, die immer in den Hitzeperioden auftreten. Hundertfünfzig Strassenarbeiter säuberten als Tagelöhner die Bezirke der Altstadt und deren Umgebung, besserten die Abwasserlöcher aus und reinigten die Wege vom Unrat. Die Arbeiter wurden alle fünf Tage ausgewechselt, damit möglichst viele Familien in den Genuss eines Lohnes kamen.

Durch den Zusammenbruch der Infrastruktur des Staates waren in Merka seit 1991 eine grosse Zahl von «Intellektuellen» – Somali mit Hochschulabschluss wie ehemalige Richter, Rechtsanwälte oder Kaderleute aus der Verwaltung – arbeitslos geworden. Hunderteinundzwanzig von ihnen schlossen sich im Verein GAIM zusammen mit dem Ziel, «das Gemeinwesen von Merka aus der Isolation herauszuführen» und schliesslich wiederum eine zivile Verwaltung aufbauen zu können. *New Ways* unterstützte GAIM bei der Finanzierung eines Büros.

Im November 1999 hatte der *Islamic Court* um die hundertfünfzig Banditen festgenommen und wollte daher das alte Gefängnis von Merka wieder in Gebrauch nehmen, das bis dahin leer gestanden hatte. Vre verlangte eine Besichtigung des Gebäudes und musste feststellen, dass das Gebäude in einem menschenunwürdigen Zustand war. Daraufhin finanzierte sie die Wasserversorgung mit Pumpe, den Bau von vier Duschen und zwei WC-Anlagen und die Reparatur des Daches. Zudem wurden die Häftlinge einmal wöchentlich von *New Ways* medizinisch betreut.

Aus einem Dankesschreiben des *Islamic Courts* geht hervor, dass *New Ways* auch den Jugendfussballklub von Merka finanziert hat.

Dank einer grosszügigen privaten Spende konnte ein besonderes Anliegen von Vre verwirklicht werden, eine Berufsmittelschule, in der Theorie und Praxis miteinander verbunden werden sollten. Mit dem Besuch der Schule sollte den Schülerinnen und Schülern später der Zugang zu weiterführenden Schulen offen stehen und gleichzeitig sollten sie eine praktische Berufsausbildung und damit eine Existenzgrundlage im Lande haben. Die Verbindung dieser beiden Ausrichtungen in der Ausbildung war Vre sehr wichtig, denn Somalia würde zwar Intellektuelle brauchen für den Wiederaufbau des Landes, aber ebenso sehr gute Handwerker; davon war sie überzeugt. Für die somalischen Professoren hingegen, die am Aufbau der Schule mitarbeiteten, war diese Mischung von Kopf- und Handarbeit eher ungewöhnlich.
Diese Schule wurde am 1. Januar 2001 eröffnet: «das erste Gym-

nasium in Somalia» seit dem Krieg! Die Schule wird nun von über hundert Schülerinnen und Schülern besucht. Leiter der Schule ist Prof. Mohamed Roble.

Die finanziellen Mittel für die Projekte stammten hauptsächlich aus Spenden, insbesondere aus dem Freundeskreis im Umfeld der Zeitschrift «Neue Wege» und aus der Friedensbewegung. Eine wichtige Geldgeberin war die Stiftung ihrer Freundinnen Berti Wicke (1905–1996) und Helen Kremos (1905–1996). Sowohl Berti Wicke persönlich als auch später die Berti Wicke-Stiftung haben den Aufbau der Projekte in Merka namhaft finanziert. Während ihren mehrmonatigen Heimat-Aufenthalten in der Schweiz reiste Vre unermüdlich von einer Veranstaltung zur andern, von einem Treffen zum andern, um über die Situation und ihre Arbeit in Somalia zu informieren und Geld zu sammeln für ihre Projekte.

In den Briefen sind die Beschneidungen und Verstümmelungen der somalischen Frauen und ihre Folgen, die Vre in ihrer Arbeit als Hebamme und Geburtshelferin tagtäglich zu sehen bekam, kaum als Thema offen angesprochen, werden aber immer wieder angedeutet. Diese Beschneidungspraktiken, durch die Frauen in Somalia grausam verstümmelt werden, beschäftigten Vre ganz besonders. «Sie, die Frau der deutlichen Worte, konnte dabei sehr diplomatisch vorgehen. Sie hat ganz im Stillen auf die Gefahren dieser Praktiken hingewiesen und die betroffenen Frauen operiert.» (In: «Neue Wege» 3/2002: 71.) Wo immer möglich, hat sie Aufklärungsarbeit geleistet, bei ihren Mitarbeiterinnen, im Arbeitsumfeld und bei den Frauen, die ins Ambulatorium oder in die Geburtsabteilung kamen. So hat sie einmal pro Woche eine spezielle Sprechstunde für Frauen durchgeführt, wo Intimprobleme besprochen und Aufschneidungen gemacht wurden. Um den Frauen Schwierigkeiten zu ersparen, wurden auch die Ehemänner einbezogen. Nie hat sie diese Arbeit an die grosse Glocke gehängt, da sie sich nicht mit den Religionsführern anlegen wollte. Sie mochte niemanden schockieren oder provozieren, und insbesondere auch diese Arbeit nicht gefährden. Daher wurde diese Sprechstunde nie öffentlich angekündigt, sondern nur mit Zurückhaltung und durch Mund-zu-Mund-Aufklärung bekannt gemacht. Auf diese Weise hat Vre wohl schliesslich weit mehr erreicht, als dies mit einer lauten Kampagne möglich gewesen wäre.

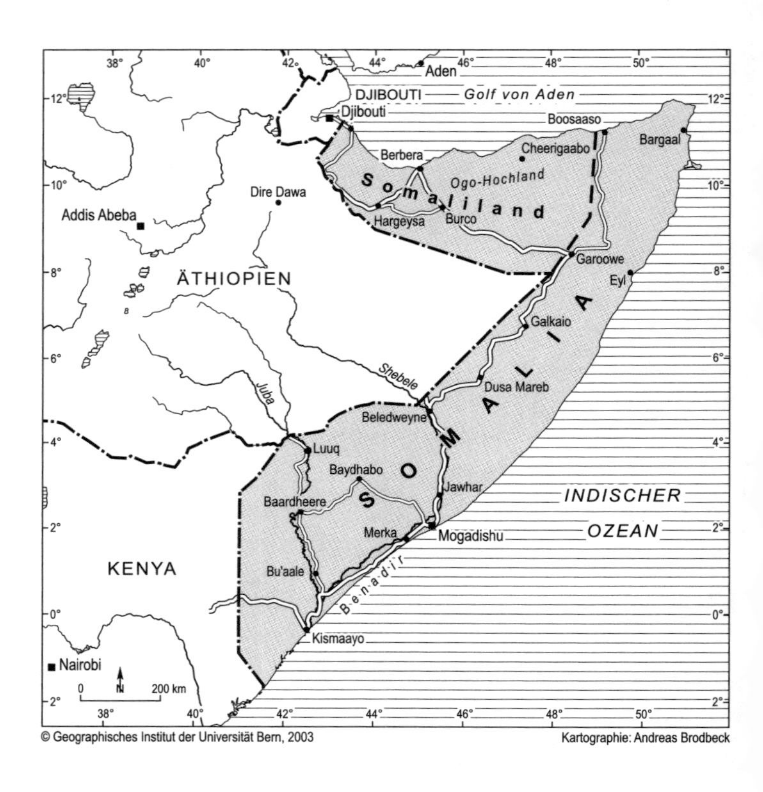

Kartographie: Andreas Brodbeck

Somalia – Ein Überblick

Elisabeth Bäschlin

Das Land Somalia in den Grenzen, wie wir es auf der Landkarte sehen, gibt es erst seit der Unabhängigkeit von 1960, und es bestand bis 1991, bis sich der Staat Somalia aufzulösen begann, bis immer grössere Teile des Landes unter Kontrolle von sich befehdenden *warlords* kamen und sich die Nordgebiete als «Somaliland» einseitig unabhängig erklärten.

Das Land

In Somalia kann man drei Landschaften unterscheiden. Im Ogo-Hochland im Norden, mit Höhen bis über 2200 m ü.M., gibt es dank durchschnittlich 400 mm Niederschlag pro Jahr an den Berghängen einen kleinen Busch-Wald-Bestand und Grasland. Der Rest des Landes besteht aus ausgedehnten ariden Landstrichen mit steiniger Halbwüste und oft sandiger Trockensavanne. Im Süden bedeuten die beiden Flüsse Juba und Shebele Lebensader und Wasserreservoir: In der Trockenzeit suchen sie sich als spärliche Rinnsale ihren Weg, nach grossen Regenfällen im äthiopischen Hochland aber schwellen sie oft über Nacht zu reissenden Strömen an und überfluten dann weite Landstriche, wie dies Vre Karrer auch aus dem Jahr 1997 berichtete.
Die Jahreszeiten bestehen in ganz Somalia aus einer grossen Trockenzeit von Dezember bis März, gefolgt von der grossen Regenzeit von März bis September, mit grosser Hitze (30–40°C) in den ersten Monaten. Von September bis November gibt es in der Regel eine zweite, kürzere, nochmals sehr heisse Regenzeit. Diese Regenzeiten

sind aber sehr unregelmässig und können oft jahrelang ausbleiben. Die Natur setzt einer landwirtschaftlichen Nutzung in Somalia somit enge Grenzen.
In den fruchtbaren Schwemmebenen von Juba und Shebele im Süden ist dank Bewässerung Ackerbau möglich, unter anderem Mais, Sorghum, Zuckerrohr, Bananen. Da stehen sich einige grosse, exportorientierte Bananenfarmen und unzählige Betriebe von Kleinbauern, die nur für ihren Eigenbedarf produzieren, gegenüber. In Nord- und Zentralsomalia hingegen, ausserhalb dieser Bewässerungsgebiete, leben die Leute vorwiegend von Tierzucht. Hier entwickelte sich der Lebensstil der Hirtennomaden als Lebensform und existentielle Überlebensstrategie in einer unwirtlichen, klimatisch schwierigen Umgebung.
An landwirtschaftlichen Produkten ausgeführt werden Vieh und Viehprodukte, Bananen und Qat, dann auch Weihrauch, Myrrhe, Gummi arabicum; wichtigste Handelspartner sind die Länder der arabischen Halbinsel.
Somalia ist reich an Bodenschätzen, die jedoch so gut wie nicht erschlossen und daher nicht ausgebeutet werden: Gold, Silber, Eisenerz, Blei, Chrom, Mangan, Uran, Zinn, Zink, Kupfer, Nickel, Salz, Erdgas und Erdöl. Anfang 2001 hat Somalias Übergangsregierung nun allerdings mit dem französischen Konzern TotalFina/Elf ein Abkommen unterzeichnet, das TotalFina/Elf zu Erdölexplorationen in Südsomalia berechtigt.

Geschichtlicher Überblick bis 1960

Die ältesten Hinweise auf eine Besiedlung von Somalia weisen bis ins 1. und 2. vorchristliche Jahrtausend. Bereits Altägypten, später auch das Römische Reich, bezog Weihrauch, Myrrhe, Elfenbein, Ebenholz und Leopardenfelle aus Somalia.
Zwischen dem 7. bis 10. Jahrhundert gründeten Einwanderer aus

Arabien Handelsstädte an der Küste wie Saylak, Adal, Ifat und Hadscha, und brachten den Islam ins Land. An der Nordküste Somalias begann sich eine eigene Kultur herauszubilden, die im 15./16. Jahrhundert im wohlhabenden und weltoffenen Sultanat Adal eine Blütezeit erreichte.
Für das somalische Hinterland interessierte sich so gut wie niemand, aber die Küstenstädte als wichtige Handels- und Schifffahrtszentren waren unter ständiger Kontrolle fremder Mächte. Bereits im 15. Jahrhundert besassen die Portugiesen Kontakte zu den Küstenstädten. Vom 17. bis zum 19. Jahrhundert beherrschte der Sultan von Oman die Küstenregion.

Mit dem Bau des Suezkanals (1859–1869) erwachte das Interesse der europäischen Mächte an der Region, da das Gebiet nun aufgrund seiner geographischen Lage strategisch wichtig geworden war, insbesondere für den Seeweg nach Indien. Zwischen 1884 (Berliner Konferenz) und 1886 schlossen britische Unterhändler verschiedene Beistandspakte mit Scheiks aus dem nordsomalischen Küstengebiet: Britisch-Somaliland entstand am Golf von Aden. Ab 1862 schloss Frankreich Verträge mit lokalen Autoritäten um Djibouti und eroberte 1885 schliesslich das Gebiet, 1887 eroberte Äthiopien die muslimische Metropole Harrar. Italien setzte sich in den südlichen Gebieten fest, konnte diese aber erst in den 1920er-Jahren endgültig erobern. 1925 wurde noch das Juba-Land von Britisch-Ostafrika an die Italiener abgetreten. Damit wurden die von Somali bewohnten Gebiete durch die Kolonialmächte in fünf Regionen aufgeteilt: in Britisch-Somaliland, die französische Somali-Küste, Italienisch-Somaliland, die Nordregion Kenias und das von Äthiopien besetzte Ogaden.
Im Zweiten Weltkrieg war Somalia zu einem der Kriegsschauplätze geworden. 1940 marschierte die italienische Armee in Britisch-Somalia ein, worauf Grossbritannien 1941 Italienisch-Somalia besetzte; damit war von 1941 bis 1950, unter britischer

Militärregierung, das heutige Somalia zum ersten Mal vereint. 1950 bis1960 kam dann Südsomalia als Treuhandgebiet der UNO wiederum unter italienische Verwaltung.
Bald wurde aber die Forderung nach Unabhängigkeit laut und wurde immer drängender, artikuliert von der *Somali Youth League* SYL, einer Gruppe westlich gebildeter und vorwiegend in der Verwaltung tätiger Somali. Damit war erstmals eine Organisation entstanden, in der nicht die Klan-Strukturen entscheidend waren. Die übergeordneten Ziele der SYL waren die Schaffung einer nationalen Identität, gegen alle Rivalitäten von Klan-Zugehörigkeiten, eine umfassende Modernisierung der Gesellschaft und die baldige Unabhängigkeit.
Als Folge davon wurde Somalia am 1. Juli 1960, nach dem Zusammenschluss der britischen und italienischen Somaliländer, «hinsichtlich infrastruktureller und sozialer Einrichtungen weitgehend unvorbereitet in die Unabhängigkeit entlassen; es gab nicht mal eine Telefonverbindung zwischen Mogadischu und Hargeysa.» (Labahn 1982: 80)

Somali als Volksnamen gab es aber schon vor der Kolonialzeit, lange bevor Grossbritannien, Italien, Frankreich und Äthiopien die Gebiete, in denen Somali leben, unter sich aufteilten: Djibouti, Ogaden (Ostäthiopien), Nordkenia.
So war es von Anfang an politisch ein Problem, dass fast alle Einwohner Somalias Somali waren, aber nicht alle Somali innerhalb der Grenzen von Somalia lebten: Die Idee eines Staates «Gross-Somalia», der alle Somali vereinigte, wurde geboren. Dies führte zu territorialen Ansprüchen an Äthiopien und Kenia. Ausdruck dieser Forderung ist auch das somalische Wappen mit dem fünfzackigen Stern, der die fünf Gebiete repräsentiert, wo Somali leben.

Das unabhängige Somalia

Somalia gehörte bald nach seiner Unabhängigkeit zum sowjetischen Einflussbereich: Im Rahmen des West-Ost-Konfliktes lieferte die Sowjetunion ab 1963 Waffen an die somalische Regierung gegen das von den USA aufgerüstete Äthiopien.
1964 führte Somalia Krieg gegen Äthiopien um das von Somali bewohnte Gebiet und unterstützte politisch und logistisch die dortige Somali-Guerillabewegung ebenso wie die Guerillabewegung, die für den Anschluss von Kenias Nordregion an Somalia kämpfte.

In den ersten Jahren nach der Unabhängigkeit war Somalia nominell eine parlamentarische Republik, die jedoch einzig und allein nach Klan-Strukturen funktionierte. Als kurz nach den Wahlen von 1969 der gewählte Präsident Abdirashid Ali Sharmarke ermordet wurde, übernahm das Militär in einem unblutigen Staatsstreich die Macht. Der *Supreme Revolutionary Council* SRC unter Führung von General Siad Barre begründete diesen Schritt mit dem Vorwurf des Tribalismus, der Korruption, der Ungerechtigkeit und der Misswirtschaft der vorherigen Regierung, womit er bei der Mehrheit der Bevölkerung auf Zustimmung traf. Ein krasses Stadt-Land-Gefälle und grosse Unterschiede zwischen Nord- und Südregionen erschwerten ausserdem die Entwicklung des Landes.

Somalia wurde nun von Siad Barre auf den «Prinzipien des wissenschaftlichen Sozialismus», einer Mischung aus Marxismus und Islam, aufgebaut. Der Kampf gegen das Klan-Wesen und die damit verbundene Vetternwirtschaft wurde aufgenommen, 1972 wurde eine Somali-Schriftsprache eingeführt. Grosse Alphabetisierungskampagnen wurden begonnen und eine verbesserte Rechtsstellung der Frau durchgesetzt. Um die Unterstützung der

einflussreichen islamischen Geistlichkeit zu gewinnen, wurde immer wieder auf die gemeinsamen Ziele von Islam und Sozialismus hingewiesen.
1974 unterschrieb Somalia einen umfassenden Freundschafts- und Kooperationsvertrag mit der Sowjetunion, 1976 wurde der Einparteienstaat eingeführt.
1977 wurde unter Siad Barre ein zweiter Krieg gegen Äthiopien geführt mit dem Ziel, die Region Ogaden Somalia einverleiben zu können.

Im gleichen Jahr kam es aber zu einem Allianzwechsel der Supermächte. Jahrelang hatten die USA Äthiopien und seinen Kaiser unterstützt. 1974/1975 übernahm das Militär die Macht in Äthiopien: Der Kaiser Haile Selassie wurde abgesetzt, die Monarchie abgeschafft und eine marxistische Regierung wurde eingesetzt. In der Folge wandte sich die Sowjetunion von Somalia ab und wurde zu Äthiopiens grossem Bündnispartner.
Zur gleichen Zeit hatte sich Somalia im Westen Sympathien erworben, als die Regierung Barre deutschen Elitetruppen erlaubte, ein von arabischen Terroristen nach Mogadischu entführtes Flugzeug der Lufthansa am 18.10.1977 auf somalischem Boden zu stürmen. Die somalische Regierung verknüpfte mit dieser Erlaubnis die Hoffnung auf Unterstützung aus dem Westen. Daraufhin kündigte die somalische Regierung im November 1977 den Freundschaftsvertrag mit der Sowjetunion und orientierte sich nun nach Westen; seit 1981 besassen die USA einen Militärstützpunkt in Berbera.
Dieser persönliche Richtungswechsel war kein allzu grosses Problem für Siad Barre, denn, da sind sich die Beobachter einig, es ging ihm im Grunde weder um Sozialismus noch Islam, sondern einzig um die totale Macht.

Die neue Ausrichtung nach Westeuropa, den USA und Saudi-Arabien brachte Unterstützung und Entwicklungshilfegelder, doch nicht in dem Masse, dass Somalia den Expansionskrieg gegen Äthiopien im Ogaden gewinnen konnte. Mit der Niederlage im Ogaden-Krieg kam es ab 1978 zu einer gewaltigen Flüchtlingswelle, deren Umfang nie genau ermittelt werden konnte. Die offizielle Zahl der UNO war schliesslich 700 000 Personen. Die somalische Regierung war selber an hohen Flüchtlingszahlen interessiert, um möglichst viele Hilfsgüter zu erhalten und tat alles, zum Beispiel durch Behinderung von Rückwanderungswilligen, um die Zahlen hoch zu halten.
Durch dieses Flüchtlingsproblem stieg aber die Abhängigkeit von der internationalen Gemeinschaft.
«Die zahlreichen UNO-Beamten, die in Mogadischu in einem eigenen Nobelghetto lebten, verdienten im Durchschnitt 45-mal soviel wie ein somalischer Minister. Bei diesem Ungleichgewicht fällt es nicht schwer, sich vorzustellen, dass sich ein somalischer Minister keineswegs mit seinem Gehalt begnügte, sondern dass sich die Bürokratie von Wohltätern die Lizenzen, helfen zu dürfen, bezahlen liess. Die Bereitschaft, zu bestechen, war auf der Seite der Hungerhilfeindustrie sehr oft vorhanden, weil die Verlängerung des eigenen Arbeitsvertrages vom Zustandekommen immer neuer Projektphasen abhing. Durch diese Korruption, wie auch durch Güterschwund, Vergabe von Projektstellen und so weiter wurde der Staat zusehends zu einem Instrument des Zugriffs auf Hilfe von aussen, der Abschöpfung externer Ressourcen.» (Schlee 1995: 278)

Gleichzeitig wurde die Entwicklung eigener Ressourcen, insbesondere der Viehwirtschaft, zusehends vernachlässigt. Denn in den späten 1980er-Jahren waren sowohl die lokalen Regierungsverantwortlichen wie auch die Mitarbeiter der internationalen Entwicklungsorganisationen der Überzeugung, dass es sich bei der Lebensform der nomadischen Viehhalter um einen Anachronismus, um ein Zeichen von Rückständigkeit handle. Und somit wurden die ländlichen Regionen, das eigentliche Herkunftsgebiet der Deviseneinnahmen, als unproduktiv abqualifiziert, obschon 1982 die Viehwirtschaft 93,9 Prozent der Exporterlöse ausgemacht hatte. (Janzen 1986: 17, in: Schlee 1995: 28)

Mit der Zeit verstrickte sich der SRC selbst zusehends in die Klan-Politik, durch die allzu starke Abstützung der Macht Barres auf die Darod-Klans der Marehan, Ogaden und Dulbahante, die so genannte MOD-Allianz. Dies führte zu Unzufriedenheit und Widerstand bei anderen Klans, die sich politisch, bei der Vergabe von Schlüsselpositionen im Staatsapparat, und wirtschaftlich, bei der Vergabe von Handelslizenzen, übergangen fühlten. 1974/1975 kam die verheerende Dürre. Die Arbeitslosigkeit in den Städten nahm zu und lag gegen Ende der 1970er-Jahre bei 20 Prozent, von den qualifizierten Arbeitskräften wanderten, nach Matties (1997: 120), etwa «100 000 bis 140 000 Facharbeiter, Techniker, Ingenieure, Lehrer» in die arabischen Erdölstaaten ab.

Siad Barre hatte seine Herrschaft, unterstützt erst vom östlichen und dann vom westlichen Ausland, zu einer Tyrannen- und Terrorherrschaft ausgebaut. Er herrschte mit Terrormethoden, das Land erlebte unter ihm die schlimmsten Formen von Staatsterror. Die Opposition wurde gewalttätig unterdrückt, staatliche Mörderbanden wie die *Red Berets* unternahmen genozidähnliche Rachefeldzüge gegen gewisse Bevölkerungsgruppen. Damit wuchs aber auch die Opposition gegen Barre. Im Frühling 1978 kam es zu einem ersten, gescheiterten Putschversuch. Der Abfall der Bevölkerung in den 1980er-Jahren begann im Norden, wo sich die zweitgrösste Klan-Familie, die Isaaq, schon länger von der Macht ausgeschlossen fühlten. Ab 1982 nahmen die Militäraktionen der Barre-Gegner zu. Darauf reagierte die Regierung Barre mit noch grösserer Repression: Bomben auf die Stadt Hargeysa, Vergiften

von Brunnen und mit dem Einsatz von Millionen von Landminen (*Africa Watch Report* 1990).
1988 schloss Siad Barre ein Friedens- und Grenzabkommen mit Äthiopien. Im gleichen Jahr begann der eigentliche Krieg zwischen dem Barre-Regime und dem *Somali National Movement* SNM. 1989 kam es zum Zusammenschluss der Barre-Gegner im *United Somali Congress* USC, was ab Dezember 1990 zum offenen Krieg um die Macht in Mogadischu führte und schliesslich, am 27. Januar 1991, zum Sturz von Siad Barre.
Zwei Tage später, ohne Absprache mit den Exilorganisationen und den anderen Oppositionsgruppen, liess sich einer der *warlords*, Ali Mahdi, als Interimspräsident vereidigen. Der Norden reagierte am 18. Mai 1991 mit der einseitigen Ausrufung der Unabhängigkeit von «Somaliland» in den Grenzen der ehemaligen britischen Kolonie: «Somaliland» funktioniert seither als eigenständiger Staat, wenn auch seine Unabhängigkeit international nicht anerkannt ist.
Im Süden des Landes erhoben diejenigen Kräfte, denen Ali Mahdi eine Beteiligung an der Macht versagt hatte, die Waffen gegen ihn.
Im Frühling 1992 floh Siad Barre schliesslich nach Kenia, wo er am 2. Januar 1995 im Exil gestorben ist.

Der Zerfall des Staates

Aus den Zusammenstössen zwischen Gruppen von Ali Mahdi und General Aidid war gegen Ende 1991 ein eigentlicher offener Krieg zwischen den zahlreichen rivalisierenden Klan-Milizen um die Macht in Somalia entbrannt.
«Der Bürgerkrieg gegen Siad Barre und seinen Staatsterror war ein Befreiungskampf, ein Kampf gegen die ungerechte Herrschaft, der mit friedlichen, demokratischen Mitteln nicht beizukommen war.

… Als einer der militärischen Führer im Kampf gegen das totalitäre Barre-Regime war Mohamed Farah Aidid durchaus eine positive Kraft. … Danach aber begannen warlords wie Aidid, Ali Mahdi, General Morgan und wie sie alle hiessen, Somalia zu terrorisieren. Denn nun stritten sie untereinander und mit Waffengewalt darum, für sich allein die Oberherrschaft in Somalia zu gewinnen. Sie gingen nicht den modernen Weg, durch allgemeine Wahlen ihre Herrschaft zu rechtfertigen. Sie schlugen auch nicht den historischen oder traditionellen Weg ein, die Entscheidung über die Berufung durch ein von allen Somali akzeptiertes und durch deren Tradition legitimiertes Gremium herbeizuführen, wie zum Beispiel einer Versammlung der Ältesten.» (Birnbaum 2002: 159)

Durch diese Kämpfe war die Infrastruktur des Staates zusammengebrochen, was, zusammen mit einer Dürreperiode, 1992 zu einer grossen Hungersnot unter der somalischen Bevölkerung führte. Dies wiederum war der offizielle Grund für eine «humanitäre UN-Militärintervention» in Somalia unter dem Oberkommando der USA. Am 12. Dezember 1992 landeten UN-Soldaten, vorwiegend aus den USA, in Mogadischu – begleitet vom Fernsehen und zur besten Sendezeit! Sie sollten mit dieser Aktion «Hoffnung» (*Restore Hope*) «dem Bandenwesen und der Hungerkatastrophe» in Somalia ein Ende setzen.
«Während der Jagd auf den somalischen *warlord* Mohamed Farah Aidid gaben die amerikanischen Marines den letzten Schein auf, in Somalia eine neutrale Vermittlerrolle spielen zu wollen. Aidid wiederum verstand es, die Situation für sich zu nutzen. Er stilisierte sich zum somalischen Robin Hood und Retter des Landes vor der neuen Fremdbestimmung auf und erreichte zeitweilig den Rang eines Nationalhelden. Diese internationale Politik erreichte das Gegenteil des Gewünschten: Die Kriegsherren und ihre Milizen gingen aus der Konfrontation gestärkt hervor.» (Birnbaum 2002: 183)

Anfang 1993 waren 38 500 Soldaten in Somalia stationiert, davon 25 000 aus den USA (Munzinger Archiv, 14/01). Monate später konnte die Welt – ebenfalls am Fernsehen – mitverfolgen, wie eine wütende einheimische Bevölkerung die US-Soldaten angriff und einen toten Soldaten durch die Strassen schleifte. Darauf verliessen die US-Soldaten Somalia wieder, die letzten 1993. Die UNOSOM II, vorwiegend mit Pakistani, aber auch Afrikanern, nahm vorerst den Platz der Amerikaner ein. Im Februar 1995 zogen sich die UN-Streitkräfte dann ganz aus Somalia zurück.
Aus der Rückschau kann man diese UNOSOM-Aktion nur als einen Milliardenfehlschlag mit noch höheren menschlichen und politischen Kosten betrachten; darüber sind sich alle Beobachter einig. An der allgemeinen Situation in Somalia selbst hatte sich dadurch nichts geändert. Sowohl die politischen Rahmenbedingungen, nämlich «die konfliktbeladenen und sich verändernden Allianzen zwischen den verschiedenen Klans, die sich bis auf das lokale Niveau der Dörfer durchziehen, die unzufriedenen *warlords* und Politiker, der Mangel an Ressourcen und persönliche Rivalitäten, als auch die konkreten Machtkonstellationen unter den Hauptbeteiligten wiesen 1995 frappierende Ähnlichkeiten zu 1991 auf. … Der UNOSOM ist es nicht gelungen, zivile politische Kräfte zu fördern, im Gegenteil hat sie die Anführer von Klan-Milizen, die in keiner Weise mit traditionellen Klan-Ältesten identisch sind, gefördert, indem sie sie zu Konferenzen nach Addis Abeba eingeladen hat, ihnen Flugtickets spendiert und sie über die Medien politisch aufgewertet hat.» (Schlee 1995: 280, 289)

Regelmässigkeiten im Chaos

Somalia ist nicht der einzige Staat Afrikas, der im Zerfall begriffen ist, wird aber oft als Paradebeispiel für Staatszerfall angeführt, wobei Staatszerfall assoziiert wird «mit Chaos und Verunsicherung, das heisst mit der gänzlichen Unvorhersagbarkeit sozialer und politischer Prozesse». Schlee ist aber der Meinung, dass «selbst dieses Chaos noch wiederkehrende Muster» und Regelmässigkeiten in der Bildung von Allianzen und Gegnerschaften aufweist.

Die somalische Bevölkerung ist insofern eine Besonderheit für Afrika, als sie ungewöhnlich homogen ist: Alle Somali sprechen alle dieselbe Sprache und gehören fast ausschliesslich dem sunnitischen Islam an. In der somalischen Sprache gibt es zwar ursprünglich zum Teil sehr unterschiedliche Dialekte, doch wurde die Einheitlichkeit der Sprache durch die 1972 erfolgte Einführung einer allgemeinen Schriftsprache vorangetrieben.
Die überwiegend pastorale Bevölkerung Somalias unterteilt sich zwar in sechs grosse Klan-Familien oder Stämme, die sich jeweils wiederum in Unterstämme unterteilen lassen, doch führen alle ihren Ursprung über die männliche Erbschaftslinie auf einen gemeinsamen Ur-Vater zurück. Nach eigener Legende ist dies der Prophet Mohamed, sodass, würde «man diesen Traditionen Glauben schenken, alle Somali in patrilinearer Abstammung Araber sein müssten».
Somalia galt nun mancherorts wegen seiner ethnischen Einheitlichkeit als einziger wahrer Nationalstaat Schwarzafrikas. Schlee fragt sich, «ob es tatsächlich verbindende Elemente waren, die die Gemeinsamkeit aller Somali konstituierten, oder nur gemeinsame Formen, Feindschaft auszutragen». An einer Konferenz über das Horn von Afrika im Dezember 1993 war von einem Abgesandten Aidids die These zu hören, dass vor dem Eindringen der Europäer die Somali in Frieden miteinander gelebt hätten. Erst die Interven-

tion von aussen – Kolonialismus und jetzt die amerikanische Intervention – hätte den Frieden in Somalia zunichte gemacht. Dieser «Mythos von der präkolonialen Idylle», der auch in anderen Teilen Afrikas verbreitet war, hält aber einer näheren Untersuchung nicht stand und ist, was Somalia betrifft, «geradezu absurd».
Somalia ist das einzige Land Afrikas, in dem Hirtennomaden noch immer eine Bevölkerungsmehrheit bilden: Mitte der 1980er-Jahre waren gar noch 50 Prozent der Somali Nomaden (Janzen 1986: 17, in: Schlee 1995: 280). Eine pastorale Lebensweise aber bedeutet täglicher Kampf um das karge Weideland und die seltenen Wasserstellen zwischen Sub-Klans und Klans: Konflikte sind also gewissermassen institutionalisierter Bestandteil dieser Gesellschaften.

So ist das Bild, das uns aus vorkolonialer Zeit überliefert ist, in höchstem Masse von einem kriegerischen Hirtentum bestimmt. Engere und weitere Solidargemeinschaften gliederten sich nach dem Prinzip der patrilinearen Klan-Organisation, *tol*, in kleine und grössere Einheiten derselben Art. Durch Zurückverfolgen der eigenen Väterlinie zu bestimmten Vorfahren konnte sich jeder Somali zahlreichen engeren und weiteren patrilinearen Einheiten zurechnen, wobei die kleineren Einheiten von geringer genealogischer Tiefe jeweils in den grösseren Einheiten, die sich von entfernteren Vorfahren herrechneten, eingeschlossen waren. Probleme zwischen verschiedenen Klans wurden unter Aufsicht der Ältestenräte durch ein System von Kompensationszahlungen, so genannte *diya*, geregelt, wozu es einen abgestuften Katalog gab. Für die Kompensationszahlungen wählte man grössere Einheiten, die mehrere tausend Mitglieder umfassten, um gemeinsam das Wehrgeld aufzubringen, denn eine grosse *diya*-zahlende Gemeinschaft war gegenüber einer kleineren in einem zweifachen Vorteil: Einerseits konnte sie aufgrund der eigenen Schlagkraft eher damit rechnen, dass die gegnerische Gruppe auf einen Rachezug verzichtet und sich aus einem umstrittenen Gebiet zurückziehen

würde, andererseits, falls sie sich doch zur Zahlung von Wehrgeld bereit fand, so bedeutete dies für das einzelne Mitglied einen geringeren Beitrag.
Konnten aber nach dem patrilinearen Prinzip keine Gruppen rekrutiert werden, die gross genug waren, sei es wegen der räumlichen Entfernung zu anderen Gruppen des eigenen Klanes oder weil diese zahlenmässig zu unbedeutend waren, bestand die Möglichkeit, mit Teilen anderer Klans, die sich in der gleichen Lage befanden, *diya*-zahlende Gemeinschaften auf vertraglicher Basis oder *heer* zu schliessen.
Diese beiden Prinzipien, *tol*, die patrilineare Abstammung, und *heer*, die vertragliche Bindung, waren die beiden Rekrutierungsmechanismen intern friedlicher und nach aussen tendenziell aggressiver Gliederungen der Somali-Gesellschaft.
Gruppen, die zu klein oder zu schwach waren, um als eigenständige Vertragspartner aufzutreten, hatten zudem noch die Möglichkeit, pseudoverwandtschaftliche Beziehungen, *sheegat*, zu stärkeren Gruppen einzugehen. In einem solchen Fall ernannte man den Vorfahren einer anderen Gruppe zu seinem eigenen, das heisst man ordnete sich dieser genealogisch unter. In jedem Fall aber hing die Überlebenssicherheit davon ab, sich einer schlagkräftigen Gemeinschaft anzuschliessen.

Das ganze Sozialsystem der Somali bestand somit stets aus ständig wechselnden Allianzen. Für die Somali war es wichtig, schlau zu sein und im richtigen Augenblick die günstigste Allianz einzugehen oder andere aufzukünden, um dadurch militärische Stärke und sozialen Zusammenhalt zu erlangen. Damit war aber auch die Möglichkeit des Verrats ständig präsent, was das Wachstum solidarischer Gemeinschaften wiederum begrenzte.
Der Tendenz zur Vergrösserung einer Gruppe, die das Risiko des einzelnen durch Gefahren von aussen verminderte, stand somit das Misstrauen gegenüber entfernten Klan-Verwandten und Ver-

bündeten aus anderen Klanen als gruppenverkleinernde Kraft gegenüber.

Im Gegensatz zu diesen Teilungstendenzen in der somalischen Gesellschaft konnten eine Reihe von Faktoren zu Zusammenschlüssen und damit zu grösseren Solidargemeinschaften führen. So konnte eine Bedrohung von aussen oder politische Führungspersönlichkeiten zum Zusammenschluss von Klans führen, ebenso strategische Eheschliessungen über Klan-Grenzen hinaus.
Allen Somali gemeinsam ist zudem der Islam; ebenso sind die Sufi-Bruderschaften klanübergreifend. Der so genannte «Verrückte Mullah», Sayed Mohamed Abdil Hassan, der von 1900 bis 1920 den Widerstand gegen die Kolonialmächte anführte, setzte solche klanübergreifenden Strategien bewusst ein: Er war Vorsteher eines Derwisch-Ordens und schloss mehrere strategische Ehen.

Auch die heutigen Frontverläufe lassen sich nicht klaren Klan-Grenzen entlang erklären. Als die Hauptstadt Mogadischu Mitte der 1990er-Jahre in zwei Teile zerfallen war, wurde der eine Teil von Ali Mahdi und der andere von Mohamed Aidid kontrolliert. Dabei wurde Ali Mahdi von den *Abgal*, einem Sub-Klan des *Herab*-Klans der *Hawije*, unterstützt, Aidid von den *Habirgedir*, einem anderen Sub-Klan des *Herab*-Klans. Die Trennung bestand somit auf Niveau eines Sub-Klans. Die Beziehungen zwischen den anderen *warlords* sehen ähnlich aus. Das Prinzip wird deutlich: Unter den aktuellen politischen und ökonomischen Rahmenbedingungen beschränkt sich Solidarität auf Kleingruppen: Einzelinteressen dominieren!

In Somalia finden wir somit die gleichen Elemente einer Sozialstruktur oder eines politischen Systems über alle historischen Umbrüche wie Kolonialzeit und Unabhängigkeit hinweg: Nicht nur patrilineare Abstammung *tol*, sondern auch Klan-Allianzen *heer* sind in den heutigen Frontverläufen im somalischen Bürgerkrieg prägend. Wie schon die Kolonialmächte erlag die UNOSOM der Versuchung, über Klan-Proporzsysteme Repräsentation und Kontrolle zu gewährleisten. Sie verkannte dabei gänzlich den wechselhaften Charakter dieser Gliederungen. Die Grösse der Einheiten (Sub-Klan, Klan) wie auch die Allianzen sind wechselhaft und unterliegen politischer Opportunität und beide «lassen sich von Somali besser manipulieren als von Herrschern oder Mittlern, die von aussen kommen».

Der Unterschied zu früher besteht im Eskalationsniveau der Gewalt. Durch die Waffenschwemme, die letztlich auf Bestände zurückgeht, die sich durch das Wettrüsten der Supermächte im Horn von Afrika in den 1970er-Jahren, zur Zeit des Kalten Krieges, angehäuft haben, sind automatische Gewehre und Waffen aller Art überall leicht verfügbar. Die nationale Machtfrage wurde nie konstruktiv gelöst, stattdessen wurde das Land mit Waffen überflutet und die Militärdiktatur abwechselnd von beiden Weltmächten aus Eigeninteresse an der Macht gehalten. Das Ergebnis dieser als Realpolitik gerechtfertigten Vorgehensweise der ideologischen Blöcke ist die heutige Katastrophe: eine Kombination aus einem Machtvakuum und dem Wettstreit rivalisierender Milizen um die knappen Ressourcen des Landes. Denn bei den heutigen Auseinandersetzungen geht es zwar nicht mehr um Weiderecht und Wasserstellen, wohl aber um die Kontrolle über den Hafen, die Flugplätze, städtische Gebiete, ausländische Hilfslieferungen und, in naher Zukunft, um die Kontrolle über Bodenschätze und Erdöl.
Alle Bemühungen um Friedensabkommen, die sich nur auf die verschienenen *warlords* stützen, haben vermutlich keine Chance. «Einem Friedensprozess ‹von oben› müsste ein Friedensprozess ‹von unten› entgegengestellt werden, um eine wirklich tragfähige und glaubwürdige Rekonstruktion der tief in ihren Strukturen und Werten erschütterten somalischen Gesellschaft betreiben zu kön-

nen. Hierzu bedarf es der verstärkten Einbeziehung nichtbewaffneter, repräsentativer Bevölkerungsgruppen, etwa in Gestalt der Klan-Ältesten und religiösen Führer, aber auch von Frauen, Bauern und Nomaden, Händlern und Intellektuellen. Nur solche sozialen Träger waren nicht diskreditiert und daher fähig, Gesellschaft und Staat von der lokalen und regionalen Ebene her langsam wieder aufzubauen und einen klanübergreifenden Aussöhnungs- und Verständigungsprozess zu initiieren und abzustützen. Parallel hierzu müsste konsequent an eine Demilitarisierung der mörderischen Kriegsökonomie und an eine friedenspolitische Konversion der Gewaltstrukturen gegangen werden, um die Subsistenzwirtschaft der Kalaschnikow wieder durch eine Gewährleistungswirtschaft des Lebensunterhalts durch Arbeit unter zivilen Verhältnissen zu ersetzen. Dies erfordert unter anderem Programme alternativer Beschäftigung für ehemalige Kämpfer, Banditen und Milizionäre, die Rehabilitation sozialer Dienste, infrastrukturelle Wiederaufbauprogramme, die Repatriierung und Reintegration geflüchteter Bauern und Nomaden sowie die Wiederbelebung des lokalen und regionalen Handels.» (Matthies 1997: 140,141)

Zu diesem Friedensprozess hat Vre Karrer mit ihrer Tätigkeit in Somalia in all den Jahren etwas beitragen wollen. Und sie hat, zusammen mit den Frauen, den Intellektuellen, dem Ältestenrat und dem islamischen Gericht, ein wenig mitgeholfen beim Aufbau der Zivilgesellschaft. Denn nicht alle Somali identifizieren sich über Klan-Zugehörigkeit und Klan-Strukturen! Die Gruppe der Intellektuellen in Merka sind ein Beispiel dafür. Und solche Leute braucht es für einen Neuanfang in Somalia.

[1] Soweit nicht anders vermerkt, basiert der folgende Abschnitt auf dem gleichnamigen Artikel von Günter Schlee in *Afrika Spectrum* 30 von 1995 (siehe Weiterführende Literatur).

Personenverzeichnis und Glossar

Schreibweise

In Somalia wird das h als x geschrieben, wir haben aber aus Gründen der Verständlichkeit die für uns üblichere Schreibweise aus der arabischen Umschrift gewählt und schreiben daher *Mahamed* und nicht *Maxamed.*

Abdi Arush, Halima
: Gründerin und Vorsitzende der Frauenvereinigung IIDA (Alphabetisierungskurse für Frauen, Entmilitarisierungskurse für junge Männer), aus einflussreicher Familie des Habirgedir-Klans aus Merka; organisierte zusammen mit ihrer Schwester Starlin (ermordet 24.10.2002 in Nairobi) Lebensmittelverteilzentren (*Feeding Centers*) in Merka

Abgal
: somalischer Klan

Abduversani
: somalischer *warlord*

Ältestenrat
: Versammlung der Klan-Ältesten; traditionelles Organ zur Konfliktlösung durch Konsensbildung

Altweg, Leni
: langjährige Schweizer Aktivistin im Kampf gegen die Apartheid

Aïd
: Fest zum Abschluss des Fastenmonats Ramadan

Aidid, Mohamed Farah
: somalischer *warlord;* ehemaliger Militärführer in der Opposition gegen Siad Barre; gestorben 1996 an Schussverletzungen

Aidid, Hussein
: somalischer *warlord;* Sohn und «Nachfolger» von Mohamed Farah; in den USA aufgewachsen, militärische Ausbildung als Mitglied der *US-Marines*

Mahdi, Ali
: somalischer *warlord*

Ambe Banaan
: zweite von *New Ways* gegründete Bauerngenossenschaft

Amref
Hilfswerk in Kenia
Ato, Osman Hassan Ali
somalischer *warlord*
Beato-Cello
Dr. Beat Richner; Schweizer Arzt, der in Kambodscha arbeitet; bringt das notwendige Geld für seine Projekte unter anderem mit Cello-Konzerten zusammen
Berti Wicke-Stiftung
von Berti Wicke (1905–1996) und ihrer Freundin Helen Kremos (1905–1996) finanzierte Stiftung; besteht seit 1979 und hat zum Zweck, das Zusammenleben der Menschen friedlicher und umweltfreundlicher zu gestalten und insbesondere auch die Lebensbedingungen in den Entwicklungsländern zu verbessern; sowohl Berti Wicke persönlich als auch später die Berti Wicke-Stiftung haben den Aufbau der Projekte in Merka (Somalia) namhaft finanziert; Vre Karrer wirkte bis zu ihrem Tod als Mitglied des Stiftungsrats in der Stiftung mit
Bhuufow
erste von *New Ways* gegründete Bauerngenossenschaft
Biomal
einer der wichtigsten Klans von Merka, aus der Klan-Familie Dir
Black Hawk Down
Film aus dem Jahr 2002; Regie: Ridley Scott; nach dem gleichnamigen Buch von Mark Bowden (1999, Atlantic Monthly Press, New York)
Blumhardt, Christoph (1842–1919)
Pfarrer und Prediger in Bad Boll; sozialistischer Abgeordneter im württembergischen Landrat; Mitbegründer der religiös-sozialen Bewegung
Boutros Boutros Ghali
Generalsekretär der UNO vom 1.1. 1992 bis am 31.12. 1996
Bührig, Marga (1915–2002)
feministische Theologin, Mitbegründerin der Frauen für den Frieden; Leiterin der Evangelischen Akademie Boldern/CH; Mitglied des ökumenischen Rats der Kirchen
COSV
Comitato d'Organizzazione di Servizio Volontario; italienisches Hilfswerk; in verschiedenen Ländern tätig, mit einem Schwerpunkt in Somalia

Derwisch
  Angehöriger einer islamischen Bruderschaft; Mystiker
Dir
  somalischer Klan
Dikfer-Spital
  Regionalspital von Mogadischu; grösstes Spital im Süden Somalias
Dürner, Peter
  ehemaliger Vertreter der deutschen Rettungsflugwacht
ECHO
  Humanitarian Aid Office of the European Commission; Hilfsorganisation der EU
Farner, Konrad (1903–1974)
  marxistischer Denker und Philosoph aus der Schweiz; ab 1949 bemüht um den Dialog zwischen Christen und Marxisten
Feeding Center
  Nahrungsmittelverteilzentrum von Hilfswerken und internationalen Organisationen
GAIM
  «Rat der Intellektuellen Merka»; Verein von Leuten mit Universitätsabschluss, ehemalige Kaderleute; haben sich zusammengeschlossen um über Klan-Grenzen hinweg die lokale Zusammenarbeit im Dienste des Gemeinwesens zu fördern und eine Zivil- und Rechtsgesellschaft aufzubauen
«Gartenhof»
  ehemaliges Wohnhaus von Clara und Leonhard Ragaz; Treffpunkt der religiös-sozialen Bewegung
GSoA
  «Gruppe Schweiz ohne Armee» lancierte Ende der 1980er-Jahre eine Initiative mit dem Ziel der Abschaffung der Armee; Volksabstimmung am 26. November 1989: Initiative wie erwartet abgelehnt, aber mit einem Ja-Stimmenanteil von 35,6 Prozent
Habirgedir
  somalischer Klan
Hawije
  somalischer Klan
health workers
  ambulante KrankenpflegerInnen
IKRK
  Internationales Komitee vom Roten Kreuz

Indian tree
vermutlich ein Jujuba-Baum (*Ziziphus jujuba*)
Islamic Court
islamisches Gericht; seit 1994 in Somalia entstanden, in Merka seit 1996; lokale Gerichte, die auf der Basis der *shari'a*, der islamischen Rechtslehre Recht sprechen; eingerichtet im Bestreben, auf lokaler Ebene wieder eine Zivilgesellschaft und eine zivile Ordnung aufzubauen
Juba
Flusslauf/Flussoase im Süden Somalias
«Morgan», Mohamed Siad Hersi
somalischer *warlord*, Schwiegersohn von Siad Barre
mudul
Rundhütte aus Zweigen, Blättern und Stroh
«Neue Wege»
Zeitschrift der religiös-sozialen Bewegung der Schweiz; SpenderInnen-Kreis für die Arbeit von Vre Karrer in Merka
New Ways
Genossenschaft in Merka
NRO
Nicht-Regierungsorganisation, Hilfswerk
ORS-Behandlung
Oral Rehydratation Solution; Behandlung gegen Dehydratation
«Plaffenwatz»
Name einer selbst verwalteten ärztlichen Praxisgruppe in Zürich; entstanden in der linken Szene während der Genossenschaftsära der 1970er-Jahre an der Waffenplatzstrasse 6 in Zürich
Qat
frische Blätter des Strauches *Catha edulis* (Familie *Celastraceae*), als leichtes Rauschgift gekaut oder als Tee getrunken; ursprünglich aus den äthiopischen Hochgebirgstälern, an der ostafrikanischen Küste (inklusive Kenia) und in Südarabien verbreitet
Ragaz, Clara (1874–1957)
Pazifistin, Kämpferin für die Gleichberechtigung der Frau, religiöse Sozialistin
Ragaz, Leonhard (1868–1945)
evangelisch-reformierter Theologe und Sozialkritiker; Mitbegründer und Führer der religiös-sozialen Bewegung
Shebele
Flusslauf/Flussoase im Süden Somalias

Siad Barre
Staatschef und Diktator Somalias von 1969 bis 1991; vertrat einen «wissenschaftlichen Sozialismus»
Sölle, Dorothee (1929–2003)
deutsche Befreiungstheologin und Schriftstellerin
Sorghum
Hirseart; in Afrika verbreitet
SOS
italienisches Hilfswerk
Sufi
islamische Mystiker
Tbc
Tuberkulose
UNITAF
Unified Task Force: mehrere Tausend US-Soldaten; im Auftrag der UNO von Dezember 1992 bis Mitte 1993 im Einsatz in Somalia; dem US-Verteidigungsministerium unterstellt
UNOSOM
UNO-Truppen für Somalia 1992 bis 1995 (564 Personen); dem Generalsekretär der UNO unterstellt
WHO
Weltgesundheitsorganisation
warlords
Kriegsherren, Befehlshaber sich konkurrenzierender und befehdender Gruppen, in Somalia oft nicht identisch mit traditionellen Stammesfürsten
Wyss, Laure (1913–2002)
sozial engagierte Schweizer Journalistin und Schriftstellerin

Weiterführende Literatur

Bibliographie

Birnbaum, Michael, 2002: Krisenherd Somalia. Das Land des Terrors und der Anarchie. Heyne Sachbuch 19/831. Wilhelm Heyne Verlag, München.

Bongartz, Maria, 1993: Somalia im Bürgerkrieg. Institut für Afrika-Kunde, Hamburg.

Herrmann, R.H., 1997: Der kriegerische Konflikt in Somalia und die internationale Intervention 1992 bis 1995. Frankfurt am Main.

Labahn, Thomas, 1993: Somalia. In: Nohlen, Dieter / Nuscheler, Franz (Hg.): Handbuch der Dritten Welt, Bd. 5: 134–155. Verlag J.H.W. Dietz, Bonn.

Lewis, I.M., 1988: A Modern History of Somalia: Nation and State in the Horn of Africa. (rev. ed.) Boulder, Colorado.

Mabe, Jacob E. (Hg.), 2001: Das Afrika-Lexikon. Ein Kontinent in 1000 Stichwörtern. Peter Hammer Verlag, Wuppertal / Verlag J.B. Metzler, Stuttgart/Weimar.

Matthies, Volker, 1997: Äthiopien, Eritrea, Somalia, Djibouti. Beck'sche Reihe: Länder BsR 846. Verlag C.H. Beck, München.

Munzinger Archiv, Internationales Handbuch – Länder aktuell. Munzinger Archiv GmbH, Ravensburg.

Ruf, Werner, 1994: Die neue Welt-UN-Ordnung. Vom Umgang des Sicherheitsrates mit der Souveranität der «Dritten Welt». agenda Frieden 12. agenda Verlag, Münster.

Schlee, Günther, 1995: Regelmässigkeiten im Chaos: Elemente einer Erklärung von Allianzen und Frontverläufen in Somalia. In: *Afrika Spectrum* 30/3: 274–292.

Schlee, Günther, 2002: Regularity in Chaos: The Politics of Difference in the Recent History of Somalia. In: Schlee, Günther (ed.): Imagined Differences. Hatred and the Construction of Identity. Market, Cultures and Society. Lit-Verlag / Palgrave, New York: 251–280.

Scholz, Fred (Hg.), 1991: Nomaden. Das arabische Buch, Berlin. (Mit diversen Beiträgen zu Somalia.)

Romane aus Somalia von Farah Nuruddin

Wie eine nackte Nadel. Lamuv, Göttingen 1996/Suhrkamp, Frankfurt 2001.
Aus einer gekrümmten Rippe. Lamuv, Göttingen 2000.
Bruder Zwilling. Goldmann/btb, München 2001.
Dniyas Gaben. Suhrkamp, Frankfurt 2001.
Geheimnisse. Suhrkamp, Frankfurt 2001.
Maps. Roman. Ammann, Zürich 1992.
Vater Mensch. Frederking & Thaler, München 2001.
Tochter Frau. Goldmann/btb, München 2003.

Dank

Wir bedanken uns bei Maya Joss und allen Personen, die uns Briefe von Vre Karrer zur Verfügung gestellt haben.

Dank an die Zeitschrift «Neue Wege» und ihren Redaktor Willy Spieler für die Erlaubnis, die bearbeiteten Briefe von Vre Karrer zu verwenden, die im Laufe der Jahre in der Zeitschrift erschienen sind.
Bearbeitung: Hansheinrich Zürrer, Verena und Jörg Büchli sowie Willy Spieler.

Dank an die Berti Wicke-Stiftung für den grosszügigen Beitrag an die Druckkosten; damit wurde die Veröffentlichung dieses Buches erst möglich.

Dank an Hans Schweingruber vom Fachverlag AG, Zürich, für die freundliche Abdruckgenehmigung diverser Zitate aus dem Buch «Subversive Liebe» von Vre Karrer, das 1983 in seinem Verlag erschienen ist.

Dank an Prof. Günter Schlee, Halle, für die Erlaubnis, seine Artikel «grosszügig» als Grundlage für den Beitrag zu Somalia zu verwenden.

Dank an Andreas Brodbeck, Geographisches Institut der Universität Bern, für die Herstellung der Karte von Somalia.

Dank an Esther Haas für die Fotos.

Dank an Heidi Lauper, Bern, für das kritische Mitlesen des Textes.

Dank an Bashir Gobdon, Zürich, der bereitwillig als Informationsquelle zu Somalia zur Verfügung stand.

Dank an Linda Malzacher von der Buchhandlung Candinas in Bern für die Literaturrecherche zu Somalia.

Verena Büchlis Dank für die Unterstützung beim Zusammenstellen des Lebensbildes von Vre Karrer geht an:
Urs Etter, Emil Fischli, Elisabeth Gasser, Doris Hug, Jenny Heeb, Maya Joss, Gusti Karrer, Klär Kaufmannn, Cornelia Kranich, Yvonne Linsi, Bruno Maggi, Urs Markwalder, Gabriella à Porta, Bigna Rambert, Berthold Rothschild, Cony Sturzenegger, Hansheiri Zürrer.

Maya Joss möchte folgenden Personen danken:
Elsbeth Baumberger und Familie, Jenny Heeb, Urs Markwalder, Rudolf und Sylvia Markwalder-Müri, Barbara Meyer und Familie, Bruno Rais, Daniela Zürcher und Familie, Vreni Gertsch, Bashir Gobdon, Jeanette Probst und Familie, Anita Meyer und Familie, Martha und Josef Villiger, Rudolf H. Strahm, Brigitte Ringger Viscontini, Lydia Hellstern, Michael Schwahn, Ruth Straubhaar.

Bildnachweis

Seite 6: Vre Karrer freut sich über ein Neugeborenes (Foto: Unbekannt)

Seite 16: Somalierinnen (Foto: Esther Haas)

Seite 30: Dorfbevölkerung vor ihrem *mudul* (Strohhütte) (Foto: Vre Karrer)

Seite 54: UNO-Soldaten helfen Vre während der Cholera-Epidemie (Foto: Unbekannt)

Seite 80: MitarbeiterInnen des ersten Ambulatoriums (Foto: Vre Karrer)

Seite 106: Vre mit LehrerInnen der Primarschule (Foto: Unbekannt)

Seite 130: Primarschule und Ambulatorium im Quartier Hafrussia (Foto: Vre Karrer)

Seite 140: Familien der Bauerngenossenschaft *Ambe Banaan* (Foto: Vre Karrer)

Seite 152: Vre an der Arbeit im neuen Ambulatorium (Foto: Esther Haas)

Seite 160: PatientInnen im Vorraum des neuen Ambulatoriums (Foto: Vre Karrer)

Seite 170: Vre im Gespräch mit einem Mitarbeiter (Foto: Esther Haas)

Seite 180: Im Labor des neuen Ambulatoriums (Foto: Vre Karrer)

Seite 186: Vor dem Gefängnis in Merka: Der Präsident des *Islamic Court* und ein Mitglied der Genossenschaft *New Ways* im Gespräch (Foto: Esther Haas)

Seite 202: Die Mittelschule *New Ways* (Foto: Vre Karrer)

Seite 228: Die Apothekerinnen des Ambulatoriums (Foto: Esther Haas)

Seite 232: SchülerInnen der Mittelschule (Foto: Vre Karrer)

Seite 248: Vre unterrichtet Biologie, die «Lehre vom Leben» (Foto: Unbekannt)

Seite 264: Die Eselin Bioley und ihr Karren: So fuhr Vre jeweils zu den Frauen in die Dörfer (Foto: Unbekannt)

Seite 282: «Zufrieden nach einer gelungenen Geburt» – Vres eigener Kommentar zum Foto (Foto: Unbekannt)

Seite 289: Vre mit ihren Brüdern Gustav und Christoph (von links) (Foto: um 1939)

Seite 293: Vre mit Tochter Maya und Sohn Urs (Foto: um 1969)

Karte: Andreas Brodbeck, Geographisches Institut der Universität Bern.